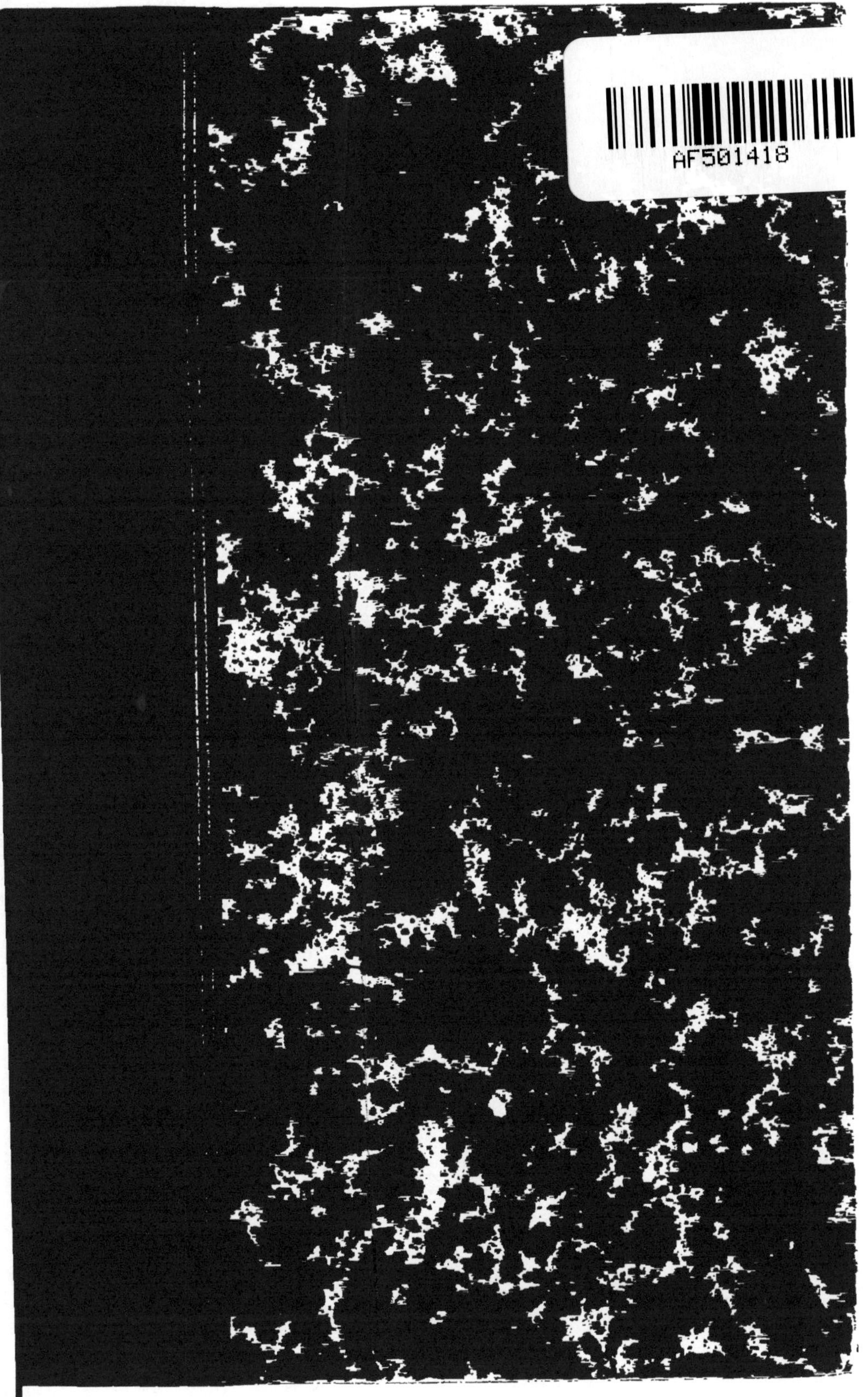

LE

CRIME DE 1804

ORLÉANS, IMPRIMERIE DE G. JACOB, CLOÎTRE SAINT-ÉTIENNE, 4.

LE

CRIME DE 1804

PAR

H. GOURDON DE GENOUILLAC

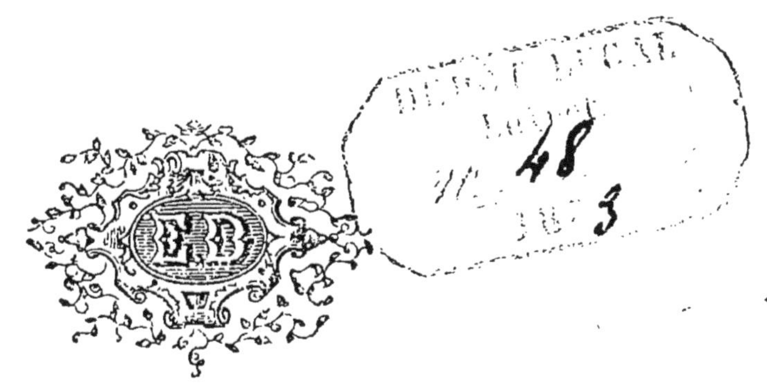

PARIS

E. DENTU, ÉDITEUR

LIBRAIRE DE LA SOCIÉTÉ DES GENS DE LETTRES

PALAIS-ROYAL, 17 ET 19, GALERIE D'ORLÉANS

1873

LE

CRIME DE 1804

I

Une fête à la Malmaison.

Il était sept heures et demie du soir.

Une longue file d'équipages, débouchant de la route de Paris, enfilaient l'avenue de tilleuls conduisant à la grille principale du château de la Malmaison, pour se diriger, par une longue allée de platanes, jusqu'au seuil de la blanche habitation brillamment éclairée.

Les personnes qui en descendaient mettaient pied à terre sous un porche en forme de tente, et se trouvaient introduites dans un grand vestibule qui prolongeait sur toute la largeur du rez-de-chaussée sa voûte, soutenue par quatre fortes colonnes de stuc.

Hommes ou femmes n'avaient plus alors qu'à s'assurer que l'ensemble de leur toilette n'avait pas trop souffert du voyage qu'il fallait entreprendre pour franchir la distance qui sépare Paris de la Malmaison, et celles-ci, au bras de ceux-là, pouvaient faire leur entrée dans les salons consulaires pour répondre à l'invitation que leur avaient adressée le premier consul et Mme Bonaparte, châtelains du lieu.

Depuis le 18 thermidor an X (6 août 1802), le séjour de la Malmaison avait été quelque peu délaissé pour celui de Saint-Cloud; le futur empereur, qui avait fait de si bonnes parties de barres sur le vert tapis de la pelouse de la résidence aimée de Joséphine, avait compris que cet innocent délassement, pas plus que celui du colin-maillard qu'il affectionnait, ne pouvait s'allier désormais à sa grandeur naissante, et à partir de l'automne de 1802, ce fut à Saint-Cloud que le couple consulaire commença à relever les formes souveraines, audience du dimanche, messe solennelle à la chapelle, etc.

Néanmoins, Bonaparte conservait toujours un faible pour la Malmaison, et souvent, dans ce premier étage des Tuileries qu'il disait être « triste comme la grandeur, » il songeait à aller passer quelques jours de vacances à la Malmaison, où il avait conservé l'habitude de réunir quelques-uns de ses fidèles.

Ce fut ainsi qu'un soir de ventôse an XII, comme on disait alors, ce qui paraissait à cette époque beaucoup plus simple que de dire un soir du mois de mars 1804, le premier consul avait organisé une petite fête intime à « son petit château des champs. »

Les décadis étaient les jours qu'il choisissait de préférence pour ces réunions. Il n'avait cependant jamais voulu forcer personne à l'observation du décadi, malgré l'opinion de son collègue Cambacérès, qui, en son conseil privé du 6 thermidor an VI, lui avait dit :

— Si vous permettez le travail le décadi et le repos le dimanche, tout le monde va faire le dimanche.

— Quand le Français est entre la crainte des gendarmes et celle du diable, il se décide pour le diable ; mais quand il est entre le diable et la mode, il obéit à la mode. Or, si le gouvernement se conduit bien, tout ce qu'il fera sera à la mode, et s'il fête le décadi, on le fêtera à son exemple.

Or, le gouvernement se conduisait-il bien en 1804, alors que, sous prétexte de complots, des escouades policières sillonnaient les rues, toujours prêtes à arrêter tout ce qui portait ombre au pouvoir? C'est ce que nous ne nous permettrions pas de décider ; toujours était-il qu'en cette année fertile en arrestations et en exécutions, on alla jusqu'à défendre de clouer les cercueils, afin que les janissaires du Consulat pussent s'assurer si un proscrit ne s'était pas caché entre ces planches funéraires, et qu'un registre spécial fut ouvert au secrétariat de la préfecture de police pour recevoir les déclarations des dénonciateurs.

Ce fut à cette époque que le préfet Dubois ne craignit pas de faire afficher à tous les coins de rue que dans les circonstances présentes, la dénonciation devenait une vertu publique.

Mais revenons à la Malmaison, d'où commençaient à s'échapper les sons bruyants d'un orchestre de danse, car, en ce temps, le signal du plaisir était donné de bonne heure : on avait été si longtemps privé de danse qu'on avait hâte de réparer le temps perdu; les bals pullulaient dans Paris, et tous s'ouvraient de très-bonne heure, comme si on fût pressé de jouir, tant on sentait que rien n'était durable.

A huit heures, le bal de la Malmaison était dans tout son éclat.

Joséphine aimait la danse, et elle l'animait d'une grâce créole qu'elle savait unir à la vivacité française, à la grande satisfaction de sa petite cour, qui applaudissait de tout cœur, car alors la vogue était à la danse de caractère; on admirait les beaux danseurs, et on faisait cercle autour d'eux.

Or, au moment où la dernière voiture, qui avait amené deux invités, M. et Mme Bourrienne, était allée se ranger le long du corps-de-garde des guides, on entendit de nouveau venir à fond de train un lourd carrosse conduit par un cocher dont les claquements de fouet se succédaient rapides et pressés.

Les chevaux semblaient connaître le lieu de leur destination, car lorsqu'ils furent arrivés devant le porche, ils s'arrêtèrent d'eux-mêmes, et un homme se hâta de mettre pied à terre, tout en consultant sa montre.

— Deux minutes de retard! Que va dire le premier consul?

Le personnage qui paraissait tant craindre d'être taxé d'inexactitude était un des familiers du château; on l'appelait Pierre-François Réal.

Sa fortune avait été prompte.

Né à Châlons en 1765, il avait vingt-cinq ans à peine lorsqu'éclata la Révolution, qui le trouva procureur au Châtelet.

C'était un homme doué d'une grande activité et d'une forte envie d'arriver; il commença par être substitut de Chaumette, puis il devint procureur de la Commune, et fut nommé accusateur public près le tribunal révolutionnaire.

Ce qui ne l'empêchait pas de faire du journalisme à ses moments perdus.

Il défendit comme avocat Carrier et les membres du comité révolutionnaire de Nantes, Babeuf et ses amis.

Toutefois, il eut besoin de se défendre lui-même, et probablement se défendit mal, car il fut jeté en prison à son tour et ne dut la vie qu'à la chute de Robespierre.

Il prit une part active au 18 brumaire; aussi, lorsque le premier consul, à son avènement au pouvoir, composa son conseil d'État, il l'appela un des premiers à en faire partie, et là, il put apprécier par lui-même l'habileté et la pénétration de son esprit.

Il savait d'ailleurs que le citoyen Réal avait été sous le précédent gouvernement initié aux affaires les plus secrètes et chargé même par le Directoire, au mois de fructidor an VI, de l'examen de tous les papiers relatifs à la fameuse conspiration de Pichegru; aussi, depuis le moment où on avait reçu de l'agent Mehée de la Touche les premiers indices d'un nouveau complot — celui de Georges Cadoudal, — le premier consul l'avait plusieurs fois mandé près de lui pour le consulter.

Or, si on l'a vu si pressé d'arriver à l'heure à la Malmaison, c'est qu'il avait reçu l'ordre de s'y rendre, non pas seulement pour y partager les plaisirs de la fête, mais encore pour y travailler. Il s'empressa donc d'entrer dans le salon de réception, meublé en style sévère, et dont la principale décoration consistait en deux peintures de premier ordre dont le sujet était emprunté aux poésies d'Ossian, alors la passion littéraire de Bonaparte, et dues aux pinceaux rivaux de Gérard et de Girodet.

La société était nombreuse : il y avait là la pupille du premier consul, la belle Hortense, mariée à Louis Bonaparte, Mme de Rémusat, Mme de Talouet, Mme de Luçay, Mme Savary, Emilie de Beauharnais, mariée à M. de Lavalette, Mme de Bourrienne, Mlle Bernadotte, Mlle Sophie de Barbé-Marbois, Mlle Élisa Monroë, et beaucoup d'autres jeunes et jolies personnes vêtues de robes de crêpe blanc garni de fleurs, et coiffées de guirlandes qui rehaussaient encore la fraîcheur de leur visage.

Quant aux hommes, ils s'appelaient Jérôme Bonaparte, Talleyrand, Bernadotte, de Lauriston, Bourrienne, Lavalette, etc., sans compter les beaux danseurs qui, rivalisant de grâces, faisaient assaut dans la galerie de poses apolloniennes, si recherchées par les merveilleux d'alors.

Quelques personnages graves, le col empesé dans de larges et épaisses cravates, engoncés dans des collets d'habits à haute forme, dont les pans venaient leur battre les mollets, en culottes courtes et en bas de soie, contrastaient par leur air austère avec les élégants cavaliers dont le visage respirait l'ivresse du plaisir.

Le premier consul était debout devant la cheminée et causait avec Cambacérès, tandis que Mme Bonaparte, assise sur un fauteuil brodé à son chiffre, s'entretenait avec Mlle de Lally-Tollendal.

En apercevant le conseiller Réal, le premier consul abandonna tout à coup son interlocuteur, et fit quelques pas comme pour aller au-devant du nouveau venu; mais bientôt, réprimant ce mouvement, il reprit sa place, sans toutefois quitter Réal des yeux.

Celui-ci alla s'incliner cérémonieusement devant Mme Bonaparte, et vint aussitôt présenter ses devoirs au premier consul.

— Que dit-on à Paris? lui demanda brusquement Bonaparte.

— Général, l'arrestation de M. Armand de Polignac a fait le meilleur effet.

— Et les autres?

— Avant deux jours, Jules de Polignac et le marquis de Rivière seront pris; des agents sont sur leur piste; ils ne peuvent nous échapper.

— Et Georges?

— On est sur ses traces.

Joséphine, avec ce don de divination particulier aux femmes, avait compris, à l'expression du visage de son mari, qu'il interrogeait son chef de la police; avec une certaine anxiété, elle s'approcha vivement des deux hommes :

— Citoyen Réal, dit-elle avec un sourire un peu forcé, je suis sûre que vous avez découvert quelque nouvelle entreprise de nos ennemis. Ah! je le sais bien, moi, qu'ils ne reculeront pas devant le poignard.

— Bon, bon, la voilà partie, interrompit Bonaparte. L'entendez-vous? Ne dirait-on pas que des épées de Damoclès sont suspendues partout où je passe; voyons, rassurez-la une fois pour toutes, Réal.

— Cela me sera d'autant plus facile que je sais complétement à quoi m'en tenir sur tous les bruits que la malveillance se plaît à entretenir, et que la conspiration de Georges Cadoudal, la seule qui eût été véritablement sérieuse, est aujourd'hui complétement avortée, grâce à l'habileté de mes agents.

— Et ce Georges est-il arrêté?

— Pas encore, mais il ne saurait nous échapper; sa retraite m'est connue, et il serait possible qu'à l'heure où nous sommes, il fût en notre pouvoir.

— Eh bien! avais-je raison, reprit gaiement Bonaparte, de ne pas donner à cette fameuse conspiration plus d'importance qu'elle le méritait? Et maintenant, Joséphine, que te voilà tranquillisée sur ce point, danse, car voici M. de Luçay qui vient réclamer le quadrille que tu lui as promis.

Un jeune homme s'avançait en effet discrètement vers Mme Bonaparte; celle-ci, satisfaite des assurances que lui avait données Réal, l'accueillit avec un sourire, et bientôt, les accords de l'orchestre appelèrent les danseurs à leur place.

A peine Joséphine commençait-elle la première figure du quadrille, que Bonaparte se tourna vers Réal et fit signe à Talleyrand d'approcher.

La physionomie du maître avait soudain pris une expression de mécontentement qui n'avait pas échappé à ses deux confidents, et ceux-ci n'en auguraient rien de bon.

— Nous avons à causer, messieurs, leur dit-il.

Tous deux s'inclinèrent.

— Et savez-vous de quoi?

Les deux hommes se regardèrent sans répondre.

— Je vais vous le dire. Tandis qu'on danse ici, que vous m'assurez que vous tenez tous les fils de la conspiration de Cadoudal, savez-vous ce que fait le duc d'Enghien? Vous l'ignorez, n'est-ce pas? Eh bien! passons dans mon cabinet : je vais vous l'apprendre.

Et Bonaparte, marchant devant, se dirigea vers la pièce qui lui servait de cabinet, tandis que Réal et Talleyrand le suivaient, l'air penaud.

II

Les premières mailles du filet.

Le cabinet de travail du premier consul, disposé en forme de tente militaire et meublé avec une simplicité qu'il eût été difficile de dépasser, était attenant à la bibliothèque, et c'était dans cette dernière pièce que Bonaparte se tenait d'ordinaire, bien qu'il prétendît qu'elle ressemblait à une sacristie d'église.

L'intérieur de cette bibliothèque, d'un style sévère et orné de colonnes, était en bois d'acajou; les livres qui la garnissaient se renouvelaient sans cesse; les cartes et les plans y tenaient une place considérable, et c'était afin de les pouvoir consulter tout à son aise que Bonaparte avait fait échelonner des tables qui se prolongeaient jusque dans la galerie.

Dès que les trois hommes eurent trouvé place autour de l'une de ces tables, Bonaparte reprit la parole, et s'adressant à Réal :

— Comment donc ne me dites-vous pas que Dumouriez est à Ettenheim avec le duc d'Enghien, et que tous deux y organisent des complots militaires, à quatre lieues de la frontière? Il faut que ce soit le général Moncey qui m'apprenne cela par sa correspondance!

Et comme Réal allait essayer de se disculper :

— Que fait donc M. de Massias à Carlsruhe, reprit le premier consul avec sévérité, qu'il ne nous apprenne pas ce qui se passe dans le grand-duché de Bade? Les émigrés se rassemblent de toutes parts à Offenbourg et à Ettenheim, près du duc d'Enghien. Dumouriez y est venu de Londres, et il ne nous mande rien de tout cela dans ses dépêches.

M. de Massias était le chargé d'affaires de France près de l'électeur de Bade.

La bombe dirigée contre Réal avait dévié, et en atteignant M. de Massias, épargnait le conseiller, qui profita de la diversion.

— Mais, dit-il en répondant aux paroles du premier consul, il a cependant reçu des instructions particulières.

— Je suis surpris en effet, dit à son tour M. de Talleyrand, que M. de Massias ne nous ait pas tenu au courant de ce qui se passait à Offenbourg et à Ettenheim ; j'ai su qu'il avait épousé une parente de la baronne de Reich, la directrice du comité d'Offenbourg, et il est bien possible qu'il se soit laissé circonvenir et aveugler. Au reste, si les émigrés se rassemblent de nouveau sur les bords du Rhin, il faut les y laisser venir et les y prendre ; ce sera le moyen de mettre enfin un terme à tous leurs complots.

— Ettenheim ! reprit Bonaparte en consultant une des cartes qui étaient tout ouvertes sur la table. Connaissez-vous cette ville?

— Non pas que j'y sois allé, répondit Réal, mais je sais qu'au commencement de la révolution, le cardinal de Rohan, qui l'habitait, y accueillit avec empressement les émigrés, et notamment la légion du vicomte de Mirabeau. C'est même de là qu'en 1791, après l'entreprise manquée sur Lyon, les trois princes de la maison de Condé vinrent, de concert avec ce dernier, faire une nouvelle tentative sur Strasbourg, pour marcher ensuite vers Paris.

Bonaparte, tout en écoutant son conseiller, semblait réfléchir ; soudain il se leva :

— Écrivez, lui dit-il.

Réal prit une plume, du papier et attendit.

Bonaparte croisa ses mains derrière son dos et se mit à marcher tout en dictant :

« Paris, le 10 ventôse an XII.

Le conseiller d'État chargé de la direction et de la suite de toutes les affaires concernant la tranquillité et la sûreté intérieure et extérieure de la République, au conseiller d'État, préfet du département du Bas-Rhin.

« Je vous recommande, citoyen préfet, d'ordonner de suite les dispositions nécessaires pour savoir si le ci-devant duc d'Enghien est toujours à Ettenheim.

« Les informations que vous ferez prendre doivent être promptes et sûres, et il importe que j'en connaisse les résultats sans le moindre retard.

« Dans le cas où il ne serait plus dans cette ville, vous m'en informerez sur-le-champ par un courrier extraordinaire, et vous m'indiquerez en même temps l'époque précise où il a cessé d'y paraître, quelle route il a prise, et à quelle destination on croit qu'il s'est rendu.

« J'ai l'honneur de vous saluer..... »

— Signez, ajouta Bonaparte.

Réal signa.

— Maintenant, envoyez cette lettre par un courrier. Vous, Talleyrand, vous écrirez cette nuit à MM. Reinhard et de la Chevardière, à Hambourg ; à M. Didelot, à Stuttgard ; à M. Otto, à Munich ; à M. Bignon, à Cassel ; en un mot, à tous les ministres français qui se trouvent sur la ligne que peuvent suivre les agents anglais ou les émigrés, pour leur faire part des soupçons que j'ai conçus et les engager à redoubler d'attention et de surveillance, et vous recommanderez spécialement à Didelot de suivre pas à pas les démarches de Spencer Smith, et de s'assurer s'il n'a pas auprès de lui, sous son vrai nom, ou sous un nom supposé, un agent royaliste nommé l'abbé Péricaud. Enfin, vous manderez aux préfets des départements voisins de la frontière du Rhin, et à ceux surtout des départements réunis récemment à la France, de s'assurer si l'on ne fait aucune tentative de soulèvement, soit sur les soldats, soit sur les populations de ces contrées.

— Ce sera fait, général.

— Ils verront bien, reprit Bonaparte en se parlant à lui-même, et dont le regard prit soudain une expression étrange, si je suis un chien qu'on peut assommer dans la rue!

Il eût été dangereux, surtout pour M. de Talleyrand, d'émettre un avis opposé à celui du premier consul, qui, en prononçant ces dernières paroles, avait jeté sur le ministre un coup d'œil significatif.

C'est que, depuis quelque temps, la confiance absolue que Bonaparte portait à M. de Talleyrand commençait à être un peu ébranlée, et cela provenait de faits tout particuliers.

Après la conclusion du traité d'Amiens, Talleyrand avait joué à la Bourse sur les fonds publics, alors qu'il connaissait seul la nouvelle, et il avait engagé Bonaparte à l'imiter.

Or, malgré toutes les prévisions contraires, une baisse considérable avait eu lieu, et la spéculation s'était soldée par une perte énorme.

2

Puis, dans l'affaire de la sécularisation des États d'Allemagne, on l'avait accusé d'avoir rançonné à son profit les princes allemands.

Enfin, ce que Bonaparte lui reprochait surtout, c'était d'être demeuré en bonnes relations avec les anciens nobles restés en France, ou rentrés par suite de l'amnistie.

Il était donc bon qu'il appuyât sans réserve les idées de Bonaparte. Il ne manqua pas de le faire.

— Il est temps, dit-il, de mettre un terme à de si horribles attentats ; il faut prendre le duc d'Enghein sur le fait, puisqu'il fait partie de la conspiration actuelle ; il faut donner une leçon à ceux qui se sont fait une habitude journalière de conspirer contre votre vie.

Cette tirade produisit l'heureux effet que Talleyrand en attendait; elle répondait aux plus secrètes pensées du premier consul.

Réal, lui, se contenta d'approuver tout ce que disait le ministre.

— Messieurs, reprit Bonaparte, vous m'avez compris : nous nous occuperons sans désemparer de cette affaire. Mais notre absence du salon se prolonge ; après les soucis, le délassement ; venez, messieurs.

Et tous trois rentrèrent dans la galerie.

Toute trace de préoccupation avait disparu sur la physionomie de Bonaparte ; il avait tressé la première maille du filet dans lequel il devait envelopper le malheureux prince qu'il affectait de considérer comme un ennemi dangereux ; il était bien sûr que sa victime ne pourrait lui échapper.

Quant aux principaux personnages impliqués dans

la conspiration Cadoudal, les rapports de ses policiers concluaient tous à leur prochaine capture.

Tout allait donc pour le mieux, et le vainqueur d'Italie pouvait sans inconvénient se donner maintenant tout entier à ses invités.

Le bal était dans toute sa splendeur, bien que la plupart des danseurs fussent groupés en cercle autour d'un cavalier dont le nom seul faisait tourner toutes les têtes, et qui, donnant la main à une femme d'une rare beauté, dansait avec une élégance sans pareille une valse qu'il avait créée.

C'était le fameux marquis de Trénitz.

Sa valseuse se nommait Mme Murat.

C'était merveille que de les voir s'élancer d'un mouvement rapide et effleurer à peine le parquet.

Ils tournoyaient avec une assurance et une facilité qui provoquaient de toutes parts les applaudissements les plus flatteurs.

A la « trénitz » succéda une gavotte, et, dans cette nouvelle expression de l'art chorégraphique, le marquis poussa l'enthousiasme jusqu'aux dernières limites. Mais il recevait les compliments avec la modestie du vrai talent, et on l'entendit, la danse finie, adresser à une personne qui le félicitait sur son grand mérite ces mots, que l'histoire a conservés :

— Étiez-vous au moins bien placé pour me voir?

Puis, après le beau danseur, ce fut le tour du beau chanteur, de l'incomparable Garat, qui eut le rare privilége de n'avoir point de détracteurs et dont la voix, la méthode, le goût exquis furent admirés des juges les plus sévères.

Mais si toutes ces qualités le plaçaient au premier rang des artistes-hommes du monde de son temps, ses ridicules lui firent une seconde célébrité.

Son costume excentrique, son accent « langou-eux, » sa façon précieuse de marcher, de saluer, tout en lui était prétentieux jusqu'à l'extravagance; néanmoins, il était très-recherché, et tous les hôtes de la Malmaison le choyaient et le traitaient en enfant gâté.

Assis au clavecin, il chanta d'une façon ravissante, et le premier consul le complimenta.

Après lui, Vioti exécuta un de ses plus ravissants concertos, et Crescentini, le célèbre soprano, le favori de Bonaparte, qui l'avait fait venir d'Italie, se fit entendre.

Bref, musique, danse, chant, tout était réuni pour donner à la fête consulaire l'attrait désirable : ce n'étaient plus les sauteries intimes dont la duchesse d'Abrantès nous a laissé les croquis légers et « qui s'agitaient le plus souvent sur le tapis vert de la pelouse, sous ce bouquet d'arbres à gauche, tour à tour salle de bal et salle à manger ou salle de concert, avec la lune pour lustre, les étoiles pour bougies, le jardin pour cadre, et son orchestre domestique jetant dans la brise parfumée ses bouffées d'harmonie mêlées au rire des jeunes filles. »

Non ! c'était la réception quasi-officielle préludant à celles de la cour impériale qui allait bientôt s'élever sur les ruines du Directoire et du Consulat.

Fête ou réception à laquelle les satellites de l'astre levant désiraient ardemment être invités, et dont chaque élu tenait à honneur de ne se retirer que le dernier.

Réal et Talleyrand n'eussent pas manqué de rester jusqu'à l'achèvement du quadrille final; mais le devoir leur avait commandé une retraite prématurée.

L'un avait des ordres à donner pour qu'on traquât comme des fêtes fauves quelques personnes qui avaient osé donner asile à des royalistes compromis dans la conspiration de Cadoudal, au mépris de la loi qui les rendait passibles, au minimum, de six ans de fers.

L'autre avait pour mission spéciale de faire savoir, dans toutes les capitales de l'étranger, qu'il y avait dans un coin de l'Allemagne un foyer de révolution qui menaçait la paix du monde, et que le vainqueur des Pyramides, le triomphateur de Marengo, redoutait non le roi de quelque grande et forte nation, non le chef de nombreuses armées, mais un jeune prince vivant obscurément dans l'exil, Henri de Bourbon, duc d'Enghien.

III

Les traqueurs de Paris.

La rue de la Montagne-Sainte-Geneviève est une de celles que les embellissements de Paris ont complétement changé de physionomie, et dont il ne reste pour ainsi dire que juste ce qu'il en faut pour que le curieux puisse avoir une idée de l'emplacement qu'elle occupait jadis, alors qu'elle n'était coupée ni par le boulevard Saint-Germain, ni par la rue des Écoles.

En 1804, c'était une rue qui méritait assez qu'un auteur ancien eût dit d'elle qu'elle était rue « laide, orde et misérable. » Elle reliait la place Maubert à celle de Saint-Étienne-du-Mont, et ses maisons hautes et noires étaient habitées par des artisans, des jeunes gens qui étudiaient aux diverses écoles du quartier. Quant aux boutiques, on n'y voyait guère clair en plein midi, et des cabarets d'assez piètre mine s'y montraient nombreux.

Le 18 ventôse, dans l'après-midi, quiconque eût passé dans la rue de la Montagne-Sainte-Geneviève eût pu remarquer ceci : aussi bien dans le cabaret qui faisait le coin de la rue du Clos-Bruneau que dans celui qui existait à l'angle de la rue Traversine, les petits rideaux à carreaux rouges et blancs qui ornaient les fenêtres des devantures se trouvaient retroussés de chaque côté, et un ou deux hommes assis devant une table buvaient, ou plutôt avaient l'air de boire, tout en ne quittant pas du regard la rue.

Et chez tous les autres marchands de vin échelonnés, il y avait de ces consommateurs silencieux qu'un observateur eût bien vite reconnus, malgré la différence du costume de chacun, pour appartenir à cette institution dont Dubois était le chef, et qu'on nommait la préfecture de police.

Il est bon d'ajouter qu'afin de ne pas éveiller l'attention, ces personnages avaient le soin de se relayer de temps à autre : tel qui depuis une heure se trouvait au cabaret du *Bon coing* venait s'installer à celui des *Barreaux verts,* et son camarade allait prendre sa place.

Le jour commençait à baisser et, depuis sept heures du matin, tous ces gens faisaient le même manége.

Dans la rue, on voyait aussi, marchant lentement, tantôt un commissionnaire une lettre à la main, faisant mine de chercher une adresse qu'il ne parvenait pas à trouver.

Puis c'était un rémouleur qui, depuis deux heures de l'après-midi, repassait les mêmes couteaux.

Bref, promeneurs, marchands ambulants, faux buveurs, tout cela était à son poste, et obéissait à une consigne donnée.

Deux inspecteurs, qui répondaient aux noms de Buffet et de Caniolle, venaient de déboucher de la place Saint-Étienne-du-Mont, et descendirent la rue; l'un suivit les maisons de gauche, en tenant à la main son mouchoir, comme s'il voulait éternuer; l'autre prit sa droite, la canne levée et reposant comme un fusil sur son épaule.

Au même instant, un marchand d'habits qui se désaltérait depuis un moment au *Saint-Esprit* remonta vers l'église et fit le tour de la place en criant d'une certaine façon :

— Vieux habits, vieux galons, habits! habits!

Tout cela voulait dire qu'un cabriolet, guetté depuis longtemps, venait d'apparaître sur la place Saint-Étienne et se tenait rangé près de la rue des Sept-Voies.

C'était une de ces disgracieuses voitures à caisse jaune clair, et portant sur sa partie la plus apparente le numéro 53, en gros chiffres noirs sur un fond blanc.

Aussitôt, tous les gens qui étaient dans l'intérieur des cabarets sortirent, ou tout au moins se mirent sur le seuil des portes, tout prêts à s'élancer au dehors au premier signal.

Or, tandis que ceci se passait, il y avait une certaine animation dans une maison dont le rez-de-chaussée était occupé par une boutique de fruitière. Plusieurs hommes, réunis dans l'arrière-boutique, causaient ensemble et se partageaient des armes qu'ils s'empressaient de dissimuler dans leurs vêtements, tandis qu'une jeune fille, qu'on appelait Denise, faisait un paquet de hardes au milieu duquel elle avait enroulé dans un bas de laine, une somme de 36,000 fr. en or étranger.

La fruitière, qu'on appelait Mme Lemoine, faisait le guet dans sa petite boutique, où entraient peu d'acheteurs.

Le plus âgé des trois hommes qui se trouvaient là pouvait avoir une trentaine d'années; il se nommait Georges Cadoudal. Les autres s'appelaient Joyaut, Raoul Gaillard et Burban.

Ils avaient formé le projet avec quelques autres, projet plus audacieux que réfléchi, de rendre la France à son roi légitime, et, pour cela, de renverser le premier consul; et c'était afin d'arrêter le chef de cette entreprise qu'il y avait tant d'agents de police dans la rue de la Montagne-Sainte-Geneviève.

Pour faire comprendre l'importance que Bonaparte attachait à la capture de Cadoudal et des faits qu'on lira plus loin, quelques mots d'explication sont d'autant plus indispensables ici pour l'intelligence de ce qui va suivre, que nombre de personnes confondent encore l'affaire Cadoudal avec celle dite de la *machine infernale,* qui lui est antérieure de trois ans.

« On conspire dans les rues; on conspire dans les salons, » avait dit avant de mourir Joseph Aréna, qui croyait par ce mot justifier sa tentative.

C'était le refrain de tout l'entourage du premier consul, et cela était tout naturel.

Bonaparte conspirait sans cesse lui-même contre la révolution dont il était issu, afin de substituer son autorité absolue à celles qui s'étaient successivement emparées du pouvoir depuis 1789, et il comprenait bien, sans toutefois vouloir se l'avouer, que les jacobins ne lui pardonneraient pas de trahir ce qu'ils appelaient la cause de la liberté, et que les royalistes ne consentiraient jamais à voir le trône, que la fureur populaire avait brisé en en voulant modifier la forme, reconstruit au profit de tout autre que son possesseur légitime.

Il résultait de cette situation que les républicains d'un côté, et les royalistes de l'autre, causaient de continuels soucis à l'ambitieux général qui, à force de victoires et de volonté, allait toucher au sommet du pouvoir suprême et ceindre de la couronne impériale son front de soldat heureux.

Plus le moment approchait, plus Bonaparte avait conscience du danger qu'il courait d'être renversé; un grain de sable pouvait suffire pour faire crouler l'édifice, et si, comme l'avait dit le ministre anglais, M. Pitt, le gouvernement était à la merci d'un coup de pistolet, le futur empereur et ses familiers partageaient cette opinion, et ce qu'ils redoutaient le plus au monde, c'était que l'événement vînt la confirmer.

Ces dispositions hostiles des deux grands partis qui divisaient la France étaient soigneusement observées par l'Angleterre, qui, après la paix d'Amiens, n'avait pas tardé à tout faire pour la violer, et le premier consul ne recula pas devant la pensée d'une invasion en Angleterre. C'était un dessein hardi; mais il en était arrivé à ne plus compter avec les tentatives audacieuses, et celle-ci plaisait à son esprit dominateur et à son tempérament ardent.

Or, le grand grief que Bonaparte avait contre l'Angleterre, c'était l'hospitalité que cette nation accordait à tous les proscrits. Des princes français résidaient à Londres, et, bien qu'il y eût la mer entre eux et leur patrie, cela ne suffisait pas à l'inquiète appréhension du premier consul. Il avait élevé la prétention que ces princes fussent tenus de se rendre à Varsovie; mais l'Angleterre avait sagement répondu que tout Français réfugié sur son sol hospitalier était libre d'y demeurer, et qu'elle n'avait aucun motif pour l'empêcher de rentrer dans sa patrie quand il en trouverait l'occasion.

C'était au gouvernement français de prendre ses mesures pour s'opposer à la rentrée de ceux dont il croyait avoir à craindre le retour.

Quant aux conspirations, beaucoup n'existaient que

dans l'imagination de ceux qui les redoutaient; cependant, il s'en produisit qui non-seulement furent les accidents naturels de l'état de choses que nous venons de relater, mais qui furent l'expression même du sentiment politique d'une partie de la nation, si péniblement frappée par la Révolution et ses suites.

Parmi celles qui ont si grandement occupé l'opinion publique, la conspiration de Cadoudal est à peu près la seule qui méritât d'être étudiée; elle fut d'ailleurs indissolublement liée au meurtre du duc d'Enghien, puisqu'elle servit de prétexte à cet odieux attentat qui, jugé à soixante-dix ans de distance, sans haine et sans passion politique, n'a rien perdu de son caractère criminel.

Georges Cadoudal, né en 1771, à Brech, près d'Auray, en Bretagne, était le fils d'un cultivateur aisé qui le fit étudier au collége de Vannes.

Le jeune homme s'éleva dans les principes qui étaient alors ceux de tout honnête Breton, la crainte de Dieu et la fidélité au roi.

Aussi, quand la révolution éclata, le jeune Cadoudal prit les armes pour défendre ses principes et devint capitaine dans le corps de Stofflet.

Après la déroute de Savenay, il revint dans le Morbihan et souleva de nouveau les bandes royalistes.

Il fut arrêté, jeté en prison à Brest, d'où il parvint à s'échapper, et ce fut à partir de ce moment un des chefs les plus redoutés de la chouannerie bretonne.

Le désastre de Quiberon n'abattit pas son courage: on le vit derechef à la tête des volontaires des landes de la Basse-Bretagne.

Toutefois, il déposa les armes en 1796, les reprit en 1799, et à la suite de conférences avec Brune, il quitta la France en 1800, malgré les offres brillantes à lui faites par Bonaparte, qui ne lui pardonna pas de les avoir repoussées.

Il partit pour l'Angleterre.

Ce fut là que vers 1802, il imagina de rentrer en France pour enlever Bonaparte en plein jour, avec l'aide de ses fidèles Morbihanais.

Il était parvenu à s'entendre avec Pichegru et Moreau, émule et rival du premier consul, poussé surtout dans le parti des mécontents par sa femme, créole jalouse de la fortune rapide de Joséphine, et qui ne rêvait qu'à la supplanter.

Pichegru et Moreau étaient en relations par l'intermédiaire de l'abbé David, ancien curé d'Uzerche qui, à la suite de fréquents voyages qu'il faisait de Londres à Paris, fut arrêté, et Pichegru le remplaça par Lajolais.

Ce fut sur les côtes de la Normandie que Georges projeta de débarquer, ce qui eut pour résultat de mettre le département de la Seine-Inférieure sous la surveillance la plus active de la police qui, naturellement, avait eu vent de ce qui se tramait.

Mais Georges ne s'en doutait guère, et il travaillait ardemment à l'organisation de son plan.

« Des lignes de correspondance, dit l'auteur de l'*Histoire des guerres de l'Ouest,* furent établies depuis la côte.

« La première station en venant de la mer était à Guillemcour, entre Envermeu et Criel, chez Pageot;

la seconde à la ferme de la Poterie, au hameau d'Hautclemont, commune de Saint-Remy, chez les époux Détrimont; la troisième à Preuseville, chez Loisel. Là, cette ligne se divisait en trois branches. La première sur la gauche avait ses stations à Aumale, chez le maître de pension Monnier; à Feuquières, chez Boniface Colleaux; au Monceau, commune de Saint-Omer, chez Leclerc; à Auteuil, entre Beauvais et Méru, chez Quentin Rigaud; à Saint-Lubin et Jouy-le-Comte, chez Jean-Baptiste et Nicolas Massignon; à Saint-Leu-Taverny, chez le vigneron Lamotte.

« Les stations du second embranchement, celui du milieu, étaient à Gaillefontaine, chez la veuve Lesueur; à Saint-Clair, chez Daché; à Gournay, chez Mme de Caqueray.

« L'embranchement de droite prenait ses étapes à Roncherolles et Forges, chez les Gambu; à Saint-Crépin, commune de Lorleau, près Lyon-la-Forêt, chez M. de Bartengles; à Etrepagny, chez Damonville; à Vauréal, chez Bouvet de Lozier; à Eaubonne, dans la vallée de Montmorency, chez Hyvonnet. »

On le voit, les routes étaient tracées et pourvues de gîtes jusqu'à Paris, où deux royalistes ardents, Charles d'Hozier, qui s'était improvisé marchand de chevaux, et de Sol de Grisolles, son auxiliaire, préparaient les voies.

Toutes les mesures prises, il s'agit de reconnaître la situation des choses, et deux éclaireurs partirent de Londres pour Paris.

C'étaient deux Normands Picot et Lebourgeois.

Ils s'embarquèrent fort tranquillement, débarquèrent sans difficulté et arrivèrent à Pont-Audemer.

Mais l'officine policière veillait.

A peine eurent-ils mis le pied dans la ville, qu'ils furent appréhendés au corps et jetés en prison ; puis, un beau jour, on les envoya à Paris. On les fit passer devant une commission militaire, et on les interrogea.

Comme ils ne voulurent faire aucune révélation, on ne jugea pas à propos de les maintenir plus longtemps en prison.

On les fusilla !

IV

La conspiration Cadoudal.

Georges avait choisi le port d'Hastings pour quitter l'Angleterre avec sept de ses compagnons : Hermely, La Haye Saint-Hilaire, Brèche, Joyaut, Querelle, Troche fils et Louis Picot.

En août 1803, les conjurés montèrent sur le cutter *Vencego,* qui fit rapidement la traversée de la Manche.

Mais toute la côte normande, bordée de falaises, était soigneusement gardée; le débarquement clandestin était difficile à opérer, et cependant on ne pouvait pas en effectuer d'autre.

Enfin, le capitaine Wright, qui commandait le navire, aperçut une brèche dans la falaise de Biville, à quatorze kilomètres sud du Tréport.

La nuit venue, Georges et ses amis descendirent sur la grève.

Mais une fois là, il fallait gravir la falaise; l'escalade était à peu près impossible; heureusement qu'on aperçut une corde qui pendait du haut du rocher, et servait aux pêcheurs pour relever leurs filets.

Les huit royalistes s'y cramponnèrent, et, s'aidant des pieds et des mains, parvinrent au faîte de l'escarpement.

Ils étaient en France; bientôt ils furent à Paris.

Tous se logèrent dans des quartiers disséminés.

On s'occupa des moyens d'exécution du plan combiné.

On savait que le premier consul se rendait à Saint-Cloud, en suivant les quais; il fut convenu que Cadoudal l'attendrait à la tête de soixante-dix Bretons et attaquerait la voiture sur le quai de Chaillot. On tuerait les chevaux, et la lutte s'engagerait entre les cavaliers formant l'escorte et les compagnons de Georges.

Lutte en plein jour, homme contre homme : duel étrange, sans autre alternative que la victoire ou la mort.

Car le chef du complot l'avait dit hautement : il lui plaisait de venir, champion de la cause royale, enlever en plein Paris Bonaparte, l'usurpateur du pouvoir;

mais pour rien au monde, il n'eût consenti à ce qu'un des siens s'embusquât dans l'ombre, arme en main, comme un bandit, pour guetter au passage l'homme qui, sans défiance, passe à la portée d'un pistolet ou d'un poignard.

D'ailleurs, ce qu'on voulait, ce n'était pas frapper le premier consul : c'était s'emparer de sa personne et l'envoyer en Angleterre, et, par une bizarre singularité, c'était l'île Sainte-Hélène que le gouvernement britannique avait désignée pour lui servir de prison.

Pichegru et Moreau devaient appeler les troupes sous le drapeau royal, et le comte d'Artois, ainsi que le duc de Berry, qu'on attendait de Londres, paraissant à un moment donné, achevaient par leur présence d'entraîner le peuple à acclamer la restauration de ses princes légitimes.

Tout ceci convenu, il fallait réunir les hommes nécessaires et se procurer des armes et des munitions.

On s'occupa de l'un et de l'autre.

Charles d'Hozier, le jeune, parvint à cacher chez lui quarante-cinq kilogrammes de poudre que lui avait apportés un Breton de ses amis, nommé Le Noble; mais la police en eut vent et envoya un commissaire pour faire perquisition. Le commissaire était royaliste ; il prévint d'Hozier, qui put cacher les poudres et se sauver.

Or, comme il fallait toujours que la police arrêtât quelqu'un, elle s'empara de d'Hozier aîné et de Le Noble, qui furent emprisonnés.

Puis ce fut le tour de Sol de Grisolles, qui fut arrêté sur les boulevards.

Querelle ne tarda pas à aller le rejoindre en prison.

Pendant ce temps, Brèche et La Haye Saint-Hilaire levaient en Bretagne des hommes de bonne volonté. Ce n'était pas le nombre qui manquait! Tous les Morbihanais désiraient s'enrôler; mais Georges n'en voulait que quatre-vingts au plus, et il était difficile de choisir les plus braves parmi tous ces braves, les plus courageux parmi tous ces vaillants Bretons, qui ne demandaient qu'à mourir pour le triomphe de la cause royale.

Trois mois s'étaient passés.

Le comte d'Artois, le duc de Berry et Pichegru n'avaient pu encore réussir à s'embarquer, et la police devenait de plus en plus vigilante.

Au mois de décembre, Armand de Polignac, Coster Saint-Victor, Roger, Deville, Le Mercier, Lelas et Pierre-Jean Cadoudal débarquèrent à leur tour.

Enfin, le 16 janvier 1804, un troisième débarquement amena Pichegru, Lajolais, Jules de Polignac, le marquis de Rivière, Armand Gaillard, Rochelle et Louis de Russillon.

Les arrestations commencèrent à se multiplier. Querelle fut condamné à mort. Il ne voulait point mourir. Il préféra parler.

Par les indications qu'il donna, il fut facile à Dubois et à Réal, conseiller préposé à la surveillance de la tranquillité publique, de peupler les prisons de France de prévenus.

Ils en cueillirent un peu partout.

Querelle avait prétendu que Georges Cadoudal était à Paris avec quinze cents hommes.

La police n'eut plus qu'un rêve, celui de mettre sous les verrous ces quinze cents conspirateurs.

Ne les trouvant pas dans la capitale, par la bonne raison qu'ils n'y étaient point, elle chercha dans la Seine-Inférieure et dans la Somme, et composa un assortiment d'inculpés digne d'être offert au premier consul comme un bouquet d'ennemis de choix.

Ce fut ainsi que MM. de Bourbel, de Calonne, de Caqueray, d'Imbleval, de Lépine furent appréhendés au corps, ainsi que Mme d'Ancourt, une noble dame qui fut enlevée de son château sans que personne sût ce qu'elle était devenue, et qu'on retrouva plus tard, grâce aux démarches de Mme Louis Bonaparte, aux Madelonnettes, en compagnie des femmes de mauvaise vie.

La chasse aux royalistes était organisée.

Tandis que les sbires de Réal et les agents du préfet Dubois fouillaient Paris dans l'espérance de mettre la main sur de nouveaux conspirateurs, on essayait par tous les moyens possibles d'obtenir des révélations de ceux qu'on tenait en prison.

Mais les Querelle étaient rares parmi les hommes qui s'étaient résolûment joints à Cadoudal, et lorsque, Sol de Grisolles arrêté, on voulut arracher de lui des aveux, il trompa l'espoir du grand juge ; alors on renouvela pour lui les supplices de la question : on lui mit les poucettes, et on les lui serra jusqu'à ce que les ongles sautassent.

Mais c'était un homme de cœur : il supporta héroïquement la douleur. Voyant qu'on n'en pouvait rien tirer, on se borna à le jeter au fond d'un cabanon de Bicêtre pour l'y laisser pourrir. Quand il sortit, dix ans plus tard, de ce tombeau, presque perclus, à demi-aveugle, « il ressemblait plus à un cadavre qu'à un vivant. »

Pendant tout le mois de février, de nouvelles arrestations furent opérées. Louis Picot, le domestique de Georges, tombait aux mains des agents; Mérille, Coster Saint-Victor, Roger, Bonnet, Armand de Polignac étaient pris, et la chasse à l'homme n'en continuait que plus active.

Certes, les gens arrêtés étaient capture importante ; mais plus on arrêtait, plus on s'apercevait que la conspiration avait des rameaux multiples, et plus le premier consul comprenait la nécessité de s'emparer du chef, de l'organisateur du complot, de Georges Cadoudal.

Depuis cinq mois, il était à Paris, et jusqu'alors la police, si active et si ingénieuse, n'avait pu encore parvenir à découvrir sa retraite. Quel affront pour elle !

Aussi des mesures tout à fait inusitées furent-elles prises : on appela des troupes en toute hâte, comme s'il eût fallu des régiments entiers pour arrêter un homme; les barrières furent fermées, le mur d'octroi environné de vedettes et de factionnaires qui, nuit et jour, faisaient retentir l'air du cri :

— Sentinelle ! prenez garde à vous !

On se serait cru dans une place de guerre.

Sur tous les murs on lisait le signalement de Georges Cadoudal en ces termes :

« Georges Cadoudal, dit Larive, dit Masson, trente-quatre ans, et n'en paraissant pas davantage; cinq pieds quatre pouces, extrêmement puissant et ventru, épaules larges, d'une corpulence énorme; sa tête très-remarquable par sa prodigieuse grosseur, cou très-court, le poignet fort, doigts courts et gros, jambes et cuisses peu longues, le nez écrasé et comme coupé dans le haut, large du bas; cheveux châtain clair assez fournis, coupés très-court, ne frisant point, excepté le devant où ils sont plus longs; teint frais, blanc et coloré; joues pleines et sans rides; bouche bien faite, dents très-blanches, barbe peu garnie, favoris presque roux, assez fournis, mais n'étant ni larges, ni longs; menton renfoncé. Il marche en se balançant et les bras tendus, de manière que les mains sont en dehors. »

Avec un signalement aussi détaillé, il était bien difficile qu'un homme se promenât impunément dans Paris sans être reconnu.

Cependant cela était.

Évidemment, des royalistes dévoués donnaient asile à Georges et aux siens; aussi, le 27 février, avait été rendue cette loi spéciale contre les recéleurs de conjurés :

« Article 1er. — Le recèlement de Georges et des soixante brigands actuellement cachés dans Paris ou dans les environs, soudoyés par l'Angleterre pour attenter à la vie du premier consul, sera jugé et puni comme le crime principal.

« Art. 2. — Sont recéleurs ceux qui, à la publication de la présente loi, auront sciemment reçu, retiré ou gardé l'un ou plusieurs des individus mentionnés dans l'article précédent, à moins qu'ils n'en fassent la déclaration à la police, dans le délai de vingt-quatre heures, à compter du moment où ils les auront reçus, soit que les individus logent encore chez eux, soit qu'ils ne s'y trouvent plus.

« Art. 3. — Ceux qui, avant la publication de la présente loi, auront reçu Pichegru ou les autres individus ci-dessus mentionnés, seront tenus d'en faire la déclaration à la police dans le délai de huit jours; faute de déclaration, ils seront punis de six ans de fers.

« Art. 4. — Ceux qui feront la déclaration dans le susdit délai ne pourront être poursuivis, ni pour le fait de recèlement, ni même pour infraction aux lois de police. »

Mais, il est bon de le noter, en France, la délation est considérée par tous comme une vilaine action, et ceux-là même qui ne partageaient pas les idées des « brigands, » et qui eussent peut-être même applaudi à leur arrestation, auraient reculé devant l'idée d'aller dénoncer ceux qui les cachaient.

Donc, c'était aux agents mis spécialement en campagne pour les découvrir de lutter de ruse avec ceux qui se dérobaient à leurs recherches.

Au mois de février, Georges était logé rue du Puits-de-l'Ermite, avec Pichegru, Raoul Gaillard, Joyaut, Russillon, Rochelle, Burban. Mais le gîte fut éventé, et Georges dut, après avoir passé vingt-quatre heures dans une maison de la rue Jean-Robert, aller se loger dans un petit réduit de la rue de la Montagne-Sainte-Geneviève, que Charles d'Hozier avait fait préparer pour lui par Mlle Hizay, fille d'un honnête toiseur en bâtiments, âgée de vingt-sept ans et qui, sans être jolie, au dire de ses contemporains, avait un regard expressif et une physionomie qui annonçait un courage viril. Mlle Hizay, toute dévouée aux royalistes, d'accord avec ses parents, qui partageaient les mêmes opinions, avait été demeurer chez la fruitière Lemoine, non moins ardente à désirer le succès de l'entreprise, et la jeune personne, pour être mieux à portée de Georges et de ses amis, s'était faite leur ménagère.

Pendant ce temps, la chasse furieuse traquait les autres conjurés.

Danouville, enfermé au Temple, s'était pendu.

Bouvet de Lozier, arrêté le 10 février, avait, dans un interrogatoire au sujet de Georges, compromis celui-ci sans y prendre garde, en le désignant sous le nom de Larive. Il en fut tellement peiné qu'il se pendit aussi dans sa prison; un porte-clefs entendit du bruit et vint à son secours.

Réal averti accourut au Temple, et, profitant de ce que le malheureux, à demi-mort, fou de désespoir, parlait tout haut et s'accusait, il eut l'habileté de l'amener à une confession complète.

Il précisa les détails de la conjuration, expliqua le rôle et la part de chacun, raconta comment Pichegru et Moreau se trouvaient dans l'affaire.

Pichegru et Moreau furent arrêtés.

Rolland et Lajolais l'avaient été la veille.

Le cercle se resserrait de plus en plus autour des conjurés; l'entreprise pouvait être considérée comme avortée : il ne s'agissait plus que d'en faire remonter la responsabilité au duc d'Enghien. C'était chose difficile; mais, avec des conseillers habiles comme l'étaient les familiers de Bonaparte, il n'y avait rien d'impossible.

V

Le cabriolet nº 53.

Dans leur interrogatoire, Coster Saint-Victor et Roger avaient déclaré qu'il venait chez Georges Cadoudal un personnage enveloppé dans un grand manteau bleu, qu'on désignait sous le nom de Charles, auquel on témoignait le plus grand respect. « Lorsqu'il entrait dans l'appartement, tout le monde se levait et ne s'asseyait plus, même MM. de Polignac et de Rivière. Il s'enfermait habituellement avec Georges, et l'un et l'autre étaient toujours seuls. »

Quant à son signalement, Coster et Roger ne purent le donner que d'une façon imparfaite; néanmoins, ils déclarèrent « qu'il paraissait âgé d'une quarantaine d'années, qu'il avait l'air fort et robuste, les cheveux bruns et le teint coloré. »

Nous verrons bientôt quel étrange parti on sut tirer

de cette déclaration, et comment il en résulta une *erreur* qui fit confondre un homme de quarante ans, fort et robuste, aux cheveux bruns, au teint coloré, qu'on sut *plus tard* être Pichegru, avec l'infortuné duc d'Enghien, âgé de trente et un ans, blond, mince et d'apparence délicate.

C'était une erreur toute volontaire.

Bonaparte, Fouché, Réal, Talleyrand, ainsi que tous ceux qui ne pensaient et n'agissaient que d'après les inspirations du premier consul, savaient parfaitement à quoi s'en tenir à cet égard; toutefois, comme il était utile « pour les besoins de la cause » de préparer le peuple, afin qu'il se fît involontairement le complice de l'odieux attentat qui se préméditait à la Malmaison, tous eurent soin de propager l'*erreur*, sauf plus tard à la réfuter.

Donc le mot d'ordre fut donné, et ce fut à partir de ce moment que l'arrestation du duc d'Enghien fut décidée en principe, puisqu'il était convenu que le personnage mystérieux ne pouvait être que lui.

Pourquoi lui plutôt qu'un autre?

Les mémoires du temps vont nous l'apprendre :

« On disait au premier consul, et le premier consul se disait à lui-même, qu'il n'était pas probable qu'on se fût engagé dans une pareille entreprise sans avoir sur les lieux un prince de la famille qui pût rallier tout à lui, aussitôt que le coup serait porté. On fortifiait ce raisonnement de l'observation que c'était chez Georges seulement, et non chez le général Moreau, que s'était montré le personnage mystérieux.

« On fit alors l'appel des princes de la maison

de Bourbon. Ce n'était pas MONSIEUR, comte d'Artois: son âge s'y opposait. Ce n'était pas M. le duc de Berry : les gens de Georges le connaissaient personnellement, et ils affirmaient que ce n'était pas lui.

« On ne pouvait arrêter sa pensée sur M. le duc d'Angoulême : il était à Mittau, auprès du roi. M. le duc de Bourbon était à Londres, et son signalement ne pouvait s'accorder avec celui du personnage inconnu. On s'arrêta donc naturellement à M. le duc d'Enghien. »

Ce NATURELLEMENT est grand comme le monde.

Le coupable si ingénieusement créé, il fallait s'en servir pour faire un exemple salutaire.

On a vu comment, en procédant méthodiquement, Bonaparte avait commencé par s'assurer que le duc d'Enghien était toujours à Ettenheim.

Mais avant de le suivre dans l'accomplissement de l'attentat qui devait soulever une réprobation européenne, achevons à grands traits l'historique des événements qui servent de prologue au drame sanglant dont le dénoûment se termina dans le fossé de Vincennes.

Nous avons laissé Georges Cadoudal et ses amis dans la boutique de la fruitière Lemoine, au moment où la jeune Denise terminait son paquet de hardes.

Ce fut alors que Mlle Hizay entra dans la boutique en disant :

— Le cabriolet est arrivé.

— Partons, commanda Georges.

Il embrassa cordialement les femmes qui étaient là et sortit par la porte qui communiquait dans l'allée commune de la maison.

Quelques secondes plus tard, Joyaut, Burban et Raoul Gaillard le suivirent, et presque au même instant, la jeune Denise sortit à son tour, portant le paquet qu'elle avait confectionné.

La petite troupe disséminée remonta la rue.

Personne ne paraissait faire attention aux gens qui la composaient.

Le cabriolet, ses lanternes allumées, avait son tablier rabattu sur le devant; le cocher, tranquillement assis à sa place, semblait sommeiller en attendant le retour d'un voyageur.

Georges, arrivé auprès, s'élança dans la voiture; le cheval partit.

Mais au même instant un cri se fit entendre.

L'intention de Georges Cadoudal, en quittant la rue de la Montagne-Sainte-Geneviève, était d'échapper aux recherches que, depuis deux jours, on faisait dans le quartier. Il avait été averti qu'on était sur sa trace; des figures suspectes s'étaient montrées dans les environs : il n'avait que le temps de quitter au plus vite sa retraite, s'il ne voulait y être découvert.

Un refuge lui avait été ménagé chez un parfumeur de la rue du Four, et c'était pour s'y rendre qu'il avait chargé l'un des siens, Le Ridant, de lui procurer un cabriolet.

Le Ridant s'était adressé pour cela à son ami Goujon, qui demeurait avec lui impasse de la Corderie, et Goujon s'était d'autant plus empressé de satisfaire au désir de son camarade, qu'il était agent secret de la police, et que son premier soin, après avoir mis le cabriolet au service de Le Ridant, fut d'aller en instruire ses chefs, qui prirent toutes les mesures nécessaires pour que la rue de la Montagne-Sainte-Geneviève et les autres rues avoisinant la place Saint-Étienne-du-Mont fussent sillonnées et occupées par une nuée d'agents blottis de tous côtés.

C'était l'un d'eux, l'inspecteur de police Caniolle, qui venait de crier.

Il avait reçu un coup de poignard dans l'épaule en essayant, concurremment avec son collègue Buffet, de se saisir de Georges, au moment où il sautait dans la voiture.

Celui-ci, par un mouvement rapide, avait pu se dégager de son étreinte, tandis que Joyaut et ses deux autres compagnons, se jetant vivement sur les deux agents, les mettaient dans l'impossibilité d'avancer. Caniolle avait eu plus de peur que de mal, le poignard ne lui ayant causé d'autre dommage que de déchirer la veste de commissionnaire dont il était affublé.

Le Ridant, qui conduisait le cabriolet, n'avait pas perdu de temps, et le cheval était si vivement parti à fond de train, que Denise, qui devait jeter son paquet dans la voiture, n'avait pas eu le temps d'exécuter ce mouvement.

Effrayée à la vue des agents qui s'étaient précipités sur le cabriolet, et n'osant rentrer chez sa mère avec ce paquet, dans la crainte d'être suivie, elle jeta les yeux autour d'elle, et apercevant une boutique de boulanger, elle y entra et pria l'homme qui était assis au comptoir de vouloir bien le lui garder pendant quelques instants, puis elle ressortit et s'en alla.

Le cabriolet parti, les agents, contenus par les trois

amis de Georges, ne s'amusèrent pas à lutter avec eux; ils s'élancèrent à la poursuite du véhicule en criant de toute la force de leurs poumons : « Arrêtez-le! arrêtez-le! »

Et tous les agents répandus dans le voisinage de courir après.

Le cheval semblait avoir des ailes : il brûlait le pavé.

Le cabriolet avait enfilé la rue Saint-Jacques, et était arrivé à la place Saint-Michel.

Les agents essoufflés couraient toujours.

Par le petit vasistas placé à l'arrière, Georges regardait cette meute acharnée à sa poursuite, et, de la voix, il excitait encore le cheval, que nul n'osait arrêter dans sa course furieuse.

On descendit ainsi la rue de la Liberté, ex-rue Monsieur-le-Prince, et on arriva au carrefour de l'Odéon.

Mais là, les deux inspecteurs Buffet et Caniolle parvinrent avec un troisième acolyte à devancer la voiture.

Buffet se jeta résolûment à la tête du cheval pour l'arrêter.

Georges, qui tenait à la main un pistolet, ajusta l'homme au front; le coup partit.

L'agent tomba foudroyé.

Georges sauta alors à terre par la droite; mais à son tour Caniolle, armé d'un gros bâton, s'élança pour le saisir.

Un second coup de pistolet le blessa au côté; il tomba aussi.

Georges en profita pour s'élancer dans la rue de l'Observance; mais l'agent, surmontant la douleur qu'il éprouvait, se releva et courut à sa poursuite le bâton levé. Il parvint à l'atteindre.

Le bâton retomba, et Georges le reçut en plein sur la tête.

Il chancelait et faisait des efforts surhumains pour rester debout.

Soudain, deux autres agents accoururent à la rescousse; un chapelier qui regardait le combat s'élança pour porter aide aux hommes de police, ainsi que plusieurs autres citoyens qui passaient.

Bientôt vaincu par le nombre, terrassé, roué de coups, Georges fut lié avec une grosse corde que Caniolle avait sur lui, et on le porta à la préfecture de police.

Un quart d'heure plus tard, tout Paris apprenait la grande nouvelle : Georges Cadoudal était pris.

VI

Police et gendarmerie.

Le premier soin du préfet de Strasbourg, en recevant la lettre que le citoyen Réal lui avait écrite sous la dictée du premier consul, avait été de se conformer aux ordres qu'elle lui donnait.

C'était un préfet qui, lui aussi, comme la plupart des fonctionnaires du Consulat, avait manié le sabre, avant de tenir la plume administrative.

Le citoyen Henri Shée, né à Landrecies, le 25 janvier 1739, entra au service du roi en qualité de cadet dans un régiment irlandais.

En 1789, il était colonel du régiment *Colonel-général*.

Il continua à servir la République, qui le promut au grade de général de brigade, et, sous les ordres de Hoche et de l'amiral Bruix, il tenta un débarquement en Irlande; mais ce fut sans succès, et il se montra tellement sensible à cet échec, qu'il quitta l'état militaire.

Après le 18 brumaire, Bonaparte lui donna la préfecture du Mont-Tonnerre, et l'investit de la qualité de commissaire général dans les quatre départements de la rive gauche du Rhin.

Il remplit ces fonctions sans trop faire parler de lui, et il n'en eut d'ailleurs guère le loisir, car il fut, peu de temps après, appelé à administrer le département du Bas-Rhin.

C'était un homme dévoué à Bonaparte, qui savait obéir à une consigne et exécuter fidèlement un ordre ; on pouvait compter sur lui.

La lettre lue, il fit appeler le citoyen Charlot, commandant la gendarmerie, en résidence à Strasbourg, et celui-ci accourut.

— Voici, lui dit le préfet, les instructions que je

reçois du citoyen conseiller d'État qui est chargé de veiller à la tranquillité publique, et j'ai compté sur vous pour m'aider à les exécuter.

— Citoyen préfet, vous savez que le devoir est ma loi, et si quelques brigands conspirent contre le premier consul, mes hommes et moi, nous sommes là pour les mettre en lieu de sûreté.

— Je ne doute pas, citoyen commandant, de votre zèle, et déjà, en plusieurs occasions, vous avez donné des preuves de votre dévoûment au gouvernement.

— C'est mon devoir.

— Oui, et personne ne sait mieux l'interpréter que vous.

— Il n'y a qu'une façon de l'interpréter, reprit le brave commandant : c'est de faire opérer l'arrestation de quiconque m'est signalé.

— Cette fois pourtant, insinua le préfet, il ne s'agit pas, du moins quant à présent, d'arrestation.

— Ah ! fit le commandant un peu déçu.

— Non, il n'est besoin que de vous procurer un renseignement qui doit être pris par un homme intelligent et sûr,

— Hum ! dit Charlot. Je comprends. J'eusse préféré une franche arrestation, même avec la perspective de quelques coups de sabre à recevoir ou à donner ; mais enfin, puisqu'il en est autrement, de quoi s'agit-il ?

Le préfet lut la lettre.

Charlot écoutait avec componction.

— J'ai compris, dit-il, et j'ai ce qu'il vous faut.

— Qui?

— Un jeune sous-officier nommé Lamothe, qui s'acquittera à merveille de la commission.

— En ce cas, faites-le quérir sur l'heure; qu'il parte; vous lui donnerez la somme dont il pourra avoir besoin, et vous lui recommanderez de ne rien négliger pour arriver à connaître ce qu'on désire savoir.

— C'est convenu.

Et le commandant se retira pour mettre au plus vite son sous-officier en campagne, bien que, comme il l'avait dit au préfet, il eût infiniment préféré s'occuper d'une arrestation rentrant dans ses attributions de commandant de gendarmerie, que de charger un de ses subordonnés d'une mission d'agent secret.

Mais, à cette époque, tout le monde était de la police.

Les uns la faisaient pour satisfaire quelque basse rancune, en dénonçant les gens dont ils avaient à se plaindre; d'autres espionnaient uniquement pour être payés, et nombre de fonctionnaires étaient obligés de mêler un peu de police à leurs attributions, afin d'être certains de conserver leur place.

Enfin, chose assez singulière, il y avait des gens qui exerçaient le vil métier d'espion uniquement par goût, ou par ce qu'ils appelaient de la conviction politique.

Il est bon de dire que cette extension considérable de la police, qui faisait que la moitié des Français surveillait l'autre moitié, avait pour résultat d'amener les erreurs les plus grossières et les plus regrettables.

Celle que commit Lamothe devait avoir une conséquence déplorable.

Mais n'anticipons pas sur les événements.

Le maréchal-des-logis Lamothe, appelé par son commandant, reçut les instructions qu'on sait, de l'argent pour sa dépense personnelle èt toutes celles qu'il croirait devoir faire pour le besoin de la cause, et, le soir même, il se mit en route pour Ettenheim.

C'était un homme expéditif, et qui savait mettre le temps à profit, car le lendemain il était de retour, parfaitement renseigné sur tout ce qu'on l'avait chargé de savoir.

Et sans perdre une minute, aussitôt à Strasbourg, il prit une belle feuille de papier, la régla, tailla sa plume, et, d'une main qui semblait plutôt appartenir à un notaire qu'à un gendarme, il écrivit le rapport suivant :

Renseignements pris à Ettenheim sur l'existence du ci-devant duc d'Enghien, par moi soussigné, maréchal-des-logis de gendarmerie nationale.

« Parti de Strasbourg le 13 ventôse, vers cinq heures et demie du soir, pour me rendre à Ettenheim, je me suis arrêté à Cappel, où, parlant avec le maître de poste et deux particuliers, j'ai appris que le ci-devant duc d'Enghien était encore à Ettenheim avec l'ex-général Dumouriez et un colonel nommé Grunstein, récemment arrivé de Londres; et l'on m'a assuré qu'on parlait il y a quelque temps d'un voyage que le duc d'Enghien devait faire en Angleterre, mais que maintenant il n'en était plus question.

« Arrivé à Ettenheim, l'on m'a confirmé audit lieu la présence de l'ex-duc d'Enghien, du général Dumouriez et du colonel Grunstein, ce dernier venant depuis peu d'Angleterre; l'on m'a parlé d'un individu, désigné sous le nom du lieutenant Schmidt, arrivé également d'Angleterre après le colonel Grunstein. L'on m'a dit que l'ex-duc était journellement occupé à la chasse; qu'il logeait dans une maison particulière; qu'il avait un secrétaire qu'on dit français, sans qu'on ait pu me décliner son nom; que Dumouriez, le colonel Grunstein et le lieutenant Schmidt, logeaient chacun particulièrement.

« La correspondance de l'ex-duc est depuis quelque temps beaucoup plus active; il a reçu divers courriers d'Offenbourg et de Fribourg, et en a envoyé dans les mêmes lieux; son domestique n'est pas considérable; il paraît très-aimé à Ettenheim et dans les environs.

« L'on m'a parlé à Ettenheim d'un voyage que le duc devait faire à Fribourg, sans qu'on ait pu m'en désigner l'époque; mais il n'a nullement été question du voyage d'Angleterre, dont on m'avait parlé à Cappel.

« Arrivé de nuit à Ettenheim, et n'étant chargé que de m'informer si le duc y était ou non, et, dans ce dernier cas, d'apprendre la route qu'il avait tenue et le lieu où il devait se rendre, le temps ne m'a pas permis de recueillir de plus amples renseignements.

« Parti d'Ettenheim à cinq heures et demie du matin, j'ai été rendu vers les neuf heures à Offenbourg, où j'ai pris divers renseignements.

« L'on m'a appris qu'il se trouvait en cette ville une

grande quantité d'émigrés français; m'étant informé des plus marquants, on m'a désigné les nommés Milet frères, Moroy et Lazolais, officiers généraux, ce dernier cordon rouge. L'on m'a assuré qu'en général ces émigrés, qui faisaient beaucoup de dépense à Offenbourg, paraissaient être soldés par l'Angleterre.

« Dans les différents endroits où je me suis arrêté, les habitants de l'électorat de Bade avec lesquels j'ai lié conversation m'ont paru très-avides de nouvelles de France; tous m'ont manifesté l'espoir d'un changement qu'ils regardaient comme certain dans le gouvernement français; et la plupart m'ont paru attachés aux intérêts de l'ex-duc d'Enghien et à ceux des émigrés français réfugiés à Offenbourg.

« Strasbourg, le 14 ventôse an XII de la République française.

« LAMOTHE. »

Nous devons, pour rendre hommage à la vérité, déclarer que ce rapport ne fut pas écrit tout d'un trait, ainsi qu'on vient de le lire.

Non! Le citoyen Lamothe, bien qu'il passât dans sa brigade pour un lettré, n'eût pu de prime-abord rédiger de la sorte; mais, après avoir longuement étudié ses mots, coordonné ses phrases, il finit par se trouver très-satisfait du résultat de son travail de rédaction, et, sans plus tarder, il courut le remettre au citoyen Charlot, qui le lut gravement et crut devoir faire remarquer que le ton affirmatif dans lequel il était conçu rendait celui qui l'avait rédigé responsable de toutes les conséquences qu'il pourrait avoir.

— Je le pense, répondit Lamothe; mais tout ce que j'ai consigné dans le rapport m'a été affirmé.

— C'est tout ce qu'il faut ; le reste ne nous regarde pas, et puisqu'il en est ainsi, je vais remettre à qui de droit ce papier.

— Mon commandant, entre nous, je crois que la chose est importante, et subséquemment, il se pourrait peut-être que si on est satisfait de la façon prompte et ingénieuse dont je me suis acquitté de la commission, mon commandant se rappellerait que c'est moi qui suis parvenu à tout savoir.

— C'est bien, c'est bien; nous verrons cela plus tard, et comme le dit le citoyen préfet, toute peine mérite salaire, mais, en ce moment, il s'agit de faire parvenir ce rapport à son adresse.

Et il congédia le sous-officier.

Demeuré seul, le commandant fit ce qu'avait fait son maréchal-des-logis : il prit une feuille de papier, la régla et transcrivit tout au long le rapport qu'il avait sous les yeux, puis il le plia en forme de lettre et l'adressa à son collègue, le commandant de la brigade de Saverne, qui, à son tour, devait l'expédier au commandant de Sarrebourg, et ainsi de suite, de brigade en brigade, jusqu'à Paris.

A cette époque de surveillance mutuelle et d'espionnage réciproque, les diverses brigades de gendarmerie, organisées en bureaux de correspondance, se transmettaient les dépêches de cette façon ; elles arrivaient ainsi jusque dans les bureaux du général Moncey, premier inspecteur général de la gendarmerie, et leur extrait était mis sous les yeux du premier consul, qui pouvait les contrôler de la sorte avec celles envoyées directement par les préfets et les agents supérieurs de sa police.

Charlot, son double du rapport envoyé, se mit en devoir de porter de suite l'original au préfet.

Celui-ci se montra ravi de la diligence apportée dans l'exécution de l'ordre qu'il avait donné.

— Je vous remercie, commandant, lui dit-il, de l'empressement que vous avez montré dans cette affaire, et votre zèle sera apprécié comme il convient.

Charlot se retira sur cette bonne parole, et le citoyen préfet, qui tenait aussi à se montrer zélé en adressant le rapport à Réal, crut devoir y joindre quelque chose de son cru : il ajouta qu'il avait lieu de penser que le duc d'Enghien était venu plusieurs fois secrètement à Strasbourg et sur la rive gauche du Rhin, notamment à Binfelden, où il savait que l'ex-prince de Rohan-Rochefort, père de la princesse Charlotte, avait loué un appartement dans la maison de la dame Freytag, maîtresse d'auberge.

Il terminait en constatant l'accroissement que prenaient chaque jour les rassemblements des émigrés sur les différents points des bords du Rhin, et surtout à Offenbourg.

Sa lettre achevée, il la relut et se frotta les mains :

— De cette façon, dit-il, ils verront que je sais comprendre à demi-mot.

Et il allait cacheter le large pli auquel il ne manquait plus que l'adresse, lorsqu'un bruit discret se fit entendre à une porte du cabinet préfectoral, qui donnait sur les appartements particuliers.

M. Shée leva la tête.

— Comment! lui ici?... s'écria-t-il.

Soudain la porte s'ouvrit, et un homme enveloppé d'un carrick gris se montra.

— On peut entrer? dit-il d'un air souriant.

— Oui, répondit le préfet. Qu'y a-t-il?

Et son regard interrogea la physionomie de ce singulier visiteur.

VII

Le vendu.

Le nouveau venu s'appelait Méhée de la Touche. C'était un homme d'apparence vulgaire, à la physionomie intelligente, et dont le regard cauteleux dénotait le goût de l'intrigue.

Les biographes en ont laissé un assez triste portrait; or, comme il joua un rôle très-important dans cette odieuse affaire, nous demandons au lecteur la permission de le lui présenter.

Méhée, né à Meaux vers 1760, était le fils d'un honnête chirurgien; il fit ses études au collége Mazarin. Lancé de bonne heure dans la débauche et la dissipation, le jeune homme, sans fortune, ne jugea rien de mieux, pour pouvoir se livrer à ses goûts de dépense et de plaisirs, que de s'engager dans la police.

C'était un moyen peu honorable; mais il n'avait pas de préjugés, et pourvu qu'il se procurât de l'argent, il regardait peu à la source du produit.

La révolution ouvrit un vaste champ à son zèle policier; il pouvait à loisir vendre ses services aux nombreuses fractions du pouvoir, et pourvu qu'on y mît le prix, on avait quelque droit de compter sur l'intelligence de Méhée, à moins qu'une somme plus importante que celle promise ne vînt le faire changer de côté.

Toutefois, ses débuts ne furent pas complétement heureux.

On lui confia quelques missions aussi secrètes que délicates en Pologne et en Russie, qu'il avait le dessein d'accomplir — nous allions dire honnêtement; malheureusement pour lui, il manqua de prudence et laissa deviner la nature de ses fonctions, ce qui le fit chasser de Saint-Pétersbourg avec tous les honneurs dus à son rang.

Il rentra en France en 1792, avec le titre de chevalier de la Touche, qu'il avait cru devoir ajouter à son nom de Méhée, et il se fit alors remarquer dans les mouvements insurrectionnels qui eurent lieu, par le libéralisme de ses opinions politiques; il se montra si bon patriote, qu'il fut nommé secrétaire greffier adjoint de la commune de Paris.

Ce fut en cette qualité qu'il apposa sa signature au bas des arrêtés qui devinrent le signal du massacre des prisons, et après ces massacres, il signa avec Tallien les bons de paiement à ceux qui les avaient exécutés.

Peu de temps après, il quitta sa place, et en 1793, il fut poursuivi comme dantoniste et disparut de la scène politique.

Il reparut après le 9 thermidor, et se fit remarquer parmi les réactionnaires les plus endurcis, ce qui prouvait sa facilité à épouser toutes les opinions, et il publia plusieurs brochures, entre autres la *Queue de Robespierre, Gare à ta queue!* et quelques pamphlets du même genre que la police, sans pitié pour un des siens, fit saisir; il les avait signés du pseudonyme de Felhemesi (anagramme de Méhée fils).

Il se trouva compromis dans la conspiration de Babeuf, refusa de défendre Drouet, qui l'en avait prié, et, comme le séjour de Paris commençait à être malsain pour lui, il prit la fuite.

Au 30 prairial, il reparut.

Les gens de cette sorte étaient précieux alors.

Il fut nommé secrétaire général du ministère de la guerre, puis chef de la deuxième division politique au ministère des relations extérieures; mais ces emplois fixes, qui exigeaient un travail, ou tout au moins un service régulier, ne pouvaient guère convenir à l'esprit aventureux de Méhée. D'ailleurs, ses antécédents de septembriseur lui étaient souvent reprochés; il donna sa démission et accepta l'emploi de secrétaire général du département de Rhin-et-Moselle.

Le 18 brumaire arriva.

Son crédit se trouva ruiné; on donna sa place à

un autre ; il se souvint alors qu'il avait été journaliste avec Réal, et il se mit à rédiger le *Journal des hommes libres,* dans lequel il professa dans toute leur pureté les doctrines révolutionnaires de 1793.

Un décret des consuls, qui le qualifiait de septembriseur, ordonna la suppression du journal et l'arrestation de son rédacteur.

Méhée, qui avait toujours su conserver des relations dans tous les camps, en fut quitte pour se voir exiler à Dijon ; mais comme là encore il fit des siennes, il fut déporté à l'île d'Oléron.

C'était un personnage audacieux, qui ne manquait ni d'énergie, ni de résolution ; il parvint à s'évader en 1803, et se réfugia dans l'île de Guernesey.

Ce fut là que commença à germer dans sa tête tout un plan d'intrigues politiques qu'il devait bientôt mettre à exécution, grâce à la facilité avec laquelle les royalistes réfugiés en Angleterre, acceptèrent bénévolement les offres d'un intrigant sans vergogne.

D'abord, il passa la Manche et débarqua à Londres, où il fit la connaissance d'un digne évêque, Mgr de Chilleau, qui, mû par un zèle pieux, entreprit la conversion de ce pécheur endurci, et ne réussit qu'à lui donner le moyen de se servir de lui.

Il commença par afficher aux yeux de l'évêque des opinions politiques ultra royalistes et capta si bien sa confiance, qu'il parvint à se faire recommander chaudement auprès des émigrés de distinction qui se trouvaient à Londres.

Il parlait d'abondance ; son langage, sa tenue, ses manières pouvaient faire croire à la sincérité de ses convictions; on le reçut à bras ouverts, et on lui facilita le moyen de pénétrer auprès du ministre Pitt, auquel il eut l'adresse de faire entendre qu'il était à même d'annihiler les projets que le premier consul nourrissait contre l'Angleterre, en amenant une sorte de fusion entre les royalistes et les Jacobins, à l'effet de renverser leur ennemi commun, Bonaparte.

Le ministre, qui ne voyait dans ce plan qu'un moyen de renforcer le parti hostile au Consulat, assura à Méhée qu'il en verrait avec plaisir la réalisation, et qu'il pouvait compter sur son concours pour le mettre immédiatement à exécution.

Et pour cela, il lui compta une bonne somme, ce à quoi Méhée avait tenu tout d'abord, puis il l'envoya à Munich, à un de ses agents nommé Drake, qui devait lui faciliter toute la besogne en Allemagne.

Drake lui fit d'importantes communications.

Une fois qu'il fut nanti de nombreux documents qui pouvaient compromettre tous ceux qu'il avait eu l'habileté de grouper dans une sorte de ligue contre le premier consul, il prétendit que, bravant tous les périls, il était disposé à rentrer furtivement dans Paris, afin d'être à même de diriger lui-même le mouvement.

C'était risquer beaucoup ; mais pour le soutien de la bonne cause, que n'eût-il pas entrepris?

Naturellement, il lui fallait encore de l'argent.

M. Drake lui en donna.

Il se dirigea alors droit sur Kehl, et le 20 octobre 1803, ou si l'on veut le 29 vendémiaire an XII, il écrivit à M. Shée la lettre suivante :

« Kehl, samedi, deux heures après midi.

« Citoyen préfet,

« Exilé dans le département de la Charente-Inférieure par suite d'une intrigue du ministre Fouché, je m'en suis échappé et me suis rendu en Angleterre avant la guerre.

« Depuis cette époque, mon épouse a demandé pour moi la liberté de rentrer dans ma famille ; le grand juge lui a répondu que je n'y rentrerais pas, à moins que, par quelque lumière sur les projets hostiles de l'Angleterre, je n'acquisse des droits à l'indulgence du gouvernement.

« N'ayant aucun moyen de me procurer la connaissance de ce qui se méditait, je conçus le projet de donner moi-même des plans qu'il me serait facile de déjouer. Mon projet a réussi.

« Je suis envoyé par le gouvernement anglais avec des instructions et de l'argent pour opérer ce que j'ai proposé ; une somme considérable est déposée à Hambourg et mise à la disposition de M. Drake, ministre anglais à Munich, avec qui je viens de passer quatre jours, pour combiner les mesures qu'il suppose que je vais mettre en œuvre.

« Ce ne serait rien, sans doute, que de ne pas exécuter un projet contre ma patrie ; mais c'est peut-être quelque chose que d'y amuser les Anglais, d'y faire entrer le roi de Varsovie avec qui je dois avoir une correspondance à ce sujet, de faire connaître au gouvernement les agents avec lesquels je vais me trouver en rapport, ceux qu'ils entretiennent en France, et ce qu'on fait en Angleterre et ailleurs contre nous. Voilà ce que j'offre au gouvernement, c'est-à-dire plus que le grand juge ne m'avait demandé pour la liberté de rentrer.

« M. Drake m'a fourni de quoi me glisser en France; mais comme ce n'est pas en espion anglais qu'il me convient de m'y présenter, je vous demande, citoyen préfet, de vouloir bien m'envoyer un passeport pour me rendre dans les environs de Paris, où j'attendrai les ordres du grand juge.

« Je ne crois pas qu'un homme qui, étant libre et ne manquant pas d'argent, vient se mettre entre les mains de son gouvernement sans condition et sans détours, puisse vous paraître suspect; mais dans le cas où vous auriez besoin d'autres renseignements avant de m'accorder un passeport, je vous supplie, au nom de l'intérêt public, de m'envoyer l'autorisation pure et simple d'entrer dans Strasbourg et m'indiquer le lieu où vous voulez que j'y demeure jusqu'à nouvel ordre.

« Je vous observe que je suis surveillé et que j'y dois rentrer avec les précautions qui me sont conseillées, si je ne veux pas faire voir à M. Drake que je suis autorisé, et conséquemment tout rompre.

« En attendant que mon domestique, qui ignore tout, m'apporte votre réponse, je vais me rendre à Offenbourg, chez un émigré auquel m'a adressé l'évêque de Châlons. Cet émigré doit me fournir les moyens de tromper votre surveillance. Si je n'en use pas, j'apprendrai au moins comment d'autres s'y prennent.

On m'a recommandé d'entrer le dimanche avec la foule. Je dois donc être prêt demain; mais si vous n'y consentez pas, il faut renoncer à tout cela. J'espère que vous jugerez l'affaire trop importante pour ne pas me mettre à même de la développer dans tous ses détails.

« Je vous salue avec respect.

« MÉHÉE. »

« *P. S.* — Je joins ici la lettre que j'ai reçue de M. Drake à Munich, et celle que je porte à mon émigré d'Offenbourg.

« Je m'appelais Jablonski à Munich; ici, je m'appelle Müller. »

Une pareille recrue, à l'époque où l'espionnage et la délation étaient considérés comme les premières vertus des citoyens, n'était pas à dédaigner; aussi le préfet s'empressa-t-il d'envoyer à Méhée l'autorisation qu'il sollicitait pour entrer à Strasbourg.

Il voulait le voir, causer avec lui, et l'affermir dans les bonnes dispositions qu'il montrait de trahir les émigrés qui s'étaient confiés à lui.

L'entrevue fut toute consacrée à l'expansion. Le préfet se montra enchanté des explications détaillées que lui donna Méhée, et il s'empressa de l'adresser directement au citoyen grand juge, ministre de la justice, en ayant soin de le faire accompagner par son secrétaire général, le citoyen Forces.

Le grand juge, qui se connaissait en hommes, présenta lui-même Méhée à Bonaparte, qui comprit vite le parti qu'il pourrait tirer de cet habile négociateur, et, après l'avoir autorisé à conserver toutes les sommes qu'il pourrait recevoir de Drake ou du ministre Pitt, il l'avait chargé de continuer à conspirer avec eux, et au besoin de leur vendre au prix qu'il voudrait quelques prétendus secrets, qu'il serait censé avoir dérobés au portefeuille du premier consul.

Jolie besogne, qui n'honorait guère les deux compères !

Il devait surtout faire à Drake de magnifiques rapports sur la situation politique, au point de vue de l'alliance royaliste-jacobine, de façon à le tromper complétement, et à enferrer chaque jour le parti royaliste.

Méhée, il faut lui rendre cette justice, joua son rôle admirablement. Il adressa à Munich les rapports les plus circonstanciés ; il alla même jusqu'à promettre de faire livrer Besançon et Strasbourg dès que le moment d'agir serait venu ; et il déployait dans toute cette affaire une telle finesse de conception, il se montrait diplomate si consommé, que Réal était confondu d'admiration et que Talleyrand commençait à le jalouser.

Ce fut encore Méhée qui, mettant à profit toutes les confidences qui lui étaient faites, lança la police sur les traces des amis de Georges Cadoudal ; il avait été avisé de divers débarquements opérés sur la côte normande, et c'était grâce aux précieuses indications qu'il avait fournies qu'on avait pu successivement opérer les diverses arrestations qui avaient précédé celle de Georges Cadoudal.

VIII

Les deux gendarmes.

Maintenant que notre personnage est présenté, voyons la suite de sa visite à la préfecture de Strasbourg.

Nous avons dit que M. Shée avait paru surpris de le voir.

C'est qu'en effet, il avait tout lieu de le croire en Suisse, à Bâle, où il l'avait envoyé; car il est bon d'ajouter que depuis le jour où Méhée était venu offrir ses services au préfet, celui-ci n'avait pas cessé d'être en relations continuelles avec lui, et c'était de concert que les deux hommes surveillaient les émigrés d'Allemagne, que Bonaparte voyait sans cesse franchissant la frontière et ramenant à Paris le roi de France.

Donc, Méhée voyageait beaucoup, soit par ordre du gouvernement de Paris, soit par ordre du préfet, et celui-ci l'avait envoyé à Bâle, nous l'avons dit, afin d'obtenir des indications sur les agissements des émigrés, et de là partir directement pour Paris, à moins que les découvertes qu'il pourrait faire en Suisse ne l'obligeassent à revenir à Strasbourg, ce qu'il avait fait.

— Qu'y a-t-il de nouveau? lui demanda aussitôt M. Shée; je vous croyais à Bâle.

— J'en arrive, citoyen préfet.

— Auriez-vous donc découvert quelque chose sur l'agent royal indiqué par M. de Mussey?

— Bien mieux que cela, citoyen préfet : je suis en mesure de donner au premier consul le moyen d'avoir en mains tous les fils de la conspiration de Georges Cadoudal, qui s'étend jusqu'en Allemagne, et de se rendre maître des chefs.

— En vérité ?

— C'est comme je vous le dis.

— Et où avez-vous pu obtenir ces renseignements?

— A Bâle.

— Bon! Je savais bien que j'avais raison de vous y envoyer.

— Vous avez le don de voir juste, citoyen préfet.

— Heu! heu! fit M. Shée avec un petit air de fausse modestie qui lui allait à ravir; mais enfin tout cela ne me dit pas pourquoi vous êtes revenu à Strasbourg, au lieu de vous diriger sur Paris.

— D'abord parce que je tenais à vous instruire de l'heureux résultat de mon court séjour à Bâle, ensuite...

— Ensuite?

— Afin de vous avertir que, pour obtenir toutes les précieuses indications que je rapporte, il m'a fallu dépenser beaucoup d'argent.

— N'avez-vous pas reçu une somme de six mille francs?

— Si, je l'ai reçue. Dieu me garde de le nier!

— Eh bien?

— Eh bien! il ne me reste plus un écu de cette somme.

— Comment !

— C'est l'exacte vérité. Il m'a fallu acheter des consciences pour arriver à connaître ce qu'il était indispensable que je susse, et vous ne sauriez croire, citoyen préfet, comme il y a des consciences qui coûtent cher.

Le citoyen Shée ne répondit rien.

— Ce qui fait que je ne saurais jamais aller jusqu'à Paris pour y compléter ma mission, si vous ne jugiez pas à propos de mettre de nouveaux fonds à ma disposition.

Le front du citoyen préfet se rembrunit un peu à cette demande; cependant il n'osa pas trop faire d'observation, et tirant de sa caisse un rouleau d'or de 1,000 fr., il le remit à Méhée, qui le prit et le fit dextrement disparaître dans sa poche.

— Maintenant, dit-il en se levant, il faut qu'en soixante heures je sois à Paris : nous touchons au moment décisif; avant peu, vous aurez de mes nouvelles.

Et il sortit.

Laissons l'habile espion, qui savait tirer de l'argent aussi bien de ceux qu'il trahissait lâchement que de ceux qu'il servait, et revenons au maréchal-des-logis Lamothe, que nous avons quitté au moment où il remettait son rapport à son supérieur.

Il était tout fier d'avoir si bien réussi dans sa mission d'observation, et comme il avait bien gagné de se reposer un peu des fatigues de son expédition, et qu'il lui restait une bonne partie de l'argent qu'il avait reçu pour aller savoir ce qui se passait à Ettenheim, il se proposa d'aller rendre visite à une jeune et jolie personne qui demeurait dans la rue Finckwiller, où elle exerçait la profession de blanchisseuse. Manette Kneuber était son nom; elle vivait du produit de son état, et on ne pouvait véritablement rien lui reprocher, hormis son trop de bonté pour le maréchal-des-logis; mais il faut dire aussi que celui-ci l'aimait très-sincèrement et que, lorsque les obligations de son service ne s'y opposaient pas, il allait volontiers lui faire visite.

Il est bien permis de se réjouir quand on a accompli une besogne fructueuse; c'était le cas de Lamothe. Si faire causer les gens et en tirer des indices qui peuvent être de nature à les compromettre n'est pas une tâche bien élevée, on ne peut nier qu'elle ne soit de nature à rapporter de bons bénéfices.

Lamothe avait donc le droit d'être joyeux, et, en veine de libéralité, il offrit à la blanchisseuse un dîner fin, arrosé de vin de Bordeaux, et il y fit lui-même si grand honneur, que lorsqu'il fut terminé, sa face était colorée, comme si elle eût été exposée aux rayons d'un soleil caniculaire.

Toutefois, comme il n'était pas homme à oublier son devoir, à l'heure voulue, il quitta Manette, et, comme il revenait à la caserne, il rencontra son ami Richard, maréchal-des-logis comme lui.

Lamothe était altéré; d'ailleurs il était en veine de politesse; il offrit donc à son camarade de vider un moos de bière. Richard accepta bien volontiers; un second lui succéda, et quelques verres d'eau-de-vie furent ajoutés à la bière.

Tout cela n'avait pas beaucoup désaltéré Lamothe,

et comme il demandait de nouveau à Richard ce qu'il voulait boire :

— C'est fini, répondit celui-ci; d'ailleurs, nous n'avons juste que le temps de rentrer.

— Crois-tu?

— J'en suis sûr; mais tu veux donc te ruiner tout à fait ce soir? dit l'autre gaiement.

— Allons donc! ce n'est pas moi qui paie.

— Comment cela?

— C'est le gouvernement.

— Ah! bast!

— Il faut que je te conte l'affaire. Il paraît que le premier consul, qui est cependant un fameux lapin, ne convient pas à tous les ci-devants, qui ne demanderaient pas mieux de voir la République et les consuls par terre.

— Je le crois.

— Bien entendu, pour faire revenir le Bourbon.

— C'est possible.

— Eh bien! moi, je ne les aime pas, les Bourbons.

— On dit cependant que ce sont de bonnes gens au fond; mais je n'en veux pas non plus, ajouta Richard, qui crut remarquer sur la physionomie de son camarade un certain mécontentement.

— Et tu as raison. A ta santé!

— A la tienne.

Au moment de trinquer, Lamothe s'aperçut que son verre était vide.

— Voyons, dit-il, le coup de l'étrier!

— Allons! je le veux bien.

Et de nouveau la servante remplit les verres.

Après quelques instants de silence, Lamothe et Richard reprirent leur conversation.

— Figure-toi, dit le premier, qu'on craint quelque chose de la part des émigrés en Allemagne, et que le grand juge a écrit au colonel, c'est sûr; car, hier, sais-tu ce qui est arrivé?

— Non.

— Eh bien! le colonel m'a fait demander, et m'a chargé de pousser une pointe du côté d'Ettenheim.

— Ettenheim! fit soudain Richard avec un mouvement.

— Et sais-tu ce que j'ai appris?

Richard, qui jusqu'alors avait écouté tous les propos de son ami avec assez d'indifférence, commença à prêter attention.

— Non.

— Le général Dumouriez est là, qui conspire avec le duc d'Enghien.

— Pas possible!

— C'est comme je te le dis. Ils sont là, tout un nid d'aristocrates damnés, qui ne rêvent, à ce qu'il paraît, que le renversement du premier consul.

— En vérité!

— Grâce au déguisement que j'avais pris, j'ai pu, sans éveiller l'attention, faire jaser quelques particuliers qui m'ont donné tous les détails imaginables sur leurs projets.

— Diable!

— Et c'est moi qui vais pouvoir éventer la mèche. Ah! ah! tu ne t'attendais pas à cela, toi; oui, mon vieux Richard. Mais il faut dire aussi que j'y ai mis une certaine adresse, ajouta Lamothe, qui n'était pas fâché de montrer à Richard qu'il était digne en tous points d'être chargé de missions policières délicates.

— Je le crois.

— Ainsi, par exemple, le duc d'Enghien, eh bien! je puis te dire exactement la maison où il loge à Ettenheim, combien il a de domestiques avec lui, à quoi il passe son temps, ce que fait la princesse Charlotte sa femme, qui est une Rohan, — comme ils disent, — de manière que le jour où, comme je le présuppose, le gouvernement voudra mettre la main sur toute la nichée, — ce qui ne tardera pas, je l'espère, grâce à mes indications, — pas un d'eux n'échappera.

Richard semblait réfléchir profondément.

— Ainsi, tu penses qu'on veut arrêter le duc d'Enghien et sa femme?

— J'en suis sûr, répondit Lamothe, qui tenait à avoir l'air bien informé. Mais, fit-il en remarquant la physionomie de son compagnon, on dirait que cela t'afflige... Ah! ça, mais, est-ce que tu soutiendrais les aristocrates?

— Moi! Y songes-tu?

— Dam!

— Non, ce n'est pas ça; mais je songe que pareille aubaine ne m'arriverait pas à moi... Tu as de la chance, toi!

— Bast!

— Non pas que je sois jaloux de toi, mon bon Lamothe. D'ailleurs, je ne serais pas assez capable pour cela... Pour ce qui est d'interroger, de demander, passe encore; mais après il faut faire un rapport, et les rapports, tu le sais, ce n'est pas mon fort; j'ai beau mettre tout ce que je peux trouver dedans : il paraît que le colonel ne comprend jamais ce que je veux dire.

— Oh ! le colonel, entre nous, je ne le crois pas bien malin.

Un double éclat de rire suivit cette appréciation, qui termina l'entretien.

Les deux maréchaux-de-logis se levèrent, et sortant de l'auberge se dirigèrent vers la caserne, tout en continuant à causer des officiers, des choses de service et de l'avancement des uns et des autres, ce fonds éternel de toutes les conversations entre militaires.

Mais, dès qu'il fut seul, Richard pensa à tout ce que lui avait raconté son camarade, et il en fut péniblement affecté.

Richard, avant d'être gendarme, avait été longtemps en service dans la maison de Rohan, et la jeune princesse Charlotte avait été en maintes circonstances si bonne pour lui, qu'il avait conservé pour elle une sorte de culte; jamais il ne prononçait son nom sans émotion; c'était pour lui l'idéal de la bonté et de la charité; il eût fait le sacrifice de sa vie pour la sauver du danger. Aussi, quand il eut appris ce qui se tramait contre elle et ceux de sa maison, il en éprouva une véritable douleur et se promit bien de tout faire pour l'avertir du danger qui la menaçait.

Mais comment y parvenir?

Aller la trouver à Ettenheim, il ne fallait pas y songer; c'eût été se compromettre lui-même et payer peut-être de sa liberté cette démarche dangereuse.

D'ailleurs, ce n'était pas en se perdant qu'il pouvait la sauver.

Et cependant il fallait absolument la prévenir.

Toute la nuit, le brave Richard se creusa la tête à cet effet.

IX

Une visite à Ettenheim.

La petite ville d'Ettenheim, dans le grand-duché de Bade, fut fondée au septième siècle par Etichs, duc du district du nord, à l'entrée de la vallée d'Ettenheim.

Elle était florissante au quinzième siècle, et son vieux palais impérial dominait la campagne de toute la hauteur de sa grosse tour.

Au moyen âge, les deux côtés du fleuve où se trouvent en deçà Strasbourg, Schlestadt, et au-delà le Brisgau, étaient couverts de châteaux-forts au pied desquels se groupaient les maisons des vassaux, comme des brebis timides sous la garde du berger.

Ettenheim est placé entre Offenbourg et Fribourg en Brisgau, à l'entrée du Munsterthal.

C'était, avant la révolution de 1789, un fief de

l'évêché de Strasbourg, qui possédait de vastes domaines sur la rive droite du Rhin.

De 1790 à 1803, Ettenheim fut la résidence du prince évêque de Strasbourg, Louis-René-Edouard de Rohan-Guéméné, né à Paris le 25 septembre 1734, qui y mourut et fut enterré dans l'église édifiée au sommet de la ville, dans laquelle on voit encore, à gauche du maître-autel, sous de vieux rideaux rouges, un fauteuil adossé à une tapisserie qui porte le blason des Rohan, « de gueules, à neuf macles d'or, » avec la couronne de prince, le chapeau de cardinal et le cordon du Saint-Esprit.

Quant au palais du cardinal, il n'est plus représenté que par un corps de logis étroit et délabré.

Mais en 1804, c'était encore une belle habitation, meublée, sinon avec recherche, du moins avec ce luxe vrai des anciens châteaux, et qui s'harmonisait si bien avec les grandes fenêtres, les vastes cheminées et les hautes salles aux sombres tapisseries et aux parois sculptées.

Cette partie de l'électorat de Bade, qu'on désigne sous le nom de cercle du Haut-Rhin, est un pays magnifique; les édifices se découpent en relief sur la sombre verdure des montagnes couvertes de sapins, qui forment le fond d'un tableau sans pareil.

D'un côté la Forêt-Noire, avec ses grands arbres séculaires, ses admirables cascades, ses torrents, qui tantôt versent leurs ondes déroulées comme des nappes de cristal, et tantôt les lancent avec furie contre les rochers sur lesquels elles viennent se briser avec fracas.

De l'autre, de vertes prairies, des ruisseaux jaseurs, des villages à demi-cachés dans le feuillage d'un vert particulier à l'Allemagne, un horizon borné par les cimes bleues des Vosges.

Tout semble réuni pour faire de ce séjour charmant un lieu de retraite et de repos; on se dit que la vie doit s'écouler calme et sereine dans cette belle vallée d'Ettenheim, où la nature a déployé tant de séductions et d'attractions. Or, ceux qui habitaient, à cette époque de 1804, le château dont nous venons de parler, étaient le prince de Rohan-Rochefort et sa fille Charlotte, une belle et noble femme qui n'avait d'autre désir que celui d'y passer de longs jours.

On l'appelait la bonne princesse, et lorsqu'on la voyait passer, vêtue d'une longue pelisse blanche, pour aller porter quelques secours aux pauvres horlogers ou bûcherons des environs, que la maladie tenait cloués sur un lit de douleur, on eût dit, tant son regard était doux, tant son sourire était plein de grâce, que c'était un bon ange que Dieu, dans sa clémence, avait donné aux habitants nécessiteux d'Ettenheim.

La princesse Charlotte-Louise-Dorothée de Rohan, née le 25 octobre 1767, était fille de Charles-Jules-Armand prince de Rohan-Rochefort et nièce du cardinal mort récemment. C'était d'elle qu'on pouvait dire : « Elle passa en semant des bienfaits. »

Aussi, ajouter qu'elle était aimée dans cette petite ville d'Ettenheim, est-ce nécessaire?

On l'aimait parce qu'elle était bonne, parce qu'elle était douce et serviable entre tous et parce que, depuis longtemps, le nom de Rohan était honoré et respecté dans ce coin du pays de Bade, où les Français avaient reçu l'accueil le plus hospitalier, alors qu'ils avaient été dans la triste nécessité de quitter leur patrie pour échapper au fer des terroristes.

Une barrière infranchissable n'était pas encore venue s'élever entre les deux peuples voisins, et nul ne songeait qu'un jour viendrait, où il n'y aurait plus de place dans un cœur français que pour un juste sentiment de colère et de haine contre les Prussiens du grand-duché de Bade.

L'électeur de Bade avait laissé la jouissance du château d'Ettenheim à la princesse, et celle-ci eût pu y mener grande vie, y recevoir nombreuse société; mais ses goûts étaient simples, ses habitudes tranquilles, et pourvu qu'elle eût de belles fleurs dans son salon, que son grand lévrier anglais courût au-devant d'elle, et que rien ne l'empêchât d'aller chaque matin faire sa visite aux pauvres gens de la ville, le reste lui importait peu.

Mariée secrètement au duc d'Enghien, elle eût désiré que son époux vînt habiter avec elle; mais le prince s'y était toujours énergiquement refusé, et chaque soir, il se retirait dans une petite maison qui avoisinait le château. Elle était située tout proche de l'église, dans une petite ruelle escarpée montant au cimetière, et n'avait qu'un seul étage au-dessus du rez-de-chaussée. Le duc d'Enghien la désignait plaisamment sous le nom du « petit Chantilly. »

C'était là que le descendant du grand Condé attendait patiemment la fin de la tourmente révolutionnaire, ne se doutant guère des événements dont il allait devenir la victime.

Or, dans l'après-midi du 15 ventôse, c'est-à-dire le lendemain du jour où le maréchal-des-logis Lamothe avait remis son rapport au chef d'escadron Charlot, une jeune fille de dix-huit ans environ, vêtue d'une courte jupe de laine verte et d'une sorte de corselet noir, sur la tête un petit chapeau en feutre noir, bas de forme, d'où s'échappaient deux longues tresses de cheveux blonds ornés de rubans noirs, suivait en voiture la route qui conduit d'Offenbourg à Ettenheim.

Quand nous disons en voiture, c'est une manière de parler, car il s'agissait d'un simple chariot rustique, que conduisait un marchand de fromages.

La journée était fort belle, et, quoiqu'on ne fût encore qu'au mois de mars, un gai soleil de printemps se jouait dans le feuillage et teintait d'or les cimes des grandes montagnes qu'on apercevait dans le lointain.

Lorsque la voiture eut atteint les premières maisons d'Ettenheim, la jeune fille mit prestement pied à terre, remercia son conducteur, et marcha droit dans la direction du château.

La grande porte, selon l'usage, était ouverte. Elle pénétra jusqu'à la salle basse, où se tenait un valet de pied.

— Que voulez-vous, ma belle enfant? lui demanda celui-ci.

— Parler à madame la princesse.

— Madame la princesse est occupée et ne peut vous recevoir.

— J'attendrai, fit la jeune fille.

— Mais enfin, reprit le laquais, que lui voulez-vous?

— Ceci est mon affaire et ne regarde qu'elle.

— Alors j'en suis fâché; mais vous ne la verrez pas.

— Si! se contenta de répondre la jeune fille.

Et elle s'assit résolûment sur une chaise.

Le laquais vit qu'il n'en aurait pas facilement raison.

— Au moins, dites-moi votre nom.

— Madame la princesse ne me connaît pas.

— Quelle drôle de fille! grommela le laquais.

Et, sans rien ajouter, il alla prévenir la princesse de l'insistance qu'une jeune fille inconnue mettait à être introduite près d'elle.

La princesse donna l'ordre de la faire entrer.

Le laquais revint dans la salle.

— Suivez-moi, dit-il.

— Je savais bien que la princesse me recevrait.

Une seconde plus tard, elle était devant celle-ci.

— Que me voulez-vous, mon enfant? lui demanda Charlotte.

— Vous remettre cette lettre, répondit la jeune fille.

Et tirant de son corsage une lettre pliée en quatre, elle la remit à la princesse qui l'ouvrit.

— Une lettre anonyme! fit celle-ci. Que signifie?...

— Cela signifie que celui qui a écrit cette lettre serait grandement puni s'il était découvert, et c'est pour cela qu'il ne l'a pas signée et qu'il m'a chargée de ne la remettre qu'à Votre Altesse, parce que je suis sa fiancée et qu'il n'a confiance qu'en moi.

— Mais son nom! son nom!

— Richard, madame la princesse, maréchal-des-logis de gendarmerie aujourd'hui, mais autrefois piqueur chez Monseigneur le prince, père de Votre Altesse.

— Richard... Oh! le brave garçon! Je me rappelle. Lisons vite.

Et elle lut.

Soudain son visage se couvrit d'une pâleur extrême.

Richard l'informait de tout ce qu'il avait appris de son camarade Lamothe, et bien que les termes de sa lettre fussent un peu obscurs, il était facile de deviner ce qu'ils voulaient dire, et il y régnait surtout un accent de sincérité et d'inquiétude qui frappa la princesse.

— Mon enfant, dit-elle en prenant les mains de la jeune fille dans les siennes, Richard est un loyal cœur, et je n'oublierai pas le service qu'il vient de me rendre.

— Votre Altesse peut compter sur son dévoûment. C'est un si honnête garçon!

— Vous l'aimez, n'est-ce pas?

— Oui, madame la princesse.

— Et vous devez l'épouser?

— A la Saint-Michel.

— Eh bien! voici mon cadeau de fiançailles.

Et la princesse, retirant de son doigt une bague ornée d'un saphir qu'elle portait habituellement à la main gauche, la passa à celui de la jeune fille, qui demeura tout interdite.

— Quant à cette lettre, reprit la princesse, bien qu'elle ne soit pas signée, si elle tombait aux mains de la police française, elle suffirait pour perdre Richard, et je ne le veux point.

Elle prit la lettre, la déchira et en jeta les morceaux dans la cheminée.

— De cette façon, Richard pourra se féliciter d'avoir obéi aux bons sentiments de son cœur, sans avoir rien à craindre pour lui.

Et elle congédia la jeune fille, non sans l'avoir remerciée de nouveau.

Quelques minutes plus tard, le duc d'Enghien entrait dans la chambre à coucher de la princesse.

Il était de bonne humeur, plein de gaieté et d'abandon. Cette magnifique journée de printemps, qui semblait donner une vie nouvelle à la nature exubérante qui l'entourait, paraissait mettre en son cœur des trésors d'espérance.

Il s'avançait, le sourire aux lèvres, vers la princesse; mais celle-ci, le front dans la main, semblait ne pas même s'apercevoir de sa présence.

Le prince s'arrêta court et demeura un moment immobile.

— Charlotte! qu'avez-vous donc?

La princesse tressaillit.

— Ah! c'est vous, mon ami; je ne vous avais pas entendu entrer.

— Comme vous êtes pâle! Vous paraissez toute émue!

— Ce n'est rien.

— De grâce, qu'est-il arrivé?

— Je vais vous le dire, mon ami.

Et montrant du geste une chaise au prince, elle

l'invita à s'asseoir et lui raconta la singulière visite qu'elle avait reçue et le contenu de la lettre de Richard.

— Vous connaissez cet homme?

— Oui, c'était un des bons serviteurs de mon père, et l'avis qu'il me donne est de ceux dont il faut faire profit; vos ennemis ne peuvent vous pardonner la vie calme que vous menez ici.

— Que m'importent leurs soupçons injurieux!

— Vous voyez que leur haine vous poursuit jusqu'au delà de la France.

— Oui, ils ne peuvent comprendre qu'un Condé se résigne à vivre heureux près de celle qu'il aime, et que tous ses exploits se bornent à tuer des lièvres ou des perdrix; ils ignorent, tous ces ambitieux à courte vue, que si je suis venu me fixer à Ettenheim, c'est pour être près de vous, pour passer ma vie à vous aimer, vous, Charlotte, qui n'avez pas craint de livrer votre réputation aux conjectures des méchants et des calomniateurs, vous que les liens les plus saints ont rendue mon épouse et qui ne voulez pas que je vous donne publiquement le titre de duchesse d'Enghien qui est le vôtre!

— Henri! de grâce, parlons du danger que vous courez, car ce danger existe, je le sens; il est proche. Ne perdez pas un instant : fuyez!

— Charlotte, dit le duc d'Enghien en se levant, on m'appelle Henri de Bourbon, et mon aïeul était le grand Condé!

X

Le duc d'Enghien.

Louis-Antoine-Henri de Bourbon-Condé, duc d'Enghien, fils de Louis-Henri-Joseph de Bourbon-Condé, duc de Bourbon, et de Louise-Marie-Thérèse-Bathilde d'Orléans, était né à Chantilly, le 2 août 1772, et en venant au monde il semblait prédestiné au malheur.

Quand il vit le jour, il était noir et sans mouvement; on le crut mort, et l'on dut l'envelopper dans des linges imbibés d'esprit-de-vin pour le ranimer.

Il commençait à donner des signes d'existence, lorsqu'une étincelle vint tomber sur ces linges et les enflammer.

On n'eut que le temps de le plonger dans une cuvette d'eau.

Une fièvre dangereuse l'attaqua ensuite.

On eût dit que la mort le poursuivait impitoyablement.

Ces divers accidents ne contribuèrent pas peu à le laisser longtemps faible et maladif.

Dès qu'il eut cinq ans, on le confia aux soins de l'abbé Millot, de l'Académie française, qui développa en lui le goût des choses militaires qu'il avait apporté en naissant.

Le premier livre qu'on lui mit en mains fut l'histoire de son aïeul, le grand Condé; et le récit des hauts faits de l'illustre capitaine faisait tressaillir son jeune cœur.

En 1788, on célébrait à Versailles sa réception dans l'ordre du Saint-Esprit.

L'année suivante, le peuple de Paris enfonçait les portes de la Bastille défendue par quelques vétérans invalides, et cette grande victoire était le prélude de la tempête révolutionnaire; trois jours plus tard, le prince de Condé, de concert avec le comte d'Artois, quittait la France, accompagné de sa famille, et se retirait à Bruxelles.

L'agitation française menaçant d'envahir les bords de la Dyle et de la Meuse, les princes se rendirent à Turin, où, avec l'aide du vicomte de Mirabeau, ils tentèrent de former une petite armée destinée à marcher sur Lyon, puis sur Paris.

Mais ils ne purent y parvenir.

Pendant ce temps, l'émigration prenait des proportions considérables; toute la noblesse française se donna rendez-vous sur les bords du Rhin, et bientôt les princes de la maison de Condé et le comte d'Artois quittèrent le Piémont pour venir se fixer à Coblentz.

Peu de temps après, on le sait, commencèrent les hostilités avec les troupes révolutionnaires, et le jeune duc d'Enghien se trouva pour la première fois en présence des soldats de la Convention, à la tête de deux bataillons de l'infanterie noble, et, au combat de Bierwald, il montra, selon l'opinion du général autrichien, « que le sang des héros coulait dans ses veines. » A la tête de son premier bataillon, il avait mis en déroute un corps nombreux et enlevé une redoute.

C'était un heureux début dans la carrière.

Au siége de Mayence, il se distingua par sa valeur et en même temps par sa générosité.

Un grand nombre de soldats républicains étaient au pouvoir des émigrés, et ils s'attendaient à être fusillés.

Le duc d'Enghien s'avança vers les prisonniers :

— Vous êtes Français, dit-il ; ce titre seul vous garantit la vie.

A l'attaque des lignes de Wissembourg, il parvint à passer le Rhin, malgré les efforts des républicains pour l'en empêcher. Enfin, à la journée de Berstheim, presque seul, il s'empara d'une pièce de canon.

En toute occasion, il donna des preuves de talents militaires, de valeur personnelle et d'humanité, et combattant, par suite de circonstances fatales, des Français, il n'oublia jamais qu'il avait devant lui des adversaires, non des ennemis, et tous les historiens, à quelque parti qu'ils appartinssent, ont été unanimes pour reconnaître la noblesse de ses sentiments à cet égard.

La journée de Berstheim le classa au rang des grands capitaines.

Devenu, par suite d'une blessure de son père, commandant de la cavalerie, il avait fait, à sa tête, des charges brillantes qui avaient pu donner la preuve de son intrépidité, en même temps que de ses connaissances de l'art de la guerre. Ses soldats l'avaient surnommé le duc *Va-de-bon-cœur*.

« Du reste, a dit l'auteur des *Recherches historiques,*

aussi plein d'humanité que de bravoure, il avait toujours désapprouvé ces représailles sanglantes que l'animosité des guerres civiles avait quelquefois introduites entre les républicains et les émigrés, et toujours il avait prodigué ses soins aux blessés de tous les partis; passionné même pour la gloire militaire et toujours attaché à la France, malgré son émigration, il ne cachait pas son admiration pour la gloire des armes républicaines, et en particulier pour celle du général Bonaparte. »

« Lorsqu'on annonçait, dit à son tour l'historien Boudard de l'Hérault, quelque victoire des Français, son cœur en tressaillait de joie; il était fier de ces triomphes qui reculaient son entrée dans sa patrie; le seul regret qu'il éprouvait était qu'une fatale destinée l'eût privé de la gloire de se trouver au milieu de ces phalanges héroïques et de pouvoir leur dire, comme Henri IV : « Mes compagnons, si vous perdez vos enseignes, ne perdez point de vue mon panache blanc : vous le trouverez toujours au chemin de l'honneur et de la gloire. »

La paix de Campo-Formio, conclue avec l'Autriche, le 14 octobre 1797, exigeait le licenciement de l'armée de Condé.

Ses braves volontaires furent envoyés en Volhynie, et ce fut le duc d'Enghien qui fut chargé de les y conduire.

Lorsqu'en 1799, l'empereur de Russie mit en marche une armée de 80,000 hommes contre la France, sous les ordres du maréchal Souvarow, le corps de Condé reçut l'ordre de quitter ses quartiers de Volhynie pour aller défendre Constance. Après la défaite de Korsakoff, le ministre anglais fit passer l'armée des émigrés sous les ordres des généraux autrichiens, et ils firent la campagne de Hohenlinden contre Moreau; puis enfin la paix de Lunéville les dispersa, et le duc d'Enghien obtint du gouvernement anglais, avec le traitement d'officier retraité, l'autorisation de se fixer en Allemagne, et il choisit la petite ville d'Ettenheim, où vivait la princesse Charlotte de Rohan-Rochefort, sa cousine, pour laquelle il avait conçu la plus vive passion.

La princesse avait touché le cœur du duc d'Enghien plus par les qualités solides de l'esprit que par les agréments de sa figure; les liens du sang, l'estime et l'amitié, ajoutaient au profond attachement que le prince avait voué à sa cousine.

Il s'abandonnait à cette vie intime des affections et s'occupait presque exclusivement de jardinage.

On sait que le grand Condé, captif dans le donjon de Vincennes, se plaisait à arroser des œillets; dans son petit Chantilly, le duc d'Enghien aimait à se livrer à l'entretien de son jardin; et si on veut savoir quelles étaient les grandes préoccupations de celui que Bonaparte affectait de considérer comme un ennemi qui ne songeait qu'à lui disputer le pouvoir, il suffira de lire cette lettre qu'il adressait au baron de Surval:

« Adieu, mon cher. Malgré la sécheresse, tout va bien aux jardins: nous semons nos navets à force; les pois du grand jardin sont en plein rapport; les concombres commencent; nous avons cinquante cornichons environ par jour, et déjà plus de trois cents de rentrés. Les pavots sont finis; je regrette beaucoup que vous n'en ayez pas vu le magnifique effet. Les choux vont bien ; les choux-raves abondent ; enfin les jardiniers se reposent sur leurs lauriers. Le poivre-long commence à devenir bien gros pour rester dans la caisse. Qu'en faut-il faire? Le peut-on repiquer ou transplanter en motte? Toutes les laitues en feuille de chêne sont montées... »

Comme tout cela trahit bien le conspirateur !

Mais ce n'est pas tout. Le duc d'Enghien avait un autre goût que celui du jardinage : il était amateur passionné de la chasse ; il y consacrait une grande partie de son temps, et plusieurs fois il s'absenta des jours entiers, à la poursuite des sangliers qu'il aimait à forcer dans la forêt Noire.

Un jour, emporté par son ardeur du plaisir cynégétique, il s'était égaré et fut forcé de demander l'hospitalité pour la nuit dans une métairie.

Le métayer était Français.

Il avait fait les premières campagnes de l'armée de Condé.

Blessé grièvement au passage des lignes de Weissembourg, il s'était retiré dans les environs d'Ettenheim, et il y avait acheté un lopin de terre qu'il cultivait.

Mais, malheureusement, on s'était battu dans le voisinage de sa ferme ; les républicains avaient mis le feu à la maison, dévasté ses champs, et, poursuivi par ses créanciers pour une somme de mille écus, le pauvre diable allait être obligé de vendre tout ce qui lui restait pour s'acquitter.

Le duc d'Enghien avait appris tous ces détails de sa

bouche. Les malheureux éprouvent un certain soulagement à raconter leurs peines.

Le prince se borna à lui donner quelques consolations :

— Ayez confiance en Dieu, mon brave homme, lui dit-il ; il n'abandonne jamais les honnêtes gens.

— Hélas ! répondit le pauvre diable, je crois cependant bien qu'il m'a abandonné.

— Ayez confiance, vous dis-je, reprit le duc d'Enghien sans s'expliquer davantage.

Le surlendemain, le fermier revit le chasseur de l'avant-veille.

Il lui apportait les trois mille francs nécessaires pour payer ses créanciers.

Lorsque le duc d'Enghien quittait la petite maison qu'il avait louée au baron d'Ischterlzheim, c'était pour aller en chasse quelquefois pendant plusieurs jours ; mais les regards inquiets des nombreux sbires disséminés depuis Strasbourg jusqu'à Fribourg voulurent voir un autre but à ces courtes absences.

D'ailleurs, il fallait bien que ces honnêtes espions gagnassent l'argent qui leur était si libéralement compté, et un rapport qui ne contient aucune révélation de faits nouveaux est peu intéressant.

Et puis, comment admettre que le duc d'Enghien, qui habitait une petite ville à quelques lieues de Strasbourg, n'eût pas la velléité d'aller se promener en France ?

La chose était bien facile à faire croire.

Elle fut habilement répandue. On prétendit même que le prince allait au spectacle à Strasbourg.

D'autres, qui savaient jusqu'où peut aller la crédulité publique, ne craignirent pas d'avancer que le descendant des Condé était allé à Paris à l'effet d'offrir son épée à Bonaparte !

Tous ces bruits malveillants, destinés à déconsidérer le prince, étaient tellement entretenus avec soin, qu'il se dégagea au milieu de leur contradiction un fait que les conseillers de Bonaparte avaient surtout intérêt à accréditer : celui d'un ou plusieurs voyages en France ; et il prit une telle consistance que l'écho en vint jusqu'à Londres, et que le prince de Bourbon-Condé s'en émut à ce point d'écrire la lettre suivante à son petit-fils :

« Wansted House, 16 juin 1803.

« Mon cher enfant,

« On assure ici, depuis plus de six mois, que vous avez fait un voyage à Paris ; d'autres disent que vous n'avez été qu'à Strasbourg ; il faut convenir que c'était un peu inutilement risquer votre vie et votre liberté, car, pour vos principes, je suis très-tranquille de ce côté-là : ils sont aussi profondément gravés dans votre cœur que dans les nôtres.

« Il me semble qu'à présent vous pourriez nous confier le passé, et si la chose est vraie, nous dire ce que vous avez observé dans vos voyages. A propos de votre santé qui nous est si chère à tant de titres, je vous ai mandé, il est vrai, que la position où vous êtes pourrait être très-utile à beaucoup d'égards ; mais vous êtes bien près : prenez garde à vous, et ne négligez aucune précaution pour être averti à temps et faire votre retraite en sûreté, en cas qu'il passât par la tête du consul de vous faire enlever. N'allez pas croire qu'il y ait du courage à tout braver à cet égard : ce ne serait qu'une imprudence impardonnable aux yeux de l'univers, et qui ne pourrait avoir que les suites les plus fâcheuses. Ainsi, je vous le répète, prenez garde à vous, et rassurez-nous, en nous répondant que vous sentez parfaitement ce que je vous mande et que nous pouvons être tranquilles sur les précautions que vous prendrez.

« Je vous embrasse.

« Louis-Joseph DE BOURBON. »

Le duc d'Enghien, surpris par la teneur de cette lettre, y répondit aussitôt par celle-ci :

« Assurément, cher papa, il faut me connaître bien peu pour avoir pu dire ou cherché à faire croire que j'avais mis le pied sur le territoire républicain, autrement qu'avec le rang et à la place où le hasard m'a fait naître. Je suis trop fier pour courber bassement la tête, et le premier consul pourra peut-être venir à bout de me détruire, mais il ne me fera pas m'humilier. On peut prendre l'incognito pour voyager dans les glaciers de la Suisse, comme cela m'est arrivé l'an passé, n'ayant rien de mieux à faire; mais pour en France, quand j'en ferai le voyage, je n'aurai pas besoin de m'y cacher. Je puis donc vous donner ma parole d'honneur la plus sacrée que pareille idée ne m'est jamais entrée et ne m'entrera jamais dans la tête. Des méchants ont pu désirer, en vous racontant toutes ces absurdités, me donner un tort de plus à vos yeux. Je suis accoutumé à de pareils services, que l'on s'est toujours empressé de me rendre, et je suis trop heureux qu'ils soient enfin réduits à employer des calomnies aussi absurdes.

« Je vous embrasse, cher papa, et vous prie de ne jamais douter de mon profond respect comme de ma tendresse.

« L.-A.-H. DE BOURBON. »

En même temps, le duc écrivit à son secrétaire, le chevalier Jacques, pour lui faire part de ce qui se passait ; il se plaignit de ce que son père avait pu donner créance à la fable qui circulait :

« Il croit, écrit-il, d'après les bruits qui ont couru, que j'ai été incognito à Paris, ou du moins à Strasbourg ; vous jugez qu'il n'en est pas charmé. Voyez combien il me juge mal ! »

Ce fut encore pour mieux démentir cette calomnie que le duc fit demander à Londres du service dans la nouvelle guerre qui se préparait contre la République, demande à laquelle il ne fut pas donné suite.

XI

Une séance du conseil privé.

L'arrestation de Georges Cadoudal avait causé une joie bien naturelle aux Tuileries, et le nombreux personnel direct ou indirect de la préfecture était dans le ravissement.

C'était de l'argent et des faveurs pour tout le monde.

Le *Moniteur* publia tous les détails de l'arrestation et termina ainsi : « Le premier consul a ordonné que les enfants d'Étienne Buffet et de Jean-François Caniolle seraient élevés aux frais de l'État. Tout ce qui a été pris sur Georges, montant à une valeur de soixante à quatre-vingt mille francs en lettres de change, a été abandonné à la veuve et aux enfants d'Étienne Buffet; l'état de Caniolle donne de grandes espérances pour sa vie.

« Le premier consul a chargé le grand juge de faire une enquête authentique pour découvrir le nom des citoyens qui, dans cette circonstance, ont manifesté leur courage et leur dévoûment; ils seront récompensés par des distinctions d'honneur. »

De son côté, le préfet de police atteignait au lyrisme :

« L'arrestation de Georges, disait-il dans le rapport qu'il envoyait au premier consul, a électrisé tous les cœurs; il est impossible de rendre l'espèce d'enthousiasme qu'elle a produit : une demi-heure à peine après l'opération, tout Paris en était instruit, et l'on peut assurer que la joie est universelle. »

Aux Tuileries, la nouvelle avait suivi de près l'événement.

Bonaparte était dans l'appartement de sa femme lorsqu'il la reçut; il montra la précieuse dépêche à Joséphine.

Celle-ci la lut.

— Enfin! s'écria-t-elle.

Bonaparte se pencha vers elle.

— Tu n'auras plus peur maintenant, lui dit-il.

Et, quittant la chambre à coucher, il monta dans le grand salon jaune qui servait de salon de réception.

C'était ce fameux salon tendu en « quinze-seize, dont les meubles meublants étaient en gourgouran, les franges en soie et les bois en acajou. »

Quelques minutes plus tard, on se serait cru un jour de quintidi, alors que le dîner décennaire réunissait deux cents personnes dans la galerie de Diane.

Ce n'étaient que membres du corps diplomatique, fonctionnaires civils, sénateurs, généraux, colonels, jusqu'au second consul, Cambacérès en personne, qui négligea ce soir-là sa promenade dans les galeries du palais Égalité pour venir complimenter son collègue.

Il arriva en habit brodé, culotte courte, bas de soie, souliers cirés au vernis anglais, fermés de la boucle d'or, la tête couverte de la fameuse perruque à queue dont il ne se séparait jamais, et tenant à la main le chapeau à trois cornes, dont il devait être l'un des derniers adeptes.

Ce fut à qui houspillerait d'importance ces *enragés*, car c'est ainsi qu'on désignait alors les royalistes dont les sourdes menées donnaient tant de mal aux subordonnés de Dubois, qui triomphait.

Quant à Fouché, il se contentait de sourire malicieusement, et ce sourire semblait dire :

— Si j'avais été encore ministre de la police, il y a longtemps que Cadoudal eût été en ma possession.

Talleyrand, lui, paraissait partager l'enthousiasme général.

Au reste, le célèbre boiteux avait l'immense talent de savoir toujours être à l'unisson d'une situation donnée.

Dans une fête, nul mieux que lui n'était plus entier au plaisir ; on eût dit que dans sa folle tête il n'y avait place que pour les pensées légères et frivoles.

Causeur au salon, gai à table, grave au conseil, profond politique et homme du monde achevé, Talleyrand était tout à la fois le personnage le plus souple, le plus habile, le plus ambitieux et le plus spirituel de France.

Il y avait du républicain, du royaliste et du futur impérialiste en lui ; il devinait les astres avant qu'ils fussent découverts, afin d'être sûr que personne ne les saluerait avant lui.

Il s'approcha souriant de Bonaparte et s'inclina.

— Que pensez-vous de l'arrestation de Cadoudal? lui demanda le premier consul en dardant sur lui son regard d'acier.

— C'est une bonne prise, général.

— Je dompterai ces enragés dont les entreprises

coupables se renouvellent trop souvent; ils ont établi la conspiration permanente.

— C'est une hydre.

— Dont je tiens cette fois toutes les têtes, fit Bonaparte avec vivacité, et elles tomberont.

— Celles de France, ce n'est pas assez, général.

Bonaparte fixa de nouveau son interlocuteur.

— Ce sont celles d'Allemagne qu'il faut vaincre, afin de montrer à l'Europe que vous ne voulez pas jouer le rôle de Monck.

— Qui peut le croire?

— Ceux qui s'étonnent qu'un acte de vigueur n'ait pas encore réduit à néant les espérances des Bourbons.

— Oh! c'est grave.

— Il est des circonstances, général, dans lesquelles la modération ressemble à de la faiblesse, et Ettenheim est bien près de Strasbourg.

— Oui, vous avez raison; c'est aussi l'avis de Fouché; il faut que le conseil décide cette question.

Et le conseil fut convoqué pour le lendemain 10 mars.

Le conseil était composé de Cambacérès et de Lebrun, les deux consuls; de Talleyrand, ministre des relations extérieures; de Régnier, grand juge, ministre de la justice, et de Fouché, sénateur, ministre de la police honoraire.

Il était facile de prévoir l'issue de la délibération.

Ce fut le grand juge qui, le premier, eut la parole:

— Citoyens consuls et ministres, dit-il, chaque jour de nouvelles trames s'ourdissent à l'étranger, grâce à la complaisance de l'Angleterre qui n'a pas craint, après avoir signé la paix, de violer le traité d'Amiens. Elle n'espère pas vaincre la France par la force de ses armes, mais au moyen de ténébreuses machinations dont je n'ai pas à énumérer le nombre; la dernière suffit pour montrer jusqu'où peut aller la haine unie au fanatisme politique. Une bande d'assassins, à la solde de cette puissance déloyale, est débarquée clandestinement sur nos côtes pour semer partout la division et ranimer la guerre civile; la Vendée, le Morbihan, les Côtes-du-Nord sont infestés de brigands qui s'en vont prêcher le retour des Bourbons. Il ne faut pas, citoyens consuls et ministres, que de pareils faits puissent se produire, sans qu'une répression prompte et sévère en fasse justice. Pichegru, dont la connivence avec Moreau est un fait acquis, Pichegru a porté en Angleterre la haine de sa patrie; depuis, il n'a jamais cessé d'être l'appui, le conseil et l'espoir des ennemis de la France. C'est alors que la perfidie de l'Angleterre associe au traître l'infâme Cadoudal, et nous voyons une honteuse et criminelle réconciliation rapprocher Pichegru et Moreau. Dans quel but? Dans celui d'un crime à commettre de concert. Et pendant ce temps, les conjurés, imprudents qui ne savent pas que la justice surveille leurs moindres mouvements, s'organisent; ils préparent dans Paris tout ce qui est nécessaire à l'exécution de leurs projets criminels, et, il faut bien le dire, ils trouvent dans tous les rangs de la société des complices qui les logent, les cachent aux investigations de la police et leur fournissent les moyens de consommer leur crime. Aujourd'hui, leur audacieuse tentative est déjouée : la plupart des conjurés sont arrêtés ; mais il ne faut pas qu'un seul d'entre eux échappe à la juste punition qu'il mérite, et le devoir du gouvernement est de rechercher les coupables et de les atteindre, si haut qu'ils soient placés.

Ce discours, écouté silencieusement et comme il convient de la part de gens qui sont tous du même avis, se bornait à résumer la situation générale de la conspiration.

Talleyrand fut plus explicite :

— Appelé, dit-il, par la nature de mes fonctions et la confiance du premier consul, à surveiller à l'extérieur la conduite des ennemis de l'État, j'ai dû porter mes investigations sur la rive droite du Rhin où se trouvent réunis, vous le savez, nombre d'émigrés français, et j'ai acquis la conviction qu'il existait à Offenbourg un comité d'émigrés qui s'est mis en rapport avec l'Angleterre et qui dirige les actes de Georges Cadoudal et de ses complices. Mais j'appellerai surtout votre attention sur le ci-devant duc d'Enghien, qui, réfugié à Ettenheim, y mène une vie mystérieuse. Ses absences fréquentes de la maison qu'il habite nous donnent la preuve qu'il ne craint pas de passer la frontière pour venir en France s'entendre avec les ennemis de l'État. Les dépositions de plusieurs inculpés ont suffisamment établi que Georges Cadoudal recevait chez lui un personnage auquel il prodiguait les marques d'obéissance et de respect. Ce personnage, cela n'est pas douteux, est le duc d'Enghien, qui profite du peu de distance qui sépare Ettenheim de la France pour y venir conspirer contre la vie du premier consul. Je suis d'avis qu'il y a lieu de procéder immédiatement à son arrestation.

Les membres du conseil opinèrent tous du bonnet. Cependant Cambacérès, le second consul, émit l'avis qu'il valait peut-être mieux, puisqu'on savait que le duc d'Enghien s'introduisait en France, tout disposer à la frontière et attendre qu'une de ses escapades le fît tomber aux mains des agents apostés à cet effet.

— Le faire arrêter dans l'électorat de Bade, sur un terrain neutre, cela est grave, fit-il observer. La foi des traités, le droit des gens peuvent être invoqués.

Talleyrand ne voulait pas laisser placer la question sur ce terrain.

— La foi des traités! le droit des gens ! il s'agit bien de cela ! Il est certain que si on attend une nouvelle entrée du duc d'Enghien sur le territoire français pour se saisir de sa personne, toutes les pièces pouvant nous éclairer sur ses complices nous échapperont; papiers, correspondances, il faut tout saisir.

— D'autant plus, observa Fouché, que l'éveil est donné, et que, Cadoudal pris, il est fort probable que le duc s'abstiendra, au moins pour quelque temps, de s'exposer à venir en France, et que l'occasion sera perdue.

La cause était bien près d'être entendue.

Lebrun, à son tour, essaya timidement une objection.

— Reste à savoir, dit-il, si le duc d'Enghien peut être rangé parmi les émigrés en sa qualité de prince français.

— Citoyens consuls et ministres, dit alors Bonaparte, qui jusqu'alors avait gardé le silence, la loi du 28 mars 1793 est précise.

— Ainsi que celle du 25 brumaire an III, ajouta Talleyrand.

— Tout émigré qui aura pris les armes contre la nation, expliqua Fouché, sera arrêté, soit en pays ennemi ou conquis, et jugé dans les quarante-huit heures. Or, la loi ne saurait établir de classes d'émigrés.

Cambacérès reprit de nouveau la parole.

— Dans l'intérêt de la France, dans l'intérêt du premier consul, dit-il, je m'oppose à l'arrestation et à la mise en jugement du duc d'Enghien, à moins qu'on ne le surprenne en armes, ou conspirant en deçà de la frontière.

Bonaparte, violemment irrité par cette sortie à laquelle il ne s'attendait pas, jeta sur lui un regard foudroyant :

— Vous êtes devenu bien avare du sang des Bourbons, s'écria-t-il.

Cette rude apostrophe fit l'effet d'une explosion.

— En vérité, continua Bonaparte, je me demande comment vous pouvez croire à la possibilité de faire venir par ruse le duc d'Enghien sur notre territoire après que tous les journaux de l'Europe lui auront donné l'éveil. Voyons, citoyens consuls et ministres, finissons; il faut prendre une détermination. Êtes-vous d'avis que le duc d'Enghien n'est pas étranger aux entreprises des royalistes? Répondez, citoyen consul.

— Je le crois, répondit Cambacérès; toutefois...

— Et vous, consul Lebrun? interrompit brusquement Bonaparte.

— Cela ressort des renseignements fournis par Régnier.

— Votre opinion, Régnier?

— Je l'ai exprimée tout à l'heure.

— Et vous, Talleyrand?

— Le duc d'Enghien est coupable, et mon avis est qu'il faut agir

— Et vous, Fouché?

— C'est aussi le mien.

— Très-bien! conclut Bonaparte; le reste me regarde. Citoyens consuls et ministres, la séance est levée.

XII

L'extradition.

C'était un homme bien occupé que le citoyen préfet de Strasbourg.

La surveillance de la frontière badoise était incessante et lui nécessitait une correspondance qui n'en finissait pas.

Correspondance avec Réal, correspondance avec Talleyrand, avec Méhée de la Touche, avec ses agents de l'intérieur et de l'extérieur : c'était à décourager quiconque eût été moins zélé.

Mais le citoyen Shée était un de ceux qui ne mettent pas de bornes à leur zèle.

Aussi les allées et venues du commandant de la gendarmerie avec la préfecture étaient-elles continuelles.

Le 19 ventôse, le jour même où le premier consul convoquait son conseil privé pour obtenir de lui une approbation qu'il était sûr d'obtenir à l'avance, et dont au besoin il se serait passé, le préfet reçut la lettre suivante :

« Paris, le 17 ventôse an XII.

Le conseiller d'État chargé de la direction et de la suite, etc., au conseiller d'État, préfet du département du Bas-Rhin.

« L'intention du gouvernement, mon cher collègue, est que la baronne de Reich soit arrêtée : elle a, dans le temps, facilité les relations de Pichegru avec Wickham. Il est encore probable qu'elle a eu connaissance des derniers projets de cet ex-général, et qu'elle aura eu part aux intrigues de tout ce parti ; peut-être même ses papiers fourniront-ils des renseignements utiles. Elle doit demeurer tantôt à Strasbourg, tantôt à Offenbourg.

« Je vous prie donc de prendre les mesures convenables pour assurer l'exécution des ordres du gouvernement et de m'informer du résultat qu'ils obtiendront.

« J'ai l'honneur de vous saluer.

« Réal. »

Immédiatement, le citoyen Shée appela le citoyen Charlot, et, selon l'usage, lui transmit l'ordre qu'il venait de recevoir.

Cette fois, le commandant de gendarmerie n'eut rien à objecter : il s'agissait d'une arrestation ; cela rentrait absolument dans ses attributions. Toutefois, lorsqu'il arriva au nom de la personne qui lui était désignée, il fit un mouvement de désappointement.

— C'est impossible, dit-il.

Ce mot fit bondir le citoyen Shée sur son fauteuil préfectoral.

On sait que le maître voulait qu'on rayât le mot impossible du dictionnaire.

Naturellement, le préfet pensait de même.

— Impossible ! répéta-t-il ; que signifie ?...

— Cela signifie que depuis trois semaines, la baronne de Reich, instruite de l'arrestation de Mme Lajolais, qui a eu lieu en même temps que celle de son mari, a quitté précipitamment Strasbourg avec l'excomte de Toulouse-Lautrec.

— Ah ! par exemple, c'est trop fort !

— Que voulez-vous ? Ces gens-là mettent véritablement une mauvaise grâce à se laisser arrêter !

— Mais enfin, vous avez lu la lettre du citoyen Réal ; il m'ordonne de faire arrêter cette baronne, et je dois obéir.

— C'est juste.

— Que penserait de moi le premier consul s'il en était autrement?

— Ah! la chose est désagréable.

— Voyons, citoyen Charlot, vous êtes un homme de bon conseil.

— Vous me flattez, citoyen préfet.

— Point! Comment faire pour arrêter cette femme?

— M'est avis que si l'oiseau est envolé, je crois qu'il est un peu tard pour songer à lui couper les ailes.

— C'est vrai!

Et le préfet demeura un moment pensif.

— Mais enfin, reprit-il au bout d'un moment, sait-on où se sont dirigés cette baronne et ce comte que le diable emporte?

— A Offenbourg.

— Offenbourg! toujours cette ville! C'est le refuge de tous les aristocrates de France!

— Ah! si je pouvais y envoyer une brigade, quelle rafle!

— Oui, mais Offenbourg est malheureusement dans l'Électorat, et c'est pour cela que tous ces émigrés s'y rendent; ils savent bien qu'ils y sont en sûreté.

— Hélas!

— Il me vient une idée! dit subitement le citoyen Shée en se frappant le front.

Le commandant releva la tête.

— Décidément, le citoyen préfet est un grand homme, pensa-t-il.

Le respect lui interdisait de demander la communication de cette idée, mais le préfet était expansif :

— Si je priais le citoyen Massias de réclamer l'extradition de la baronne? lui dit-il.

— Parfait!

— Vous êtes de cet avis?

— Absolument.

— Je vais lui écrire; vous allez m'envoyer un officier intelligent qui devra, après avoir vérifié lui-même la présence de Mme de Reich à Offenbourg, s'adresser au grand-bailli du district pour obtenir provisoirement son arrestation.

— Michel Pétermann est l'homme qu'il vous faut.

— Michel Pétermann, soit; il parle allemand?

— Comme père et mère.

— Entendu. Je vais préparer ma lettre pour le citoyen Massias, et d'abord répondre au citoyen Réal, car il aime la ponctualité, celui-là.

— Il a raison, fit Charlot en s'en allant; c'est aussi ma devise.

Le citoyen Shée se remit à son bureau et écrivit :

« Strasbourg, 20 ventôse an XII.

Le conseiller d'Etat, préfet du département du Bas-Rhin, au conseiller d'Etat Réal, chargé de l'instruction et de la suite, etc.

« J'ai reçu hier, mon cher collègue, la dépêche que vous m'avez adressée, sous la date du 17, par courrier extraordinaire, pour l'arrestation de la baronne de Reich.

« Cette baronne étant partie de Strasbourg le lendemain de l'arrestation de Mme Lajolais pour se rendre à Offenbourg, j'ai de suite écrit au citoyen Massias, chargé d'affaires de France près de l'électeur de Bade, pour l'inviter à provoquer près de S. A. E. ou de la régence l'attache nécessaire pour qu'elle soit arrêtée avec ses papiers et conduite à Strasbourg.

« Mais afin d'assurer l'exécution des ordres du gouvernement dans cette circonstance, j'ai dépêché un officier intelligent, porteur d'une lettre au magistrat d'Offenbourg, par laquelle je l'invite à ordonner provisoirement l'arrestation de cette dame, et il doit même, avant de se présenter à ce magistrat, s'assurer de la présence et du domicile de Mme de Reich à Offenbourg.

« J'ai l'honneur de vous saluer.

« SHÉE. »

Une heure ne s'était pas écoulée, que le lieutenant Michel Pétermann se présentait devant le citoyen Shée, qui lui donna ses instructions.

— Prenez-vous-y adroitement, lui dit le préfet; faites entendre au grand bailli que le gouvernement français attache une importance toute particulière à l'arrestation de cette femme, qui est extrêmement dangereuse, et faites en sorte qu'il vous accorde l'autorisation d'extradition.

— Il l'accordera, répondit Pétermann, en homme sûr à l'avance de l'effet de son éloquence.

— Je l'espère, se contenta de répondre le préfet, moins certain de la réussite que le gendarme.

— Et une fois l'autorisation obtenue?

— Alors, comme cela a déjà été fait plusieurs fois

dans de semblables circonstances, vous demanderez la permission d'emmener votre prisonnière.

— En ce cas, reprit Pétermann, il serait peut-être bon que je prisse deux hommes pour m'accompagner.

— Comment, citoyen lieutenant! trois pour arrêter une femme!

— Il est vrai que...

— Un homme comme vous! Il me semble qu'une femme entre vos mains doit difficilement s'échapper.

— Oh! citoyen préfet, pour ce qui est de la tenir en respect, je n'ai besoin de personne.

— Donc, partez seul; d'ailleurs plusieurs gendarmes pourraient donner l'éveil dans le pays, et il ne faut pas qu'on puisse se douter de rien, pas plus la baronne que tous les autres émigrés.

— Vous avez raison, citoyen préfet: j'irai seul.

En effet, Michel Pétermann se mit en route pour Offenbourg.

Arrivé là, il demanda à voir le grand bailli; mais comme cet officier municipal demeurait à Berentheim, à trois lieues d'Offenbourg, il continua sa marche jusqu'à cet endroit, et le trouva chez lui.

Il lui expliqua en peu de mots l'objet de sa mission.

Le grand bailli était à table.

La demande qui lui était adressée interrompit son repas d'une façon désagréable.

Il regardait le lieutenant de gendarmerie d'un air qui prouvait assez l'ahurissement que lui causait une pareille prière, exposée dans des termes très-nets.

— Vous demandez l'arrestation provisoire de Mme la

baronne de Reich? lui dit-il enfin. Je ne sais trop si j'ai le droit de vous l'accorder. Cependant, à titre provisoire, et jusqu'à plus ample informé, je n'y vois pas grand inconvénient, puisque je serai toujours à même de lui rendre la liberté.

— Je remercie M. le grand bailli, dit Pétermann, et je vais donc emmener la baronne.

— Ah! pardon : l'arrêter, soit; mais l'emmener en France, c'est autre chose, et je m'y oppose formellement. S'il s'agissait d'un crime ordinaire, je pourrais, à la rigueur, prendre sur moi de vous autoriser à emmener la prisonnière; mais comme il s'agit d'un délit politique qui m'est complétement inconnu, vous me permettrez d'en référer à M. le ministre de Carlsruhe.

Il n'y avait rien à répondre à cela.

Pétermann dut s'incliner et attendre.

Mais il n'attendit pas longtemps.

Dès le lendemain, l'ordre d'extradition arrivait, et le lieutenant de gendarmerie, malgré les prières et les protestations de Mme la baronne de Reich, l'enlevait brutalement de son domicile et la forçait à monter dans une diligence, où, sans égard pour sa qualité de femme, il s'installa auprès d'elle, tout prêt à employer la force pour la réduire si elle faisait un mouvement pour chercher soit à appeler à son aide, soit à jeter sur la route quelque papier.

La prisonnière n'avait d'ailleurs aucune envie de lutter avec son gardien.

Elle se contenta, tout le long du voyage, de tenir les yeux fermés, afin de ne pas avoir le désagrément de le voir, et ce fut ainsi qu'elle arriva à Strasbourg, où elle fut écrouée à la prison par ordre du citoyen Shée, préfet du département du Bas-Rhin.

XIII

La part de chacun.

Bonaparte, en s'installant aux Tuileries, avait fait aménager les appartements à sa convenance.

Son cabinet de travail, dans lequel il passait tout le temps qu'il donnait aux affaires, était situé au premier étage.

Deux tables étaient placées dans le cabinet : l'une, pour le premier consul, occupait presque le milieu de la pièce; le fauteuil tournait le dos à la cheminée, ayant la fenêtre à droite; quand Bonaparte était à son bureau, assis dans ce fauteuil dont il s'amusait à taillader les bras avec son canif, il avait vis-à-vis de lui une bibliothèque remplie de cartons depuis le haut jusqu'en bas.

Un peu à droite, à côté de la bibliothèque, était une grande porte qui conduisait à une chambre à coucher de parade.

L'autre table, beaucoup plus petite, fort modeste, était près de la fenêtre : elle était destinée à M. Bourrienne, puis, lorsque celui-ci eut résigné ses fonctions de secrétaire, à M. Meneval.

Du cabinet, on communiquait encore d'un côté avec une petite pièce qui donnait dans les grands appartements ayant vue sur la cour, et de l'autre avec le grand salon de réception, au plafond duquel Le Brun avait peint la figure de Louis XIV, stupidement agrémentée au front d'une cocarde tricolore, par ordre de la Convention.

Or, à la suite du conseil tenu aux Tuileries sous la présidence de Bonaparte, celui-ci était immédiatement rentré dans le cabinet de travail que nous venons de décrire, à l'effet de mettre au plus vite à exécution la décision qui venait d'être prise.

Il lui tardait de tenir en son pouvoir ce Bourbon, ce prince du sang de France qu'il avait dessein d'immoler, comme s'il eût voulu que ce sang royal teignît le chemin qu'il avait encore à parcourir pour arriver à l'empire.

C'était une pourpre qui flattait son orgueil.

Déjà, dans la matinée, seul dans ce cabinet de travail où il aimait à se rendre avant que personne le fût levé, il avait longuement examiné une carte du Rhin et arrêté tous les détails de l'expédition militaire qu'il méditait.

A l'aide d'encres de diverses couleurs, il avait indiqué trois routes à suivre pour se rendre à Ettenheim : deux partant de Strasbourg, une de Schlestadt.

Tout avait été prévu, calculé, arrêté, avec ce soin minutieux qu'il mettait dans ce genre de travail.

Il n'avait voulu rien confier au hasard, et tout était combiné de façon à réussir.

Satisfait de la complaisante unanimité qu'il avait trouvée dans son conseil, il voulut ne pas perdre une minute, et appelant auprès de lui un des aides-de-camp de service, il lui donna l'ordre de prévenir le général de brigade, M. de Caulaincourt, que le premier consul l'attendait, et de chercher M. Meneval.

Ce fut M. Meneval qui parut le premier.

M. Meneval, ancien secrétaire de Joseph Bonaparte, pendant les négociations de la paix de Lunéville, du concordat et de la paix d'Amiens, était devenu depuis peu, c'est-à-dire depuis que le premier consul avait songé à éloigner M. Bourrienne de sa personne, secrétaire du portefeuille, et, comme tel, chargé du travail courant et de tout ce qui, en affaires et en projets, était de nature à être traité immédiatement. Il ouvrait toutes les lettres adressées au premier consul, les classait pour son examen et écrivait sous sa dictée.

Il était dix heures du soir lorsqu'il arriva devant Bonaparte.

Celui-ci se livrait à la recherche d'une autre carte du cours du Rhin, plus complète que celle consultée par lui le matin.

Or, le premier consul avait une façon de chercher les choses dont il avait besoin, qui ne l'aidait pas beaucoup à les trouver : tout ce qui lui tombait sous la main et qui n'était pas ce qu'il désirait, il le jetait à terre.

Lorsque M. Meneval entra, le sol était couvert de cartes dépliées et amoncelées les unes sur les autres.

— Général, vous m'avez fait demander, lui dit-il; me voici.

— Bien... bien... Ah! voici ce qu'il me faut.

Et, sans rien dire de plus, il déplia la nouvelle carte sur une table et suivit du doigt un itinéraire.

— Oui, c'est bien cela.

Puis, se tournant vers Meneval :

— Écrivez, dit-il.

M. Meneval s'assit devant une petite table voisine de celle du premier consul et écrivit. Bonaparte dicta :

« Paris, le 19 ventôse an XII.

Au citoyen Alexandre Berthier, ministre de la guerre.

« Vous voudrez bien, citoyen général, donner ordre au général Ordener, que je mets à cet effet à votre disposition, de se rendre dans la nuit et en poste à Strasbourg. Il voyagera sous un autre nom que le sien; il verra le général qui commande la division.

« Le but de sa mission est de se porter sur Ettenheim, de cerner la ville, d'y enlever le duc d'Enghien, Dumouriez, un colonel anglais et tout autre individu qui serait à leur suite.

« Le général de division, le maréchal-des-logis de gendarmerie qui a été reconnaître Ettenheim, ainsi que le commissaire de police, lui donneront tous les renseignements nécessaires. »

A ce moment, on annonça le général Berthier. Bonaparte s'interrompit.

— Ah! c'est vous, général? Je vous écrivais pour

vous donner des instructions qui devaient être exécutées à la lettre.

— Il sera ainsi fait, général.

— Je le sais, je le sais.

Et il allait continuer à dicter ; mais au même instant ce fut le général Caulaincourt qu'on annonça.

— Qu'il entre ! dit Bonaparte.

Caulaincourt alla, sans mot dire, se placer au coin de la cheminée. Le premier consul lui fit un signe amical de la main, puis s'adressant à Berthier :

— Prenez la plume vous-même. Ces instructions vous sont destinées ; il est bon que vous les écriviez.

Berthier prit la place de M. Meneval, et Bonaparte, tout en continuant à suivre du doigt sur la carte la route qu'il fallait parcourir pour arriver à Offenbourg et à Ettenheim, acheva de dicter ce qui suit :

« Vous ordonnerez au général Ordener de faire partir de Schlestadt trois cents hommes du 26e dragons, qui se rendront à Rheinau, où ils arriveront à huit heures du soir.

« Le commandant de la division enverra quinze pontonniers à Rheinau, qui arriveront également à huit heures du soir, et qui, à cet effet, partiront en poste sur les chevaux de l'artillerie légère.

« Indépendamment du bac, il prendra des mesures pour qu'il y ait là quatre ou cinq grands bateaux, de manière à pouvoir faire passer d'un seul voyage trois cents chevaux.

« Les troupes prendront du pain pour quatre jours et se muniront de cartouches. Le général de division y joindra un capitaine et un lieutenant de gendarmerie, avec trois ou quatre brigades de gendarmerie.

« Dès que le général Ordener aura passé le Rhin, il se dirigera droit sur Ettenheim, marchera à la maison du duc et à celle de Dumouriez, et, après cette expédition terminée, il fera immédiatement son retour sur Strasbourg.

« En passant à Lunéville, le général Ordener donnera ordre que l'officier des carabiniers qui a commandé le dépôt à Ettenheim se rende à Strasbourg en poste pour y attendre ses ordres.

« Le général Ordener, arrivé à Strasbourg, fera partir secrètement un agent, soit civil, soit militaire, et s'entendra avec lui pour qu'il vienne à sa rencontre.

« Vous donnerez l'ordre que le même jour et à la même heure, deux cents hommes du 26e de dragons, sous les ordres du général Caulaincourt (auquel vous donnerez des ordres en conséquence), se rendent à Offenbourg, pour y cerner la ville et arrêter la baronne de Reich, si elle n'a pas été prise à Strasbourg, et autres agents du gouvernement anglais au sujet desquels le préfet et le citoyen Méhée, actuellement à Strasbourg, lui donneront des renseignements. D'Offenbourg, le général Caulaincourt dirigera ses patrouilles sur Ettenheim, jusqu'à ce qu'il ait appris que le général Ordener a réussi. Ils se prêteront des secours mutuels.

« Dans le même temps, le général de la division fera passer trois cents hommes de cavalerie à Kehl, avec quatre pièces d'artillerie légère à Wilstadt, point intermédiaire entre les deux routes.

« Les deux généraux auront soin que la plus grande

discipline règne, et que les troupes n'exigent rien des habitants. Vous leur donnerez à cet effet 12,000 fr.

« S'il arrivait qu'ils ne pussent pas remplir leur mission et qu'ils eussent l'espoir, en séjournant trois ou quatre jours et en faisant des patrouilles, de réussir, ils sont autorisés à le faire.

« Ils feront connaître aux baillis des deux villes que, s'ils continuent à donner asile aux ennemis de la France, ils s'attireront de grands malheurs.

« Vous ordonnerez que le commandant de Neuf-Brisach fasse passer cent hommes sur la rive droite du Rhin, avec deux pièces de canon.

« Les postes de Kehl, ainsi que ceux de la rive droite du fleuve, seront évacués dès l'instant que les deux détachements auront fait leur retour.

« Le général Caulaincourt aura avec lui une trentaine de gendarmes; du reste, le général Ordener et le général de la division tiendront un conseil et feront les changements qu'ils croiront convenables aux présentes dispositions.

« S'il arrivait qu'il n'y eût plus à Ettenheim ni Dumouriez ni le duc d'Enghien, on rendrait compte, par un courrier extraordinaire, de l'état des choses.

« Vous ordonnerez de faire arrêter le maître de poste de Kehl et les autres individus qui pourraient donner des renseignements sur tout cela. »

Après avoir fini de dicter, le premier consul prit la plume des mains de Berthier et signa : BONAPARTE.

— Maintenant, dit-il à son ministre, vous pouvez vous retirer; faites préparer séparément les instructions concernant Ordener et celles qui devront être remises à Caulaincourt, et envoyez-les-moi aussitôt, avec l'ordre qu'il sera nécessaire de donner au général Leval, commandant la division militaire de Strasbourg.

Le ministre sortit. De nouveau, Bonaparte appela un aide-de-camp :

— Prévenez le général Ordener que je l'attends, dit-il.

Le premier consul semblait dévoré d'activité ; il allait et venait dans le cabinet, examinant la carte et s'entretenant avec Caulaincourt de la mission diplomatique et militaire qui allait lui être confiée.

Dès les premiers mots dictés par Bonaparte, Caulaincourt avait fait un mouvement.

Cette mission, qui consistait à prêter au besoin son concours à un enlèvement du duc d'Enghien et de plusieurs autres émigrés sur le territoire étranger, lui causait une certaine émotion.

Elle était bien naturelle.

XIV

Instructions et itinéraires.

Armand-Augustin-Louis, marquis de Caulaincourt, né en 1772, était le fils du marquis de Caulaincourt, qui, au moment de la Révolution, avait le grade de lieutenant général des armées du roi.

Sa mère était, à cette même époque, dame d'honneur de la comtesse d'Artois.

D'une famille noble, pourvue d'emplois à la cour, apparentée à la meilleure noblesse de Picardie, on pouvait s'étonner à bon droit de voir au service de la Révolution un gentilhomme qui avait eu dans sa jeunesse l'honneur d'être page dans la maison de Condé.

Mais on eût pu s'étonner de tant de choses depuis la Révolution, qu'on avait pris le sage parti de ne plus s'étonner de rien.

Quoi qu'il en soit, M. de Caulaincourt était donc aide-de-camp de Bonaparte, et il venait d'être mis au courant de ce que celui-ci exigeait de lui, lorsqu'on annonça le général Ordener, qui commandait alors les grenadiers à cheval de la garde des consuls, et qui, demeurant sur le quai Voltaire, n'avait eu besoin que de traverser le pont pour se rendre à l'appel du premier consul.

En le voyant, Bonaparte fit un pas au-devant de lui.

— Général, lui dit-il, je vous attendais.

— Je me suis hâté d'accourir.

— Vous avez bien fait.

— Qu'y a-t-il?

— Il y a qu'il faut que vous partiez à Strasbourg.

— Dans quel but?

— Vous le saurez tout à l'heure.

— Quand devrai-je me mettre en route?

— Cette nuit.

— Cette nuit!...

— Il n'y a pas un instant à perdre; j'ai besoin d'un

homme dévoué pour remplir une mission de confiance, et j'ai compté sur vous.

— Vous avez bien fait, général; cependant, j'avoue que je ne suis pas préparé à ce départ, et j'aurais besoin...

— D'instructions, interrompit Bonaparte; vous les aurez. Ah! voici justement Berthier que j'attendais, et qui va vous expliquer ce que j'attends de vous et de Caulaincourt.

Puis, s'adressant au ministre de la guerre, il lui demanda si les ordres étaient prêts.

— Les voici, général.

— Bien, donnez-les-moi.

Berthier lui remit deux grandes feuilles doubles de papier, sur lesquelles il jeta un coup d'œil.

— Bien ; c'est cela, dit-il après en avoir lu une. Caulaincourt, voici ce qui vous concerne ; allez !

Caulaincourt prit le papier, salua et sortit.

Cet ordre portait :

Que le général Caulaincourt se rendrait en poste à Strasbourg ; qu'arrivé dans cette ville, il y verrait le général Ordener, parti de Paris en poste dans la nuit du 19 au 20 ventôse, et le général de division.

Le but de sa mission était, le même jour et à la même heure où le général Ordener, à la tête de trois cents hommes du 26e dragons et de trois ou quatre brigades de gendarmerie, irait enlever le duc d'Enghien et Dumouriez à Ettenheim, de passer le Rhin au pont de Kehl à la tête de deux cents hommes du 26e dragons ; de se diriger sur Offenbourg ; de faire cerner la ville et d'y arrêter la baronne de Reich (si elle ne l'avait été déjà à Strasbourg), ainsi que les autres agents du gouvernement anglais sur lesquels le préfet et le citoyen Méhée, actuellement à Strasbourg, lui donneraient des renseignements.

D'Offenbourg, le général Caulaincourt devait diriger des patrouilles sur Ettenheim, jusqu'à ce qu'il eût appris que le général Ordener eût réussi ; ils se prêteraient des secours mutuels.

Dans le même temps, le général de la division devait faire passer trois cents hommes de cavalerie à Kehl, avec quatre pièces d'artillerie légère, et envoyer un poste de cavalerie légère à Wilstadt, point intermédiaire entre les deux routes.

Le général Caulaincourt devait avoir soin de faire régner la plus grande discipline et d'empêcher les troupes de rien exiger des habitants, le général Ordener ayant reçu à cet effet une somme de douze mille francs pour lui et le général Caulaincourt.

S'il arrivait que le général Caulaincourt et le général Ordener ne pussent pas remplir leur mission et qu'ils eussent l'espoir, en séjournant trois ou quatre jours et en faisant des patrouilles, de réussir, ils étaient autorisés à le faire.

Le général Caulaincourt devait faire connaître au bailli d'Offenbourg que, s'il continuait à donner asile aux ennemis de la France, il s'attirerait de grands malheurs.

Les postes de Kehl, ainsi que ceux de la rive droite, devaient être évacués dès l'instant que les deux détachements auraient fait leur retour.

Du reste, le général Caulaincourt, le général Ordener et le général de la division devaient tenir conseil et faire les changements qu'ils croiraient convenables aux présentes dispositions.

Tandis que Caulaincourt prenait connaissance de cet ordre, Bonaparte achevait d'indiquer au général Ordener les détails de la mission dont il le chargeait.

— Voici, lui dit-il en lui remettant la feuille de papier qui lui était destinée, ce que vous avez à faire.

— Il suffit, général.

Et Ordener se disposait à mettre le pli dans sa poche.

Bonaparte l'arrêta du geste.

— Non! non! lisez à haute voix.

Ordener déplia le papier et lut:

« Paris, le 20 ventôse an XII.

« En conséquence des dispositions du gouvernement qui met le général Ordener à celle du ministre de la guerre, il lui est ordonné de partir de Paris en poste aussitôt après la réception du présent ordre, pour se rendre le plus rapidement possible, et sans s'arrêter un instant, à Strasbourg. Il voyagera sous un autre nom que le sien.

« Arrivé à Strasbourg, il verra le général de division; le but de sa mission est de se porter sur Ettenheim, de cerner la ville; d'y enlever le duc d'Enghien, Dumouriez, un colonel anglais et tout autre individu qui serait à leur suite. Le général commandant la 5e division, le maréchal-des-logis qui a été reconnaître Ettenheim, ainsi que le commissaire de police, lui donneront tous les renseignements nécessaires.

« Le général Ordener donnera ordre de faire partir

de Schlestadt trois cents hommes du 26e dragons, qui se rendront à Rheinau où ils arriveront à huit heures du soir.

« Le commandant de la 5e division enverra quinze pontonniers à Rheinau, qui y arriveront également à huit heures du soir, et qui, à cet effet, partiront en poste sur les chevaux d'artillerie légère. Indépendamment du bac, il se sera assuré qu'il y a là quatre ou cinq grands bateaux, de manière à pouvoir passer d'un seul voyage trois cents chevaux. Les troupes prendront du pain pour quatre jours et se muniront d'une quantité de cartouches suffisante. Le général de division y joindra un capitaine, un lieutenant de gendarmerie et une trentaine de dragons.

« Dès que le général Ordener aura passé le Rhin, il se dirigera droit sur Ettenheim, marchera droit à la maison du duc d'Enghien et à celle de Dumouriez.

« Cette opération terminée, il fera son retour sur Strasbourg. En passant à Lunéville, le général Ordener donnera ordre que l'officier de carabiniers qui aura commandé le dépôt à Ettenheim se rende à Strasbourg en poste pour y attendre ses ordres. Le général Ordener, arrivé à Strasbourg, fera partir bien secrètement deux agents soit civils, soit militaires, et s'entendra avec eux pour qu'ils viennent à sa rencontre. Le général Ordener est prévenu que le général Caulaincourt doit partir avec lui pour agir de son côté. Le général Ordener aura soin que la plus grande discipline règne, que les troupes n'exigent rien des habitants.

« S'il arrivait que le général Ordener ne pût pas remplir sa mission et qu'il eût l'espoir, en séjournant trois ou quatre jours et faisant faire de fréquentes patrouilles, de réussir, il est autorisé à le faire. Il fera connaître au bailli de la ville que, s'il continue à donner asile aux ennemis de la France, il s'attirera de grands malheurs. Il donnera l'ordre au commandant de Neuf-Brisach de faire passer cent hommes sur la rive droite du Rhin avec deux pièces de canon. Les postes de Kehl, ainsi que ceux de la rive droite, seront évacués aussitôt que les deux détachements auront fait leur route.

« Le général Ordener, le général Caulaincourt, le général commandant la 5e division, tiendront conseil et feront les changements qu'ils croiront convenables aux présentes dispositions. S'il arrivait qu'il n'y eût plus à Ettenheim ni Dumouriez, ni le duc d'Enghien, le général Ordener me rendra compte par un courrier extraordinaire de l'état des choses, et il attendra de nouveaux ordres. Le général Ordener requerra le commandant de faire arrêter le maître de poste de Kehl et tous les autres individus qui pourraient donner des renseignements.

« Je remets au général Ordener une somme de douze mille francs pour lui et le général Caulaincourt. Vous demanderez au général commandant la 5e division militaire que, dans le temps où vous et le général Caulaincourt ferez votre expédition, il fasse passer trois cents hommes de cavalerie à Kehl avec quatre pièces d'artillerie légère. Il enverra aussi un poste d'artillerie légère à Wilstadt, point intermédiaire entre les deux routes.

« Alex. BERTHIER. »

Pendant cette lecture, Bonaparte, assis sur son fauteuil, s'amusait, selon sa coutume, à faire des entailles dans le bois des bras, tout en approuvant de la tête les passages les plus saillants.

Le premier consul songeait à tout; lorsque Ordener eut terminé sa lecture, il allait se retirer; Bonaparte l'arrêta du geste :

— Un instant, dit-il ; il vous faut un passepórt.

— C'est juste.

— Le voici.

Et le premier consul lui remit un passeport tout préparé, ainsi qu'il en avait toujours dans le tiroir de son bureau.

— Ce n'est pas tout, continua-t-il. Il vous faut aussi l'argent indiqué. Voici un bon de douze mille francs et la lettre que vous remettrez au général Leval qui commande là-bas la 5e division.

— Merci, général.

— Prenez-en connaissance ; je veux que vous soyez parfaitement au courant de ce dont vous êtes chargé.

Ordener ouvrit la lettre ; elle contenait ceci :

« Paris, le 20 ventôse an XII de la République.

« Je vous préviens, citoyen général, que le général Ordener et le général Caulaincourt se rendent à Strasbourg pour des missions très-importantes. Je vous ordonne, sous votre propre responsabilité, d'adhérer à toutes les demandes qui vous seront faites par le général Ordener et le général Caulaincourt, à l'effet de remplir la mission dont ils sont chargés. Ils vous feront connaître leurs instructions en ce qui vous concerne. Vous prescrirez à l'ordonnateur d'adhérer également à toutes les demandes qu'ils feront pour les vivres. Vous donnerez des ordres pour les mouvements de troupes, pour l'artillerie et les bateaux.

« Alexandre BERTHIER. »

— A présent, dit Bonaparte, prenez la poste, et partez.

— Oui, général.

Et il sortit, pour s'occuper des dispositions nécessaires à son voyage.

Quelques heures après avoir quitté les Tuileries, le général Ordener était tranquillement assis au fond d'une berline de voyage, dont le postillon, suffisamment renseigné sur l'allure à donner à ses chevaux par le pourboire princier qu'il avait reçu, faisait claquer son fouet à toute mèche.

Quant au général Caulaincourt, il ne partit pas ; à peine était-il rentré chez lui, qu'un exprès du premier consul lui fit connaître qu'il eût à se rendre de nouveau, et sur l'heure, aux Tuileries.

L'entourage du premier consul était habitué à ces ordres subits, multiples, auxquels il fallait obéir quand même.

Il accourut.

— J'ai réfléchi, lui dit Bonaparte. Il n'est pas bon que vous partiez cette nuit. Les fonctions que vous occupez près de moi s'accordent peu avec ce départ précipité ; il pourrait être remarqué, et il ne faut pas qu'il le soit. Vous ne partirez que demain, et vous attendrez de nouveaux ordres.

Caulaincourt s'inclina.

— Comme il vous plaira, général.

Et il se retira.

Le lendemain matin, il recevait des instructions complémentaires; elles avaient pour but de combler la lacune relative à la mission donnée au capitaine Rosey, par les soins de Méhée de la Touche, et de justifier son départ.

Comme les précédentes, ces instructions émanaient de Berthier, le ministre de la guerre, qui, appelé dès sept heures du matin au cabinet, avait conféré de nouveau avec Bonaparte et reçu de lui l'ordre de faire passer immédiatement à Caulaincourt la note additionnelle qu'on va lire :

Le ministre de la guerre au citoyen Caulaincourt.

« Paris, le 21 ventôse an XII de la République française une et indivisible.

« Le premier consul ordonne au citoyen Caulaincourt, son aide-de-camp, de se rendre en poste à Strasbourg. Il y accélérera la construction et la mise à l'eau des bâtiments légers qu'on y construit pour la marine. Il prendra des renseignements près du préfet et du citoyen Méhée pour faire arrêter les agents du gouvernement anglais qui sont à Wissembourg et à Offenbourg, notamment la baronne de Reich, si elle n'est déjà arrêtée. Le chef de bataillon Rosey, envoyé près des ministres anglais, et qui a toute leur confiance, lui donnera tous les renseignements nécessaires sur les complots formés contre la tranquillité de l'État et la sûreté du premier consul.

« Le citoyen Caulaincourt fera connaître aux baillis des villes de la rive droite qu'ils peuvent s'attirer de grands malheurs en donnant asile aux personnes qui cherchent à troubler la tranquillité de la France, et il se concertera avec le général commandant la cinquième division militaire, pour employer au besoin une force suffisante pour l'exécution du présent ordre.

« Il rendra un compte particulier au premier consul du résultat de la mission du chef de bataillon Rosey.

« Alex. BERTHIER. »

Bonaparte avait encore jugé à propos de charger Caulaincourt de voir le baron d'Edelsheim, ministre de l'électeur de Bade, à propos de ce qui allait se passer sur le territoire badois.

Il n'ignorait pas que cette odieuse violation des droits internationaux et du droit des gens révolterait la conscience publique et indignerait l'Électeur; il était nécessaire qu'on le prévînt autrement que par le fait accompli, non de ce qui se tramait, mais de ce qu'on était en train d'exécuter à son insu.

Naturellement, c'était Talleyrand qui avait rédigé la lettre au ministre de l'Électeur.

Elle était conçue dans ces termes ambigus et faciles à interpréter de diverses façons, dont le ministre des relations extérieures avait le secret.

Mais d'abord, voici celle que Talleyrand adressait à Caulaincourt :

Le ministre des relations extérieures au général Caulaincourt.

« Paris, le 21 ventôse an XII (12 mars 1804).

« Général,

« J'ai l'honneur de vous adresser une lettre pour le baron d'Edelsheim, ministre principal de l'Électeur de Bade ; vous voudrez bien la lui faire parvenir aussitôt que votre expédition d'Offenbourg sera consommée. Le premier consul me charge de vous dire que si vous n'étiez pas dans le cas de faire entrer des troupes dans les États de l'Électeur, et que vous apprissiez que le général Ordener n'en a point fait entrer, cette lettre doit rester entre vos mains, et ne pas être remise au ministre de l'Électeur. Je suis chargé de vous recommander particulièrement de faire prendre et de rapporter avec vous les papiers de Mme de Reich.

« J'ai l'honneur de vous saluer.

« Ch.-Maur. TALLEYRAND. »

Voici maintenant celle adressée au ministre.

Sa rédaction faisait honneur à l'esprit subtil et ingénieux du conseiller de Bonaparte.

A Monsieur le baron d'Edelsheim, ministre d'État à Carlsruhe.

« Paris, le 20 ventôse an XII.

« Monsieur le baron,

« Je vous avais envoyé une note dont le contenu tendait à requérir l'arrestation du comité d'émigrés français siégeant à Offenbourg, lorsque le premier consul, par l'arrestation successive des brigands envoyés en France par le gouvernement anglais, comme par la marche et le résultat des procès qui sont instruits ici, reçut connaissance de toute la part que les agents anglais, à Offenbourg, avaient aux terribles complots tramés contre sa personne et contre la sûreté de la France.

« Il a appris de même que le duc d'Enghien et le général Dumouriez se trouvaient à Ettenheim, et comme il est impossible qu'ils se trouvent en cette ville sans la permission de S. A. Électorale, le premier consul n'a pu voir sans la plus profonde douleur qu'un prince auquel il lui avait plu de faire éprouver les effets les plus signalés de son amitié avec la France pût donner un asile à ses ennemis les plus cruels, et laissât ourdir tranquillement des conspirations aussi évidentes.

« En cette occasion si extraordinaire, le premier consul a cru devoir donner à deux petits détachements l'ordre de se rendre à Offenbourg et à Ettenheim, pour y saisir les instigateurs d'un crime qui, par sa nature, met hors du droit des gens tous ceux qui manifestement y ont pris part. C'est le général Caulaincourt qui, à cet égard, est chargé des ordres du premier consul. Vous ne pouvez pas douter qu'en les exécutant, il n'observe tous les égards que Son Altesse peut désirer. Il aura l'honneur de remettre à Votre Excellence la lettre que je suis chargé de lui écrire.

« Recevez, Monsieur le baron, l'assurance de ma haute estime.

« Ch.-M. TALLEYRAND. »

Cette fois, le général Caulaincourt était nanti de tout ce qui était nécessaire au succès de sa mission.

Il put à son tour prendre la poste.

A midi, il sortait de Paris par la barrière Saint-Laurent.

Chacun des acteurs du drame infâme, si savamment combiné et préparé, avait son rôle en poche.

Les moindres détails d'exécution étaient prévus.

Le signal était donné.

Il n'y avait plus qu'à assister à l'action qui allait se dérouler.

Quant au dénoûment, il était prévu à l'avance.

Du sang!

Bonaparte n'avait pas longtemps à attendre pour s'en repaître tout à l'aise; cependant, soit que l'intervalle qui devait s'écouler entre l'ordre qu'il venait de donner et l'heure où devait se commettre le crime lui parût difficile à passer, sans que rien trahît en lui une certaine inquiétude morale, soit qu'il voulût, au contraire, savourer tout à l'aise et sans témoin le plaisir de songer à la douloureuse passion qu'allait subir un Bourbon, dernier descendant du grand Condé, et d'en suivre par la pensée toutes les stations, depuis la blanche maison d'Ettenheim jusqu'au calvaire de Vincennes, il jugea à propos de s'enfermer, pendant tout le temps que durerait la sinistre tragédie, dans son château de la Malmaison.

Dès que Bonaparte eut été informé qu'Ordener roulait en poste sur la route de Strasbourg;

Que Caulaincourt le suivait à distance;

Que les gendarmes ne faibliraient pas dans l'accomplissement de leur tâche ;

Que trois cents soldats, commandés à cet effet, suffiraient sans doute pour arrêter chez lui, au saut du lit, un homme sans défense;

Il songea qu'il n'avait plus grand'chose à redouter du duc d'Enghien, et il écrivit à son conseiller Réal :

« Paris, le 21 ventôse an XII.

« Le premier consul fait prévenir le citoyen Réal qu'il va passer quelques jours à la Malmaison ; il y sera ce soir. »

Il est vrai qu'à cette époque de l'année le jardin de la Malmaison commençait à s'attiédir de brises printanières.

C'était le moment où les premières violettes élevaient timidement leurs petites têtes tremblotantes au-dessus du vert feuillage.

Et Bonaparte aimait les violettes !

Le billet adressé par lui à Réal n'était pas assez pressant ; il se sentait le besoin d'avoir auprès de lui quelqu'un avec lequel il pût deviser à l'aise. Réal était l'homme qu'il lui fallait quand même.

Aussi le digne conseiller reçut-il dans la journée un second exprès porteur de ce mot :

« A la Malmaison, le 21 ventôse an XII.

« Le premier consul me charge de vous prévenir, citoyen conseiller d'État, qu'il vous attend ce soir à la Malmaison de neuf à dix heures. Une chaise vous attendra au pont de Neuilly, pour que vous puissiez y venir avec plus de facilité.

« J'ai l'honneur de vous saluer.

« A. CAFFARELLI,

« Aide-de-camp du premier consul. »

— J'irai, répondit-il au courrier.

Puis, quand il fut seul :

— Faites donc des projets! fit-il en étouffant un soupir.

Et lui aussi écrivit une lettre; elle était adressée à Mlle Bourgoin, de la Comédie-Française, et contenait des excuses, vu l'impossibilité dans laquelle il se trouvait, d'aller, comme il le lui avait promis, dîner et passer la soirée chez elle.

XV

Avant la tempête.

La chasse était le plaisir favori du duc d'Enghien, et il ne pouvait habiter un pays plus agréable pour un chasseur que le Brisgau, si fertile en gibier de toute espèce.

La plaine et les bois recèlent le chevreuil, le daim, le sanglier, la perdrix, le lièvre et la caille, et les relais et les îles du Rhin sont peuplés de halbrans, de bécasseaux, de courlis, de vanneaux et de bécassines.

De sorte qu'en toute saison, soit qu'on chasse le gibier ordinaire, soit qu'on poursuive en forêt les animaux nuisibles, on a toujours le moyen de satisfaire ses goûts cynégétiques.

Et nous l'avons dit, le duc d'Enghien était un chasseur consommé. Il chassait pendant tout le temps qu'il ne donnait pas au jardinage ; mais souvent aussi, alors qu'on le croyait s'égarant bien loin à la poursuite d'un solitaire, il faisait des rêves d'avenir et de bonheur, les mains de la princesse Charlotte dans les siennes, et les regards tendrement attachés sur ses grands yeux de velours.

Aimer et être aimé ! c'était là désormais toute l'ambition de celui qui à Bersthcim, à Offenbourg, à Oberkamlac, à Neubourg ou à Schussenried, s'était montré si audacieux capitaine, si habile tacticien, et militaire si consommé.

C'est que les temps avaient changé !

Une grande résignation s'était emparée de son âme jeune et forte ; mûri par les événements, le duc d'Enghien, à trente-deux ans, avait acquis cette précieuse qualité de savoir envisager les choses sous leur véritable point de vue, et si, comme le grand Condé à Rocroi, il avait voulu vaincre, ç'avait été aussi pour sauver la France qu'il avait combattu les armées de la République.

Jeté au milieu de la fraternité des camps, des familiarités du bivouac, et « traité sur les champs de bataille par les balles et les boulets sans plus de façon qu'un simple soldat, il se préparait, sans rien perdre de la dignité de son caractère, à descendre des hauteurs aristocratiques de sa naissance, pour se rapprocher de la nationalité de notre époque. »

Et cela était si exact, que ses ennemis, qui connaissaient ce côté vraiment noble et patriotique de son caractère, en avaient profité pour faire courir la fable d'une prétendue demande de service adressée à Bonaparte, et on l'avait colorée emphatiquement par cette expression : Condé demande à servir sous César.

C'était une calomnie en même temps qu'un non-sens.

Le duc d'Enghien était aussi loin de songer à offrir son épée à Bonaparte, qu'il l'était de rien entreprendre contre sa personne.

Tout se réunissait pour faire de lui un de ces hommes de guerre, a dit le comte de Choulot, une de ces épées fortes, qui font pencher la destinée des peuples et assurent la gloire des nations.

L'intrigue politique n'eût pu s'allier à sa nature droite et loyale ; aussi, lorsque pour la première fois il entendit parler de la conspiration de Georges Cadoudal, se refusa-t-il à croire.

C'était quelques jours après l'arrestation de Pichegru.

Le duc d'Enghien, qui revenait d'Offenbourg à Ettenheim, rencontra sur son chemin deux généraux de l'armée de Condé.

L'un était le commandeur de Lanjametz, maréchal de camp du corps de Condé, qui commandait un des bataillons du régiment noble à pied, sous les ordres du comte de la Saullaye.

L'autre s'appelait le général de Rison, maréchal de camp commandant en second l'artillerie.

Les trois hommes se saluèrent, et le duc, s'adressant aux deux généraux :

— Avez-vous des nouvelles de France, messieurs? leur demanda-t-il.

C'était la question qu'on s'adressait invariablement chaque fois qu'on se rencontrait.

— Oui, monseigneur, répondit le commandeur; on s'y entretient beaucoup de la conspiration de Georges Cadoudal.

— Comment! mon cher maréchal, vous croyez à cette prétendue conspiration?

— Mais, monseigneur, j'assure à Votre Altesse qu'elle est très-sérieuse.

— Et de nombreuses arrestations ont été faites depuis peu, ajouta le général de Rison.

— Ce n'est pas une raison; l'arrestation est depuis longtemps un moyen de gouvernement en France.

— Monseigneur, je suis loin d'approuver l'entreprise de Cadoudal, qui n'est qu'une coupable équipée; mais elle est malheureusement très-réelle.

— Et vous aussi, général, vous êtes de cet avis? Mais, messieurs, songez donc que si cette prétendue conspiration existait, mon grand-père et mon père m'en auraient donné connaissance, afin que je prisse des précautions pour ma sûreté.

— Ce qui est certain, monseigneur, c'est que Moreau, Pichegru sont arrêtés, et que nombre de nos amis sont sous les verrous.

— Hélas! Dieu veuille, répondit le duc d'Enghien, qu'il n'y ait pas beaucoup de victimes et que cette malheureuse histoire, comme toutes celles de ce genre, passées ou à venir, ne fasse grand tort aux personnes dévouées à la bonne cause! Jusqu'à présent, il paraît que le gouvernement [sortira vainqueur de cette crise, si tant est que c'en soit une et que tout ceci ne soit pas supposé, chose que je sais ni ne désire savoir, car ces moyens ne sont pas de mon genre.

Après ces paroles (textuelles), qui montraient jusqu'à quel point le duc d'Enghien était ignorant de ce qui se passait, les deux officiers n'insistèrent pas.

Toutefois, le général de Rison crut devoir donner son opinion sur les dangers que pouvait courir le prince réfugié si près de la frontière.

— Je vous remercie, mon cher général, lui répondit le duc, de votre avertissement sur les soupçons que mon séjour ici pourrait inspirer à Bonaparte et les dangers auxquels m'expose sa tyrannique influence dans ce pays. Là où il y a du danger, là est le poste d'honneur pour un Bourbon; en ce moment où l'ordre du conseil privé de Sa Majesté britannique enjoint aux émigrés retraités de se rendre sur les bords du Rhin, je ne saurais, quoi qu'il en puisse arriver, m'éloigner de ces dignes et loyaux défenseurs de la monarchie.

— Monseigneur est bien le digne descendant de ses ancêtres, dit à son tour le maréchal de camp; mais enfin, il est dans l'intérêt même de la cause que nous défendons de veiller sur la liberté de Votre Altesse, et plusieurs fois déjà des figures qui n'annonçent rien de bon ont été signalées dans ce pays.

— Je connais les mesures prises pour espionner les pensionnés anglais et particulièrement ma personne.

— En ce cas...

— Je suis averti depuis longtemps ; mais la crainte de rencontrer un gueux soudoyé ne me fera pas faire un pas de plus ni de moins.

La conversation en resta là.

Pénétrés d'admiration pour le grand caractère du prince, les deux officiers généraux s'entretinrent longtemps encore, en le quittant, des qualités sérieuses qu'il montrait.

Quant au duc d'Enghien, il rentra chez lui, bien persuadé que la prétendue conspiration était une fable inventée par la police consulaire afin de justifier l'emprisonnement de certains personnages dont Bonaparte avait besoin de se débarrasser pour arriver au trône qu'il convoitait.

Il était sans crainte aucune pour sa personne, parce qu'il ne pouvait admettre qu'il pût venir à l'esprit d'un chef d'État, fût-ce même du premier consul d'une république, de faire pénétrer une troupe armée dans un pays allié, pour y enlever par la force un prince exilé, vivant dans le calme et la tranquillité la plus absolue.

Il devait bientôt faire à ses dépens la triste expérience du contraire.

En arrivant au petit Chantilly, il avait trouvé le chevalier Jacques, son secrétaire, tout ému.

— Qu'y a-t-il donc, mon cher Jacques? lui demanda-t-il avec bonté. Vous paraissez singulièrement agité.

— Il y a, monseigneur, que le maître de l'auberge du Soleil-d'Or est venu me prévenir tout à l'heure d'un fait assez particulier.

— Qu'est-ce donc?

— Votre Altesse saura qu'il y a depuis quelque temps des espions qui rôdent dans les environs.

— Je le sais; après?

— Or, ce matin, il s'est présenté à l'auberge un consommateur qui n'a cessé tout le temps de le questionner sur le pays, sur ceux qui l'habitent.

— Il avait peut-être dessein de s'y fixer, mon bon Jacques.

— Non pas, car c'est surtout de Votre Altesse dont il s'est informé de la vie, des habitudes...

— Ah! fit le duc, qui commençait à prêter attention au récit de son secrétaire.

— Aussi toutes ces questions parurent si bizarres, si indiscrètes à l'aubergiste Mayer, qui, je dois le dire, est tout dévoué à Votre Altesse et à la bonne princesse Charlotte, qui a soigné dernièrement un de ses enfants malades...

— Après, après?

— Que Mayer est venu me prévenir et me dire que je ferais peut-être bien de voir quel pouvait être cet étranger.

— Ensuite?

— J'ai trouvé le conseil bon et je l'ai suivi; je suis parti avec Mayer, et en arrivant à l'auberge...

— Eh bien?

— Eh bien! l'étranger n'y était plus.

Le chevalier Jacques disait cela d'un air si naïf, que le duc d'Enghien ne put s'empêcher de rire.

— Mon pauvre ami, je vous remercie de cette nouvelle marque de sollicitude pour moi; mais franchement, il n'y a rien dans tout ceci d'extraordinaire.

— Quoi! Votre Altesse ne trouve pas extraordinaire que cet homme soit subitement disparu?

— Croyez-vous donc que ce soit un sorcier?

— Non, sans doute; mais prenons garde que ce ne soit un revenant.

Le mot fit sourire le prince, qui n'y attacha aucune importance.

Mais les gens de la maison, comme ceux du château, n'étaient pas sans ressentir une vague inquiétude.

La princesse Charlotte avait, on se le rappelle, reçu un avis secret du maréchal-des-logis Richard qui l'avertissait du danger.

Tout le monde, à la seule exception du duc d'Enghien, le principal intéressé, avait comme un pressentiment qu'un grand malheur planait dans l'air, au-dessus de cette résidence si calme, asile de l'amour le plus pur et de la loyauté la plus parfaite.

Et, chose étrange, jamais peut-être Ettenheim, nid de verdure caché dans le feuillage, n'avait paru plus charmant et plus agréable au prince, qui se sentait heureux de vivre à l'ombre de cette belle forêt Noire, loin du tracas et des soucis de la cour.

Il faisait des rêves champêtres et rustiques, vrais rêves d'amoureux!

On eût dit qu'il ne se souvenait plus qu'il était prince du sang.

De même que jamais la nature ne semble plus assoupie, l'air plus raréfié, les feuilles des arbres plus immobiles que pendant l'heure qui précède celle de la tempête.

De même le duc d'Enghien, méprisant les avis et les conseils, s'endormait dans une trompeuse quiétude.

Le réveil fut terrible.

XVI

Les éclaireurs.

Le lecteur n'a fait qu'entrevoir Méhée de la Touche, ce vil intrigant qui, selon l'expression d'un écrivain, si le ciel eût été ouvert à ses menées, aurait tenté, par amour de l'art, de désunir les légions célestes.

Il nous faut revenir à lui, malgré la répugnance qu'un pareil personnage inspire.

Après avoir touché du préfet mille francs, il lui avait annoncé son départ immédiat pour Paris.

Mais il avait reçu des Tuileries un avis qui lui enjoignait de se tenir à la disposition des généraux Ordener et Caulaincourt qui se rendaient à Strasbourg, aussi bien qu'à celle du préfet, ce qui voulait dire tout simplement qu'il était chargé de les espionner tous les trois.

Bonaparte affectionnait beaucoup ce système d'espionnage réciproque qu'il avait élevé à la hauteur d'une institution sociale ; il méprisait tous les hommes en général et se servait de chacun en particulier.

« Que les hommes, disait-il, sont bien dignes du mépris qu'ils m'inspirent! Tous mes vertueux républicains, je n'ai qu'à dorer leur habit, et ce sont des gens à moi. »

Ce n'était pas l'habit qu'il dorait à Méhée, mais ses poches, et il se servait de lui pour obtenir tous les renseignements confidentiels qui lui étaient nécessaires, à l'effet de savoir comment ses ordres étaient exécutés par les divers fonctionnaires civils et militaires qui se trouvaient à la frontière, et en même temps il recevait de lui des indications sur les faits et gestes des émigrés d'Allemagne, indications qu'il contrôlait avec celles que Moncey obtenait pour son compte des différentes brigades de gendarmerie qu'il avait sous ses ordres.

Or, Méhée avait le premier donné l'éveil à Bonaparte touchant le danger qu'il y avait pour lui de laisser le duc d'Enghien habiter à quelques lieues de Strasbourg.

On a vu comment les renseignements venus d'autre part avaient corroboré ceux de Méhée, et la résolution qu'ils avaient déterminée.

Notre homme se rendit donc de nouveau chez le

citoyen préfet, qui demeura plus que surpris de le revoir encore.

Cette fois, il était porteur d'un ordre devant lequel tous devaient s'incliner.

Le citoyen Shée n'eut rien à objecter.

Il eût pu, tout au plus, redemander les mille francs qu'il avait si bénévolement comptés à l'agent ; mais celui-ci eût trouvé le procédé mesquin : Bonaparte l'avait autorisé à garder tout ce qu'il pouvait extorquer des gens qui se servaient de lui, et il n'était pas homme à renoncer à cette faveur.

D'ailleurs, le préfet avait bien d'autres soins à prendre : il lui fallut faire savoir au général Leval, commandant la 5e division militaire, au commandant de gendarmerie Charlot, au commissaire de police et à tous les agents subalternes, qu'on comptait absolument sur leur zèle pour aider de tout leur pouvoir, dans l'accomplissement de leur besogne, les deux généraux qu'on attendait.

Il fallait que chacun se tînt prêt à agir selon les ordres qu'il recevrait.

Les généraux pouvaient arriver d'heure en heure.

A cette époque où les chemins de fer étaient encore dans les limbes de l'avenir, pour franchir la distance qui sépare Paris de Strasbourg, il fallait quatre jours.

Les diligences partaient de Paris les lundi, mercredi et samedi, et arrivaient à Strasbourg les vendredi, dimanche et mercredi.

Mais Ordener et Caulaincourt avaient pris la poste et payaient doubles guides : ils devaient rester beaucoup moins longtemps en route.

Le général Ordener avait quitté la capitale dans la nuit du 19 au 20 ventôse (10-11 mars), et il avait dû s'arrêter quelques instants à Lunéville, pour y donner des ordres à l'officier qui avait commandé le dépôt à Ettenheim ; cependant il était à Strasbourg dans la nuit du 12 au 13 mars.

Le maître voulait être obéi promptement.

A peine le général Ordener eut-il mis pied à terre, qu'il se rendit chez le général Leval, où un conseil de nuit fut tenu.

Le commandant Charlot et le commissaire de police y furent appelés.

Le général Ordener fut d'avis qu'on envoyât un agent de police et un sous-officier de gendarmerie intelligent à Ettenheim, pour s'y informer d'une façon précise de la manière dont le duc d'Enghien était logé, relever autant que possible le plan de l'habitation, s'informer de ses habitudes, et savoir s'il n'y avait pas lieu de craindre de la résistance de la part de ceux qu'on aurait à arrêter.

Le chef d'escadron Charlot tortillait sa moustache avec déplaisir.

Décidément, tous les sous-officiers qui étaient sous ses ordres étaient transformés en agents secrets.

— Il me semble, dit-il, qu'il vaudrait mieux envoyer tout de suite un détachement d'hommes résolus qui....

Le général l'interrompit.

— Commandant, je ne vous demande pas ce qu'il faut faire. Je vous prie de me désigner un de vos hommes qui soit capable de prendre les renseignements dont j'ai besoin.

Le commandant ne répliqua pas; il réfléchit un moment.

— J'ai Pfersdorff, dit-il, qui est né sur la rive droite du Rhin; je le crois apte à se charger de cette besogne.

— Soit, reprit le général; c'est à vous qu'incombe la responsabilité de cette démarche : il faut que l'homme soit discret et intelligent, je le répète; choisissez celui que vous voudrez.

— Moi, dit le commissaire, je vous donnerai l'agent Sthol; je réponds de lui.

— Très-bien!

Rendez-vous fut pris pour le lendemain, afin que l'agent et le gendarme pussent s'entendre et prendre leurs dispositions; ils devaient s'arranger de façon à être à Ettenheim dans la matinée du 14.

Le général Caulaincourt, qui n'était parti que le 21 ventôse (12 mars), n'arriva à Strasbourg que le surlendemain 23.

Conformément aux instructions qu'il avait reçues de Bonaparte, il commença également par se mettre en communication avec le préfet, avec ses collègues, les généraux Ordener et Leval, et avec le commandant Charlot et Méhée de la Touche. Quant au chef de bataillon Rosey, il n'était pas à Strasbourg.

Le général Ordener avait eu le soin de donner l'ordre à Schlestadt de faire partir les trois cents hommes qu'il devait rencontrer à Rheinau.

Le général Leval s'occupa des quinze pontonniers.

Tout était prêt; il n'y avait plus qu'à attendre le rapport des agents pour agir.

Voyons un peu ce qu'ils avaient fait.

Déguisés en colporteurs, le bâton de voyage à la main et la balle au dos, ils avaient suivi la route qui conduit de Strasbourg à Ettenheim, et, aussitôt le Rhin traversé, ils s'en étaient allés en devisant, s'arrêtant çà et là pour se reposer et proposer de menus objets de mercerie.

Ils étaient arrivés de la sorte jusqu'à Ettenheim, sans éveiller le moindre soupçon, et s'étaient avancés jusqu'à l'habitation du duc d'Enghien.

En ce moment, son domestique Féron, qui arrosait des pots de fleurs placés sur une des fenêtres du rez-de-chaussée, les remarqua.

Nous l'avons dit, tout le monde était un peu en défiance chez le duc d'Enghien. Le domestique se demanda pourquoi ces colporteurs regardaient ainsi la maison et semblaient en étudier les dispositions.

Soudain il quitta la fenêtre et appela à la cuisine :

— Canone, cria-t-il à son collègue qui préparait le déjeuner, viens donc voir deux individus qui rôdent autour de la maison.

Canone courut à la fenêtre et examina les inconnus avec attention.

Tout à coup il se frappa le front.

— Parbleu ! je ne me trompe pas. C'est bien lui !

— Qui, lui ?

— Un gendarme que j'ai déjà vu plusieurs fois à Strasbourg.

— Un gendarme !

— J'en suis sûr.

— Il faut avertir monseigneur, reprit Féron ; j'y cours.

Et il alla frapper à la chambre à coucher du prince.

— Monseigneur, il y a, dit-il, deux hommes suspects qui espionnent ce qui se passe ici, j'en suis sûr.

— Encore! fit le duc en haussant les épaules; tu es fou.

— Non, Monseigneur, et Canone assure qu'il a reconnu l'un d'eux, pour être un gendarme déguisé.

Sur cette insistance, le prince se décida à prêter attention à ce qu'on lui disait.

— Mon cher Schmidt, dit-il à un lieutenant du corps de Condé avec lequel il causait, obligez-moi de voir quels sont ces gens. A les entendre tous, continua-t-il en faisant allusion aux diverses personnes de son entourage, je ne suis environné que d'espions.

Le lieutenant Schmidt était bien l'homme le moins propre à une mission diplomatique; bon et brave, fidèle et loyal, il ne connaissait ni la ruse ni le mensonge.

Il sortit, rejoignit les deux prétendus colporteurs, leur parla et revint au bout d'une demi-heure.

— Eh bien? demanda le prince.

— Eh bien, monseigneur, Féron se trompait.

— J'en étais sûr. Quels sont ces gens?

— Ce sont des colporteurs, et rien de plus; s'ils ont tourné autour des bâtiments, c'était dans l'espoir que madame la princesse ou Votre Altesse voudraient bien leur faire quelque emplette.

— Ainsi, ils n'avaient aucune mauvaise intention?

— Nullement, monseigneur; ils se dirigent vers la Suisse, et m'ont paru très-satisfaits d'avoir passé par Ettenheim, où ils ont, disent ils, vendu beaucoup.

Le duc d'Enghien appela son domestique.

— Tu vois bien que tu t'étais trompé, lui dit-il.

— Sauf votre respect, monseigneur, c'est bien le gendarme Pfersdorff que j'ai vu tout à l'heure... Son nom vient de me revenir.

— Assez! fit son maître.

Le domestique ne se tint pas pour battu; il alla trouver la princesse Charlotte et lui affirma que l'un des deux colporteurs au moins était un gendarme.

La princesse tressaillit.

— Oui, mon ami, dit-elle, vous avez raison; il faut que Son Altesse parte : elle n'est plus en sûreté ici.

Et, à son tour, elle vint trouver celui en qui elle avait mis toute son affection.

— Henri, lui dit-elle, je vous en conjure, ne refusez pas davantage de vous éloigner d'ici; tout me dit qu'un grand malheur vous menace, et si vous veniez à perdre votre liberté, je ne me le pardonnerais pas. Henri, je vous aime; mon cœur souffre en vous conseillant de partir, mais il le faut.

— Charlotte, ma femme, ma chère Charlotte, vous vous exagérez le danger.

— Non! il existe, je le sais. Je viens d'apprendre que les généraux Ordener et Caulaincourt sont arrivés d'hier à Strasbourg; on a remarqué à la préfecture beaucoup d'allées et venues. Il y a une heure à peine que j'ai reçu ces renseignements. Je vous le répète, il se trame quelque chose; n'attendez pas qu'il soit trop tard. Déjouez les plans de vos ennemis : mettez-vous en sûreté.

Jamais la princesse n'avait parlé avec un tel accent

de persuasion. Jusqu'alors, elle avait bien, à plusieurs reprises, engagé le prince à s'éloigner de la frontière, mais ç'avait été l'expression d'un désir, et rien de plus ; aujourd'hui c'était une prière instante qu'elle adressait à son époux.

C'était son cœur qui parlait : elle fut éloquente ; elle triompha des résistances du prince.

— Vous le voulez, Charlotte; je cède, puisque votre repos est à ce prix. Je m'éloignerai, je vous le promets : je partirai ces jours-ci ; j'irai m'établir pour quelque temps à Fribourg en Brisgau.

Hélas ! que ne prit-il cette résolution le jour même !

Mais Dieu en avait ordonné autrement.

XVII

L'expédition nocturne.

Les deux agents étaient revenus à Strasbourg.

Leur courte excursion leur avait suffi pour qu'ils rapportassent les documents attendus par les généraux.

Le signal de l'expédition fut donné.

Il fut décidé que le départ s'effectuerait la nuit.

Les ténèbres sont favorables à la perpétration des crimes ; il semble qu'accomplis dans l'obscurité, ils perdent quelque chose de leur infamie et de leur indignité.

La besogne était double.

Le général Ordener devait marcher droit sur Ettenheim, tandis que le général Caulaincourt avait résolu de procéder d'abord à l'arrestation des émigrés suspects, et se porter ensuite sur Offenbourg, pour de là appuyer au besoin le mouvement de son collègue.

En conséquence, le général Ordener se mit en route pour le bac de Rheinau, accompagné du général Fririon, chef d'état-major du général Leval, et du chef d'escadron Charlot.

Quant à Caulaincourt, sur les indications précises de Méhée de la Touche, le limier exercé à la délation, il s'entendit avec le citoyen préfet Shée et le général Leval, à l'effet de fouiller Strasbourg, d'y faire arrêter nombre de gens signalés comme dangereux.

C'était un moyen d'occuper son temps en attendant l'heure du départ pour Offenbourg.

La chasse fut heureuse.

On mit la main sur le marquis Dagrain et ses deux filles, sur le comte de Toulouse-Lautrec, sur Mme de Klinglin d'Essert, belle-sœur du général autrichien Klinglin et tante de Mme la baronne de Reich, et sur le représentant du peuple Chambé, qui avait été compromis dans la première conspiration de Pichegru.

Quelle bonne prise !

Aussi, sans attendre que le citoyen Shée informât le gouvernement du succès de l'expédition, le commissaire général de police se hâta-t-il de rendre compte au citoyen Réal de ces arrestations qui le couvraient de gloire, en lui adressant la lettre suivante :

Le substitut du commissaire du gouvernement près le tribunal criminel de Strasbourg, faisant fonctions de commissaire général de police, au conseiller d'État chargé de la direction et de la suite, etc.

« Strasbourg, le 24 ventôse an XII.

« J'ai l'honneur de vous informer que, d'après une réquisition du conseiller d'État préfet du département du Bas-Rhin, donnée en suite des ordres du gouvernement notifiés par le général Caulaincourt, aide-de-camp du premier consul, j'ai fait arrêter les personnes dont les noms suivent :

« 1° La dame de Klinglin-d'Essert ;

« 2° Le sieur Toulouse-Lautrec ;

« 3° Le sieur et les demoiselles Dagrain ;

« 4° L'ex-représentant Chambé. »

Revenons au général Caulaincourt.

Après avoir envoyé un courrier à Carlsruhe, il s'était mis à la tête de ses deux cents dragons, d'une brigade de gendarmerie sous les ordres du lieutenant Michel Pétermánn, tout fier d'avoir été choisi pour cette expédition, et marchait en compagnie du général Leval.

Ce fut ainsi qu'ils passèrent le Rhin sur le pont de Kehl, qui n'était alors qu'un pont de bateaux.

On devait s'arrêter à Wilstadt.

Caulaincourt ne fit que le traverser ; il y laissa des

troupes, puis il continua sa route pour Offenbourg, qu'il fit cerner par ses dragons, tandis que la brigade de gendarmerie pénétrait dans l'intérieur de la ville pour y opérer les arrestations que Méhée de la Touche avait indiquées.

Les préparatifs de la double expédition d'Ordener et de Caulaincourt n'avaient pu se faire sans éveiller l'attention publique, et, dès le matin, une foule énorme s'était portée sur les grandes routes de Brisach et de Kehl. On y commentait le passage des soldats, et on espérait avoir des nouvelles de l'arrestation des royalistes.

Des canons avaient été braqués sur le côté gauche du Rhin, et toute communication de l'une à l'autre rive avait été sévèrement interdite.

La capture faite à Offenbourg fut moins importante qu'on ne l'avait espéré. M. de Mussey, chez qui les gendarmes pénétrèrent tout d'abord, était absent, et l'on trouva seulement chez lui Mme de Moria et son beau-frère, le commandeur de Malte.

Ces deux personnes n'étaient sous le coup d'aucune accusation ; mais les gendarmes avaient reçu l'ordre d'aller chez M. de Mussey, et comme ils ne voulaient pas revenir les mains vides, ils arrêtèrent les gens qui se trouvaient là, quitte à ceux-ci à justifier plus tard de leur innocence.

On arrêta aussi le général Vauborel ; on le savait plein de dévoûment et de respect pour le duc d'Enghien ; cela suffisait pour motiver son arrestation.

L'abbé d'Aymon fut aussi appréhendé au corps.

Un abbé devait conspirer quand même !

René Aumont, le domestique du comte de Millet, était seul au logis ; son maître étant absent, on l'arrêta.

Pierre d'Ixupevilliers, qui était au service du marquis de Mauroy, se trouvait dans le même cas : on l'arrêta.

On sait que la baronne de Reich était déjà sous les verrous ; mais Fouché, qui avait le goût de la police comme d'autres ont le goût des beaux-arts, s'était mis en tête que tous les fils de la conspiration monarchique étaient cachés au fond d'une malle qui devait se trouver chez la baronne, et les gendarmes avaient reçu l'ordre de fouiller sa demeure, afin d'y découvrir la fameuse malle.

On eut beau tout retourner dans la maison : on ne trouva pas trace de malle ; toutefois, on put saisir une ancienne et volumineuse correspondance qui fut envoyée sur-le-champ à Paris.

Les gendarmes n'étaient pas contents.

Quelques liasses de papiers pouvaient bien suffire aux dénicheurs de la police ; mais un prisonnier quelconque aurait beaucoup mieux fait l'affaire de ces bons gendarmes.

Or, comme il ne fallait pas que leur zèle se refroidît, on chercha quelle compensation on leur pourrait donner.

Thérèse Leiss, la servante de la baronne, était là juste à point pour cela.

Les gendarmes l'emmenèrent.

Tous ces brillants exploits terminés, le général Caulaincourt revint à Wilstadt.

De son côté, le général Ordener n'était pas resté inactif.

Arrivé au bac de Rheinau, il avait trouvé à leur poste les trois cents hommes du 26e dragons, les pontonniers et leurs bateaux, et les trois brigades de gendarmerie que, selon l'ordre qu'il en avait reçu, le général Leval avait eu le soin de réunir.

Soldats et généraux, officiers et gendarmes, toute la troupe se mit en devoir de passer le Rhin.

C'était un spectacle étrange que de voir au milieu de la nuit les ondes nacrées du fleuve germain rouler silencieusement entre les deux rives, tandis qu'un mince filet de lune éclairait le passage de cette longue file d'hommes qui semblait glisser en travers de l'eau, comme les ombres fantastiques d'une légende allemande.

Il y a toujours, dans ces récits d'outre-Rhin, un personnage qu'on ne voit pas tout d'abord, mais dont on sent vaguement la présence fatale; il joue un grand rôle, et c'est lui qui dénoue les péripéties de la sombre histoire que les femmes de la forêt Noire aiment volontiers raconter auprès du feu de sapin qui pétille.

Ce personnage, c'est la Mort!

La Mort! qui apparaît tout à coup vêtue de son pâle linceul, pour enlever la fiancée à son entrée dans la maison de Dieu.

La Mort! qui frappe le chasseur orgueilleux dont la carabine faisait résonner les échos de la forêt.

La Mort! qui prend l'enfant au berceau, l'époux au travail, le vieillard à son chevet.

Elle est de toutes les fêtes, de toutes les cérémonies;

elle assiste dans un coin du tableau à toutes les scènes de tendresse, d'amour et de passion.

Et c'était bien une funèbre légende allemande que ce défilé de soldats noirs, muets comme la tombe, qui s'en allaient insoucieusement sous les ordres de chefs, instruments passifs d'une volonté supérieure, à la recherche d'un prince de France, pour le conduire à la mort.

Et la nature, témoin de ce forfait odieux, la nature, témoin inconscient des forfaits des hommes, n'en était ni moins belle ni moins exubérante dans ce beau pays de Brisgau.

Alors que, vers quatre heures du matin, on se trouva près de la petite ville d'Ettenheim, qui dormait tranquillement sous le feuillage, on sentait les âcres parfums que la brise enlevait aux hauts sapins de la forêt, et les grandes ombres noires des arbres qui formaient un rideau autour de la ville semblaient veiller sur ce petit groupe de maisons d'où, çà et là, commençaient à s'échapper par le toit quelques gris flocons de fumée.

C'est qu'on est matineux dans le Munsterthal.

Et bien souvent, la voix de l'homme s'y fait entendre avant que le chant du coq ait annoncé l'approche du matin.

Quelques braves bûcherons, cognée sur l'épaule, sortaient déjà de leurs demeures, lorsqu'ils rencontrèrent, à leur grand étonnement, ces soldats étrangers qui, sans plus de façon que si on eût été en pleine guerre, cernaient la ville et gardaient toutes les issues.

Terrorisés par cette apparition inattendue, ils rebroussaient chemin au plus vite et rentraient chez eux en se signant, tandis que les femmes, averties de ce qui se passait, sortaient curieusement sur le pas des portes pour voir ce qui allait arriver.

Une fois que tous les hommes de troupe eurent occupé les postes qui leur avaient été assignés, le commandant Charlot prit une vingtaine d'hommes avec lui, et alla investir la maison où, d'après le rapport de son agent Lamothe, demeurait le général Dumouriez; puis, comme la grande affaire était l'enlèvement du duc d'Enghien, une fois qu'il fut bien certain que le prétendu général Dumouriez ne pourrait sortir de chez lui sans tomber aux mains de ses alguazils, il se hâta d'aller retrouver le général Ordener, qui se dirigea à pas de loup vers la maison du duc d'Enghien.

Il pouvait être alors cinq heures du matin. A ce moment de l'année, il ne fait pas encore jour. Cependant une aube naissante, peut-être même le clair de lune, détachait l'habitation en blanc sur les masses noires du fond.

On monta la rue un peu escarpée qui menait à la maison.

— C'est ici, dit le gendarme Pfersdorff.

Tout le monde s'arrêta.

XVIII

Force à la loi.

Aussitôt Georges Cadoudal aux mains des agents, il avait été mené devant le préfet de police Dubois, qui commença par le faire fouiller.

On trouva sur lui : cinquante et un billets de mille francs de la Banque de France, douze billets de cinq cents francs de la même banque, un billet de trois cents francs du Comptoir commercial de l'hôtel Juback, le tout enveloppé dans une note non signée ni datée ; cinq pièces d'or de quarante-huit livres tournois ;

Une montre de chasse à boîte d'or, à calotte et à pompe, à double cadran pour les secondes ; un poignard à manche d'ébène, garni en argent, à lame à quatre quarts, fourreau en argent, adapté et cousu au dedans du revers de l'habit ; une épingle d'or montée d'un diamant ;

Deux balles de calibre de fusil, un porte-crayon en or, un cure-oreilles en or, une petite poire à poudre garnie en cuivre, doublée de maroquin rouge, deux petits paquets de cartouches.

Tous ces divers objets furent soigneusement inventoriés pour servir plus tard de pièces à conviction, — y compris le cure-oreilles, qui jouait peut-être un rôle très-important dans la conjuration, — et on se mit en devoir de faire subir au prisonnier un interrogatoire préparatoire.

Malgré les coups qu'il avait reçus de tous les gens qui avaient tenu à honneur de courir sus au brigand, Cadoudal répondit à toutes les demandes qui lui furent adressées avec une grande liberté d'esprit et sans qu'il daignât chercher, par des faux-fuyants, à donner le change sur ses intentions et celles de ses amis.

— J'avais l'intention, dit-il hautement, d'attaquer le premier consul à force ouverte, avec des armes pareilles à celles de son escorte et de sa garde.

Il repoussa avec horreur l'accusation d'assassinat, et convint que son intention, après s'être emparé de la personne de Bonaparte, était de proclamer Louis XVIII.

Une tentative à main armée est toujours répréhensible, et, disons-le hautement, celle de Cadoudal fut répudiée par tous ceux des émigrés qui comprenaient la lutte entre l'armée de Condé et celles de la République, mais qui n'eussent jamais prêté les mains à une attaque contre la personne de Bonaparte.

Aussi, cette tentative avortée, Bonaparte était-il absolument dans son droit de punir l'auteur de l'entreprise ; mais ce qui constituait le crime du premier consul, c'était de profiter de l'existence de ce complot, pour accuser d'en être complices nombre de gens qui y étaient complétement étrangers, et surtout d'en faire la base d'une accusation perfide et mensongère contre le duc d'Enghien, dont il voulait se débarrasser en le faisant fusiller.

Revenons à Cadoudal, qui, encore une fois, ne songea nullement à se disculper.

Quant aux détails de l'entreprise, aux noms des conjurés, il refusa de donner aucun éclaircissement à cet égard, et à toute question qui lui semblait de nature à compromettre quelqu'un des siens, il refusa énergiquement de répondre.

On lui demanda où il logeait.

— Je ne loge nulle part, répondit-il.

— Pichegru faisait-il partie des conjurés?

— Je l'ignore.

— Moreau n'en était-il pas?

— Je ne l'ai jamais vu ni connu.

— Louis Picot était votre domestique?

— Je n'ai pas de domestique.

— Depuis combien de temps êtes-vous à Paris?

— Depuis cinq mois environ.

— Qu'y faisiez-vous?

— Je m'y promenais.

— Mais vous y aviez des amis, vous y voyiez du monde?

— Oui, mais il est inutile de me demander qui je voyais; il y a déjà assez de victimes sans que je m'expose à en désigner d'autres. Vous ne saurez rien de moi. Vous me tenez; faites de moi ce que vous voudrez : je ne vous répondrai plus.

Et, à partir de ce moment, on n'obtint rien de plus de lui.

Cependant, à son tour, le citoyen Jacques-Alexis Thuriot, juge au tribunal criminel spécial de la Seine, qui avait voté la mort du roi, essaya de tirer quelque chose du prisonnier; mais, dès qu'il ouvrit la bouche, on eût dit que les deux hommes changeaient de rôle et que c'était l'accusé qui se faisait accusateur.

— Vous convenez, lui dit le juge, d'avoir voulu renverser le premier consul?

— Vous avez voté la mort de votre roi, vous, lui répondit fièrement Cadoudal.

— Réfléchissez, crut devoir ajouter Thuriot, au sort qui vous attend.

— Si vous fussiez tombé entre mes mains, votre procès eût été bientôt fait; agissez de même envers moi.

Et comme des témoins prétendaient qu'un portrait de Louis XVI aurait été vu entre les mains de Georges :

— Qu'avez-vous fait de ce portrait? demanda Thuriot.

— Et toi, citoyen *Tue-Roi*, qu'as-tu fait de l'original?

Cette façon de se disculper ne pouvait pas beaucoup servir la cause de l'accusé. Quant au citoyen Thuriot, il n'était pas content. Ce ne fut pas, d'ailleurs, le seul mot désagréable qui lui fut adressé pendant le cours des débats; le nom de *Tue-Roi* lui resta parmi les conjurés, et comme il reprochait à l'un d'eux, Coster de Saint-Victor, d'avoir employé ce sobriquet en parlant de lui :

— Tais-toi, régicide, lui répondit Coster; le sang de Louis XVI te sort par les yeux.

Ces aménités sont toujours désobligeantes à entendre quand on a l'honneur d'être juge au tribunal criminel, et il ne reste à celui qui les reçoit d'autre consolation que de sévir contre ceux qui se les permettent.

C'est ce que faisait le citoyen Thuriot, qui envoyait

au cachot les prisonniers coupables de ces brutales apostrophes.

Mais cela importait peu à des gens qui avaient fait à l'avance le sacrifice de leur vie, qui savaient que leurs jours étaient comptés et qu'ils n'avaient qu'à se préparer à mourir.

Georges et ses compagnons furent transférés au Temple.

Quant à ceux qui l'avaient suivi jusqu'à la place Saint-Étienne du Mont ou qu'il avait quittés chez la fruitière Lemoine, il ignorait ce qu'ils étaient devenus.

Nous allons l'apprendre au lecteur.

Au moment où Cadoudal, reconnu et poursuivi, sautait du cabriolet par la droite, Le Ridant en descendait par la gauche et tentait de s'enfuir par la rue des Quatre-Vents.

Mais ce fut alors qu'on put se rendre compte du soin que les inspecteurs de police avaient apporté dans la distribution d'agents dans toutes les rues du quartier.

Un faux décrotteur et un faux commissionnaire s'étaient trouvés à point pour arrêter Le Ridant dans sa course naissante, et ils l'avaient garrotté en un clin d'œil et remis aux mains d'agents spéciaux.

Burban et Joyaut avaient pu se réfugier dans la boutique du parfumeur Caron; mais celui-ci eut une telle frayeur qu'ils craignirent de se voir découverts. Ils revinrent se cacher rue Jean-Robert, chez leur ami Dubuisson, où ils devaient, quelques jours plus tard, être pris à leur tour.

Raoul Gaillard, Armand, son frère, et Deville, avaient

aussi cherché un refuge chez Dubuisson; mais ils n'y restèrent pas longtemps et parvinrent, déguisés en paysans des environs de Paris, à franchir la barrière de la Chapelle.

Ils se réfugièrent dans la forêt de Montmorency.

Mais le besoin de vivre les en fit sortir; ils se dirigèrent vers Méry, et ils allaient traverser l'Oise dans le bac, lorsqu'un gendarme leur demanda leurs papiers.

La situation était difficile.

Ils n'avaient aucun moyen de dépister les soupçons, aucun papier sur eux, ou, s'ils en avaient, ils ne pouvaient servir qu'à les compromettre.

Ils se consultèrent du regard, et prétendirent qu'ils habitaient les environs; mais leurs réponses vagues étaient bien plutôt de nature à éveiller les soupçons qu'à les éloigner.

Le gendarme vit de suite qu'il avait affaire à des gens qui n'étaient pas en règle, et il étendit la main pour les arrêter.

Mais trois hommes ne se laissent pas facilement appréhender au corps par un gendarme.

Ils commencèrent par s'enfuir.

Naturellement, le gendarme se mit à leur poursuite.

Et on put voir dans la campagne ces trois hommes détalant de toute la vitesse de leurs jambes, tandis que le gendarme, le sabre sous le bras gauche, la main droite au bonnet pour l'empêcher de tomber, faisait des efforts surhumains pour les attraper en courant.

Certes, si les fugitifs n'avaient eu qu'à se dérober

à l'atteinte du gendarme, ils n'eussent pas manqué de lui échapper : chacun sait que l'uniforme des représentants de la force publique n'est pas favorable à l'exercice de la course.

Mais, comme il arrive toujours en pareil cas, les paysans de Méry, voyant des gens courir et un gendarme à leur poursuite, se mirent de la partie; ils leur barrèrent le chemin, n'osant pas se jeter résolûment au-devant d'eux.

Ils se joignirent trois ou quatre, puis une demi-douzaine, poussant tous des cris de paon :

— Arrêtez-les, arrêtez-les !

Crier, c'est facile; mais empoigner des gens qui, se voyant perdus, se sentent animés d'une force toute nouvelle pour repousser quiconque vient sur eux, c'est dangereux.

Aussi, nous l'avons dit, les paysans se contentaient de faire mine de leur barrer le passage en se groupant.

Armand et Deville n'hésitèrent pas.

Ils se jetèrent tête baissée au milieu des villageois.

Deux ou trois tombèrent en hurlant.

Les autres se rangèrent vite et firent place.

Les deux hommes passèrent.

Mais Raoul Gaillard, qui se trouvait en arrière, fut moins heureux; furieux d'avoir été culbutés, les paysans s'étaient relevés en appelant à l'aide, et bientôt ce fut une douzaine de braillards qui proférèrent des cris de mort contre « le malfaiteur. »

Celui-ci comprit qu'il était perdu.

Il tira son pistolet et fit feu dans le tas.

Personne ne fut atteint. Le pistolet n'était chargé

qu'à poudre ; mais il espérait par ce moyen pouvoir aussi se frayer un passage, en profitant du tumulte causé par la détonation de l'arme.

Non-seulement il n'atteignit pas le but qu'il espérait, mais son coup de feu donna le droit au gendarme de se servir de sa carabine.

A son tour, il tira.

Raoul ne fut pas atteint.

Une seconde balle vint le blesser à la jambe.

Il prit alors un second pistolet dans sa poche.

Il n'eut pas le temps de l'armer.

Une troisième balle le toucha à la cuisse.

Il tressaillit et leva son arme.

Une quatrième balle lui brisa les côtes.

Il tomba, cette fois, comme une masse sur le sol.

Les paysans n'en avaient plus peur : ils se jetèrent sur lui pour l'achever. Le gendarme s'interposa.

— Cet homme m'appartient, dit-il ; que personne n'y touche.

Les paysans s'écartèrent.

Raoul n'était pas mort. Le gendarme s'approcha de lui, lui retira ses pistolets des mains, puis commanda aux gens qui se trouvaient là de former une civière pour transporter le blessé à l'hôpital.

Quelques jours plus tard, il mourait des suites de ses blessures.

Quant à Armand et Deville, ils essayèrent en vain de regagner la forêt de Montmorency : l'alarme était donnée ; traqués de tous côtés, ils furent arrêtés dans la même journée.

On pouvait facilement prévoir qu'avant huit jours il

ne resterait pas en liberté un seul des amis de Cadoudal.

Non-seulement on arrêtait ses amis; mais on arrêta même ceux qui n'avaient jamais eu aucune relation avec lui et qui ignoraient ses projets.

On arrêtait le duc d'Enghien et toute sa maison, ainsi qu'on va lè voir.

XIX

Les arrestations.

Le duc d'Enghien était bien décidé à suivre le conseil de sa femme, la princesse Charlotte.

Mais s'il cédait à ses prières, c'était bien plus par condescendance aux désirs de la jeune femme que par la crainte de voir ses appréhensions se justifier.

Dans son for intérieur, jamais le prince n'avait pu supposer, ne fût-ce qu'un instant, que Bonaparte oserait le faire enlever de vive force de son domicile.

Que le premier consul intriguât auprès de l'Électeur pour décider celui-ci à lui notifier un ordre de départ, passe encore !

Bonaparte était assez puissant pour obtenir d'un prince désireux de lui plaire cette concession.

Mais faire entrer violemment des troupes en armes sur un territoire étranger, ami, pour s'y saisir brutalement d'un membre de la maison royale de France, allons donc! est-ce que le duc d'Enghien pouvait s'arrêter à une semblable supposition?

Il n'aimait pas Bonaparte; il était, de par sa naissance, son ennemi naturel, soit; mais il ne cachait pas l'estime qu'il avait pour un tel ennemi, et si quelqu'un eût prétendu devant lui que Bonaparte était capable de commettre une action déloyale, nul doute qu'il l'eût défendu.

Aussi, tout en ayant promis à la princesse de quitter Ettenheim très-prochainement, il avait persisté à ne voir aucun danger à y demeurer quelques jours encore.

Ce n'était pas la politique et ses vives préoccupations qui le retenaient et lui faisaient retarder son départ.

C'était une partie de chasse qu'il avait dessein de faire; depuis quelques jours il s'y préparait, et cet homme, ce prince, que le premier consul considérait comme si dangereux pour son repos, ce farouche conspirateur qui ne rêvait que guerre civile ou appel aux armes, ne s'occupait que de savoir si ses chiens étaient en bon état, si son équipage de chasse était au complet, et il avait un tel désir de courir le bois, que dès quatre heures du matin il était sur pied.

Il y avait grand remue-ménage au Chantilly du Brisgau. On parlait haut, en discutant sur les probabilités de la rencontre d'un magnifique sanglier qu'il s'agissait de forcer.

Le prince était de joyeuse humeur, et il s'entretenait avec l'ancien aide de camp de son père, le chevalier de Septenville, ex-brigadier d'une compagnie d'ordonnance noble de cavalerie dans l'armée de Condé, et avec le colonel Grunstein, qui, exceptionnellement, avait couché à Chantilly, afin d'être plus tôt prêt pour la chasse.

Or, malgré tout le désir que celui-ci avait eu d'être le premier debout, il avait encore été devancé par le duc d'Enghien, qui s'amusait à le plaisanter à ce sujet.

— Colonel, lui disait-il, vous serez cause que le sanglier ne nous attendra pas.

— Mais, monseigneur, répondit le colonel, je ne pense pas être en retard.

— Il est cinq heures, colonel.

— Je viens de passer la revue de tout notre monde ; on n'attend plus que le signal du départ.

— C'est vous qui allez le donner. Je ne sais si je me trompe, mais je crois que la journée sera bonne.

— J'en suis sûr, moi, monseigneur. C'est plaisir que de chasser avec Votre Altesse, et je ne l'ai jamais vue mieux équipée.

— N'est-ce pas? Que dites-vous de ce costume?

— Parfait, monseigneur. Avec cela, on ne craint pas de pénétrer au besoin dans les taillis.

Il est vrai que le jeune duc d'Enghien, vêtu d'un costume de chasseur tyrolien, à longues guêtres de peau de chamois bouclées sur le genou, avait le meilleur air du monde. Il était coiffé d'une élégante casquette à double galon d'or, de laquelle s'échappaient ses cheveux blonds, qu'il portait sans poudre, et qui, coupés ras sur le haut de la tête, retombaient en boucles sur les côtés.

Bien pris dans ce costume qui le serrait à la taille,

mince, élancé, il réalisait admirablement le type du gentilhomme, et son visage aristocratique rappelait la physionomie des Condé, tant par son expression audacieuse que par la courbure traditionnelle du nez qu'on remarquait chez tous ceux de sa race.

On échangea encore quelques mots, puis le prince prit la parole.

— Allons, messieurs, dit-il, partons.

Au moment où il prononçait ces paroles, son domestique Féron entra dans la salle où les chasseurs étaient réunis.

— Monseigneur! s'écria-t-il, l'air tout effaré.

— Eh bien! qu'y a-t-il?

— Le château est cerné.

— Que signifie?...

— Oui, monseigneur, il y a en bas un officier français qui nous somme d'ouvrir la grande porte, et il menace de la faire enfoncer si on n'obéit pas.

Et comme il parlait, on entendait le bruit des crosses de fusil frappées sur les dalles.

Le duc d'Enghien comprit en un instant l'imminence du péril.

— Il faut nous défendre, s'écria-t-il.

Et il courut à la fenêtre, armé de son fusil de chasse qu'il venait de saisir.

Canone avait suivi son exemple et apportait un second fusil.

Le colonel Grunstein s'était immédiatement placé à côté du prince.

Celui-ci arma son fusil et coucha en joue l'officier qui faisait la sommation d'ouvrir les portes.

Mais, du geste, le colonel releva vivement le fusil.

— Monseigneur, lui dit-il, vous êtes-vous compromis ?

— Non, répondit le prince.

— Eh bien, alors, toute résistance est inutile.

De son côté, Schmidt prit la parole ; il paraissait anéanti.

— Monseigneur, dit-il, la maison est cernée par une troupe nombreuse. Ce sont des Français ! Ah ! ne tirez pas ; ou plutôt tirez sur moi qui ne suis qu'un sot, car je viens de reconnaître parmi ces gens, un des colporteurs qui sont venus hier visiter la maison ! Ah ! triple maladroit !

— Consolez-vous, mon bon Schmidt, reprit affectueusement le duc d'Enghien ; mais si nous ne pouvons résister à ce déploiement de force armée, la retraite est peut-être facile.

— Il est trop tard, monseigneur ; c'est impossible.

— Eh bien, alors, il n'y a plus qu'un moyen à tenter.

— Lequel, monseigneur ?

— Grunstein, les gens qui vont monter ici n'en veulent qu'à moi et ne me connaissent point ; lorsqu'ils demanderont le duc d'Enghien, vous vous présenterez.

— Oui, monseigneur.

— Vous vous laisserez arrêter ; il ne peut rien en résulter de fâcheux pour vous ; d'ailleurs, vous êtes sujet allemand ; votre gouvernement vous réclamera, et cette feinte me donnera le temps de...

Il n'acheva pas : la porte céda sous les coups des assiégeants.

Les soldats entrèrent le pistolet au poing.

Le chef d'escadron Charlot s'avança.

— Qui de vous est le duc d'Enghien? demanda-t-il.

Personne ne répondit.

Le prince jeta un coup d'œil significatif au baron de Grunstein; mais celui-ci, vaincu par l'émotion, ne put articuler une parole.

L'officier répéta sa question.

— Si vous venez, dit le prince plus maître de lui qu'aucun des assistants, pour arrêter le duc d'Enghien, vous devez avoir son signalement.

— Si je l'avais, je ne me donnerais pas la peine de vous interroger, répondit brusquement Charlot.

Ces quelques mots avaient suffi pour rendre au baron un peu de sa présence d'esprit.

— C'est moi qui suis le duc d'Enghien, dit-il enfin.

Et l'officier se dirigeait vers sa personne, lorsque soudain un nouveau personnage fendit la foule qui encombrait les abords de la chambre.

— Je ne souffrirai pas, s'écria-t-il, qu'on inquiète davantage mes bons et fidèles serviteurs. Vous cherchez le duc d'Enghien : c'est moi!

C'était le chevalier Jacques, secrétaire du prince, qui, n'écoutant que son dévoûment, essayait de sauver son maître; malheureusement, il n'était plus temps.

Le chef d'escadron, mécontent d'être joué, se fâcha:

— Deux ducs d'Enghien! Oh! oh! il paraît qu'on veut se moquer de moi ici; au nom de la loi, je vous arrête tous. Soldats, emparez-vous de ces hommes, et marchons.

Il n'y avait plus qu'à obéir.

Cependant, Jacques se glissa près du prince.

— Un espoir de salut nous reste, lui dit-il : j'ai envoyé quelqu'un à l'église, pour sonner le tocsin.

Au même instant, des cris : Au feu ! se firent entendre.

Charlot prêta l'oreille.

Mais il n'était pas homme à s'inquiéter pour si peu ; il plaça ses prisonniers sous la garde de ses gendarmes et descendit dans la rue.

Il aperçut un homme en costume de maréchal-ferrant, qui semblait être le promoteur du cri d'alarme et se dirigeait en toute hâte vers l'église.

Il devina son intention et le fit immédiatement arrêter.

Puis, suivi d'une partie du détachement qu'il avait amené avec lui, il se porta vers la maison qui lui était désignée comme servant de domicile au général Dumouriez.

Sur son passage, quelques habitants de la ville manifestaient hautement leur surprise à la vue des uniformes français, et l'arrestation du duc d'Enghien, si universellement aimé, causait la plus fâcheuse impression.

Déjà les murmures commençaient à gronder.

Le chef d'escadron jugea qu'il était temps d'expliquer sa conduite insolite à Ettenheim.

Le grand veneur de l'Électeur de Bade, attiré par le bruit, s'était rendu sur la place de l'église.

Charlot alla à lui :

— Monseigneur, lui dit-il, ne soyez point surpris de

tout ceci ; nous agissons de concert avec Son Altesse l'Électeur : tout est convenu avec lui.

Devant cette assurance, le grand veneur ne souffla mot, si ce n'est pour engager les habitants à se retirer chacun chez soi et à laisser la justice française faire son devoir.

Le chef d'escadron, arrivé à la maison qu'il cherchait, fit les mêmes sommations que chez le duc d'Enghien pour se faire ouvrir les portes, et il n'eut pas besoin de les faire enfoncer.

Il entra sans aucune difficulté, suivi du maréchal-des-logis Lamothe et de quelques gendarmes du détachement.

Il se trouva en présence d'un gentilhomme, encore au lit, qui lui demanda fort poliment ce qu'il venait faire chez lui.

— C'est à moi d'interroger, non à vous, dit le chef d'escadron.

L'autre ne répliqua pas ; on ne discute pas avec un gendarme.

— Votre nom ?

— Le marquis de Thumery.

— Vous habitez ici ?

— Oui, commandant.

— Mais le général Dumouriez, où est-il ?

— Je n'ai pas l'avantage de le connaître personnellement.

— Il ne demeure donc pas ici ?

— Qui ?

— Le général Dumouriez, vous dis-je.

— Je crois, commandant, que nous ne nous entendons pas du tout. A quel propos venez-vous me parler du général Dumouriez? Vous me demandez qui je suis; je vous réponds : Je suis le marquis de Thumery.

— Alors vous n'êtes pas le général Dumouriez?

— Je ne le pense pas, commandant.

Charlot vit qu'il avait fait fausse route; il se tourna vers ses hommes :

— Maréchal-des-logis Lamothe?

— Commandant?

— Comment se fait-il que dans votre rapport vous ayez indiqué le citoyen ci-devant marquis de Thumery pour le général Dumouriez?

— Commandant, faites excuse; c'est l'accent.

— Comment! l'accent?

— Oui. Lorsque j'ai demandé aux gens du pays s'ils connaissaient le citoyen Dumouriez, ils m'ont tous répondu avec leur chien d'accent : « Tumery, oui, che le gonnais, » et ils m'ont dit qu'il habitait ici.

Pendant cette explication, le marquis avait peine à garder son sérieux.

— Maréchal-des-logis, c'est une erreur grave que vous avez commise.

— C'est vrai, mon commandant.

— Que voulez-vous que je fasse maintenant du citoyen marquis?

— Dame, mon commandant, il n'y a qu'à l'arrêter.

— Maréchal-des-logis, vous avez raison.

Puis se tournant vers le marquis stupéfait :

— Au nom de la loi, je vous arrête.

XX

Sur la charrette.

Justement fiers d'avoir si intelligemment fait payer au marquis de Thumery le grave tort d'avoir été pris pour un autre, nos dignes gendarmes revinrent vers la maison du duc d'Enghien; mais, en route, ils songèrent qu'ils n'avaient pas d'ecclésiastiques parmi les prisonniers.

Ce fut Lamothe qui le fit observer à son chef.

Ce garçon tenait à réparer la bévue qu'il avait commise en confondant le marquis de Thumery avec le général Dumouriez.

— Maréchal-des-logis, vous avez raison, répondit encore le chef d'escadron ; il ne peut y avoir de conspiration contre le gouvernement sans que les prêtres y soient mêlés, et je crois qu'en cherchant bien, nous devons trouver ici des ecclésiastiques réfugiés. D'ailleurs, les ordres du citoyen préfet sont formels : ils m'enjoignent de ramasser tous les brigands qui conspirent, et les émigrés conspirent tous.

— Sans cela, ce ne seraient plus des émigrés, fit observer Lamothe.

— Donc, notre devoir est d'en arrêter le plus que nous pourrons.

— Je le crois ! Il y a d'abord le prince de Rohan,

la princesse qui est, assure-t-on, mariée au duc d'Enghien; il me semble que...

Le chef d'escadron demeura un moment pensif.

Certes, c'était là une capture qui pouvait tenter un officier supérieur de gendarmerie.

Mais des personnages de cette importance, arrêtés sans mandat spécial, cela pouvait avoir de graves conséquences, et il se décida, tout en poussant un soupir de regret, à respecter le prince et sa fille.

— Mais, j'y songe! fit soudain Lamothe, l'ancien promoteur de l'évêché de Strasbourg, l'abbé Wemborn demeure aussi ici avec son secrétaïre, l'abbé Michel; ils conspirent, c'est sûr.

— Maréchal-des-logis, je demanderai pour vous le brevet de lieutenant; vous êtes un garçon intelligent.

Et ils se dirigèrent vers la demeure de l'abbé Wemborn, qu'ils appréhendèrent au corps, ainsi que son secrétaire.

Chaque prisonnier était escorté de deux gendarmes.

On les réunit tous devant la maison du duc d'Enghien.

Quant à lui, il ne désirait plus qu'une chose: partir au plus vite pour la destination qu'on lui ménageait, afin de savoir ce qu'on exigeait de lui et pour quel motif on l'arrêtait.

Mais il y avait, avant le départ, quelques précautions à prendre, telles que l'enlèvement de toutes les clefs des meubles et des portes, la saisie et la mise sous scellés de tous les papiers du duc. Le général Ordener reçut du commandant Charlot un gros portefeuille rouge qui contenait une lettre de change de 2,000 ducats, une autre de 7,150 florins d'empire, une autre de 100 louis, une autre de 3,850 florins, une autre de 500 louis, et enfin une dernière de 300 louis.

A ces lettres de change étaient joints plusieurs billets à ordre de moindre valeur et qui provenaient des émigrés.

Les princes de la maison de France ne vivaient dans l'exil que des pensions qu'ils recevaient de l'Angleterre, et cependant des prêtres, des généraux, des évêques, des veuves d'officiers et soldats tués sur les champs de bataille, de pauvres émigrés sollicitaient sans cesse leur générosité, et le duc d'Enghien, pour ne pas humilier les gens qui faisaient appel à sa bourse, au lieu de leur *donner,* leur *prêtait* contre un billet. Touchante délicatesse!

Ce ne fut qu'après ces divers soins accomplis qu'on se disposa à se mettre en route. La princesse Charlotte avait été la première avertie de ce qui se passait. Une femme de service avait pris sur elle de la réveiller et de lui apprendre la fatale nouvelle.

— Voilà donc ce que je craignais, dit-elle.

Et des larmes jaillirent de ses yeux.

Mais c'était une femme forte dans l'adversité.

Elle essuya ses larmes, et, se jetant à genoux devant un magnifique crucifix d'ivoire qui ornait sa chambre à coucher, elle fit une courte prière.

Quand elle se releva, son visage respirait la confiance et le calme.

— Je veux le voir, dit-elle; je veux, puisque je n'ai

pas su réussir à lui faire quitter cette ville, le suivre dans son exil.

Mais on lui fit observer que la maison était cernée et que les ordres les plus sévères ne permettaient pas que personne pût approcher du duc d'Enghien.

— Mais cet ordre ne peut me concerner : je suis...

Elle n'acheva pas ; elle avait voulu que son union fût secrète, et pour rien au monde elle n'eût consenti à faire connaître à personne les liens sacrés qui l'unissaient au malheureux duc d'Enghien.

On essaya de lui faire entendre que non-seulement les gendarmes français avaient pour mission d'arrêter le duc d'Enghien, mais qu'ils étaient encore chargés de l'arrestation des divers émigrés français ; qu'en se montrant, elle courait le risque de perdre sa liberté dont elle allait, sans doute, avoir grand besoin pour agir auprès des différents souverains de l'Europe ; que, d'un autre côté, il suffirait qu'elle se montrât pour amener l'arrestation de son père.

Bref, on voulait qu'elle demeurât cachée chez elle. Ce fut en vain ; elle s'était habillée à la hâte, et, sortant de sa chambre, elle descendit l'escalier.

Mais arrivée à la porte extérieure, elle la trouva gardée par des soldats.

— On ne passe pas ! dirent ceux-ci.

La princesse les supplia ; prières, larmes, instances, tout fut inutile, et un des soldats, la repoussant brutalement dans le château, la menaça d'employer la force si elle s'obstinait à violer la consigne.

La mort dans l'âme, la pauvre femme dut remonter dans son appartement, et ce fut en soulevant le coin d'un rideau de fenêtre que la malheureuse princesse put voir passer son époux marchant avec ses compagnons d'infortune entre deux files de soldats, comme eût pu le faire une bande de voleurs.

Un spectacle touchant avait signalé le départ.

Le duc d'Enghien avait un chien qu'il affectionnait; c'était une belle et bonne bête qui répondait au nom de Mohiloff.

Quand le chien vit son maître partir, il le suivit.

Les soldats voulurent s'y opposer et lui donnèrent quelques coups de crosse qui arrachèrent des cris de douleur à l'animal, mais ne parvinrent pas à l'éloigner.

Il revenait sans cesse se placer derrière son maître.

Dix fois on le chassa.

Dix fois il revint, la queue basse, escorter celui qui s'en allait à la mort.

De guerre lasse, on le laissa tranquille, et il s'attacha aux pas de son maître pour ne plus le quitter.

Les habitants d'Ettenheim, mornes et consternés, regardaient passer ce sombre cortége de prisonniers défilant trois par trois sous l'escorte de la gendarmerie, et de grosses larmes roulaient dans leurs yeux.

Plus d'un se rappelait les traits de bonté et de générosité de ces Français proscrits, et nul ne pouvait croire qu'aucun d'eux fût coupable de quoi que ce soit qui méritât l'indigne traitement qu'ils subissaient.

Bientôt la petite troupe eut disparu aux regards.

Lorsqu'à cette époque, on quittait Ettenheim pour gagner Aldorf, on voyait presque au sortir des portes de la ville un moulin à eau qu'on désignait sous le nom de la Tuilerie.

Ce fut là que les prisonniers furent déposés sous la garde d'une forte escouade de gendarmes, en attendant l'arrivée du bourgmestre d'Ettenheim, que le commandant Charlot avait fait prévenir.

Le duc d'Enghien, tout entier à l'amertume de ses réflexions, semblait à peu près indifférent à ce qui se passait autour de lui.

Mais le plus dévoué des gens de sa maison, son secrétaire, le chevalier Jacques, ne songeait qu'au moyen de le faire s'échapper.

Un moment il crut l'avoir trouvé.

Une des portes de la pièce où il était gardé donnait sur un pont volant, à l'aide duquel on traversait le cours d'eau qui faisait marcher le moulin.

Le chevalier Jacques, qui était venu plusieurs fois au moulin, connaissait cette particularité; il savait que le pont se composait d'une large planche qu'il était facile de repousser dans l'eau dès qu'on l'aurait traversée. Il s'approcha vivement du prince et lui en donna l'avis.

— Monseigneur, lui dit-il à voix basse, vous pouvez peut-être encore vous sauver.

— Comment cela?

— Ouvrez cette porte; franchissez la planche que vous trouverez derrière; poussez-la ensuite dans le cours d'eau, et gagnez la campagne. Moi je me charge de barrer le passage à ceux qui voudront vous poursuivre.

— Mais...

— Pas un instant à perdre ; allez vite, monseigneur.

Le prince obéit et se dirigea vers la porte.

Mais un enfant, effrayé à la vue des soldats, s'était enfui par cette même porte et en avait tiré le verrou derrière lui.

Le mouvement fait par le prisonnier n'avait pas échappé aux soldats de guet ; le passage fut immédiatement gardé par deux sentinelles.

L'occasion était perdue !

On annonça l'arrivée du bourgmestre.

On avait fait venir ce magistrat, en lui disant que le duc d'Enghien désirait lui parler.

Il entra donc dans la salle basse où se trouvaient les prisonniers, et, s'approchant du duc, il lui dit :

— Je me rends à l'invitation de Votre Altesse. Que voulez-vous de moi, monseigneur ?

La ruse avait eu son plein succès : le bourgmestre avait fait officiellement connaître celui qui était bien le duc d'Enghien.

C'était là tout ce qu'on avait voulu savoir.

Car à peine le bourgmestre se fut-il retiré que le commandant Charlot annonça aux domestiques du duc qu'ils étaient libres et qu'ils pouvaient s'en retourner à Ettenheim ; mais les braves serviteurs refusèrent la liberté qu'on leur offrait, et tous trois, Canone, Féron et Poulain, déclarèrent qu'ils entendaient ne pas vouloir se séparer de leur maître.

Cet incident terminé, l'ordre du départ fut donné, et on se mit en marche en toute hâte vers le Rhin.

Le duc d'Enghien fut placé sur une charrette avec ses compagnons d'infortune, le baron de Grunstein et le lieutenant Schmidt, et l'ignominieux attelage chemina, toujours entre deux files de soldats et suivi par le chien Mohiloff.

Plusieurs de ces braves militaires, en apprenant le nom du duc d'Enghien, s'indignaient d'être obligés de concourir à une semblable expédition.

Le chevalier Jacques, qui marchait derrière la charrette, remarquait qu'un des maréchaux-de-logis de gendarmerie, se tenant à la gauche, ne quittait pas le prince des yeux et semblait chercher à attirer son attention.

Il crut d'abord qu'il se contentait de veiller attentivement sur son prisonnier; mais deux fois il le vit se pencher vers lui comme pour lui adresser la parole.

Évidemment, cet homme n'était pas un ennemi.

Et à son tour il l'observa avec ténacité.

On arriva à une montée difficile; une des roues de la charrette se trouvait dans une ornière; le chevalier Jacques vit le maréchal-des-logis se pencher, mettre la main sur la ridelle, comme pour aider la charrette à marcher, et parler au duc d'Enghien.

— Monseigneur, lui dit-il, dans le bateau, mettez-vous au milieu des soldats, et, si vous savez nager, jetez-vous dans le Rhin; personne ne tirera.

C'était Richard, l'ancien piqueur du prince de Rohan, le même qui, déjà, avait envoyé un billet à la princesse Charlotte, pour la prévenir du danger que courait le prince.

Le noble prisonnier fit un mouvement.

Cette aide inespérée, ce secours providentiel qui lui arrivait, lui rendit tout à coup courage.

Il regarda le chevalier Jacques d'une certaine façon, et celui-ci comprit qu'il se passait quelque chose de nouveau.

Mais quoi?

Il fallait à tout prix qu'il le sût.

Enfin la charrette s'arrêta; on était arrivé au lieu d'embarquement. Les prisonniers descendirent de la charrette, et ce fut pendant le moment de halte qui suivit que le prince put confier au chevalier Jacques le conseil qu'il avait reçu du maréchal-des-logis.

— Faites cela, monseigneur, et que Dieu vous protége.

Il ne s'agissait plus pour le duc d'Enghien que de saisir le moment favorable de se jeter dans le Rhin; mais, soit que le commandant Charlot eût des doutes, soit pur effet du hasard, le prince ne put se trouver un seul instant libre de ses mouvements; il fut placé dans le bac où se trouvait le général Ordener et entouré de tous côtés.

Jusque-là, l'espoir de se sauver l'avait soutenu; mais lorsqu'il vit qu'il n'y fallait plus songer, le cœur de l'infortuné jeune homme se serra, et il eut comme un pressentiment de son sort.

Cependant, il voulut vaincre cette mauvaise disposition d'esprit, et, pour y parvenir, il s'adressa tout net au général Ordener :

— Général, lui dit-il, me sera-t-il permis enfin de savoir de quel crime je suis accusé et en vertu de quel ordre je suis votre prisonnier?

— Je regrette de ne pouvoir vous répondre, répliqua le général.

— Je comprends mieux que personne, général, l'obéissance militaire; mais vous ne pouvez ignorer qu'une arrestation n'est pas le fait d'un homme de guerre.

Ordener garda le silence.

— Nous nous sommes déjà trouvés face à face, général, mais alors c'était le sabre en main; vous étiez alors, si je ne me trompe, colonel au 10e chasseurs.

— Cela est vrai.

— Et je pensais bien que cette rencontre ne serait pas la dernière, mais je la rêvais sur le champ de bataille.

Le général se sentait mal à l'aise; cette conversation lui était particulièrement désagréable; il ne répondit pas.

Le duc d'Enghien n'insista pas; il comprit tout ce que la mission du général avait d'anormal et combien il devait se trouver embarrassé; il le laissa passablement confusionné et lui tourna le dos.

C'était ce qu'il avait de mieux à faire.

Le Rhin était traversé.

On mit pied à terre.

Le duc d'Enghien était sur le sol français.

XXI

La première station du Calvaire.

Arrivés à Rheinau, les prisonniers ne trouvèrent pas de voiture disposée pour les transporter à Strasbourg.

Il fallut de nouveau s'arrêter.

Le général Ordener était attendu à Strasbourg; il chargea le commandant Charlot de la garde des prisonniers et partit pour aller rendre compte au préfet du résultat de sa mission et envoyer un courrier à Paris.

Quant au duc d'Enghien, il fut obligé de faire route à pied jusqu'à la petite ville de Pforheim, où il déjeuna.

Là, on put se procurer une mauvaise voiture dans laquelle il monta avec le chef d'escadron Charlot et le maréchal-des-logis Pfersdorff; les autres prisonniers furent empilés dans une charrette réquisitionnée à cet effet.

Ce fut ainsi que les victimes du despotisme consulaire firent leur entrée dans la ville de Strasbourg, à cinq heures de l'après-midi.

Depuis douze heures, ils étaient entre les mains des gendarmes.

Malgré la recommandation qui avait été faite de tout préparer à la citadelle pour recevoir les hôtes que la police française lui annonçait, la prison n'était pas encore prête, et le duc d'Enghien dut accepter une chambre dans la maison du commandant Charlot, qui se conduisit avec beaucoup d'humanité et commença à témoigner à son prisonnier quelques marques de politesse et de respect.

La princesse Charlotte n'avait pas perdu de temps. On avait bien pu l'empêcher de voir le duc d'Enghien alors qu'il était encore à Ettenheim; mais dès que les soldats eurent évacué la ville, la princesse se mit en devoir de partir à son tour pour Strasbourg, munie d'un passeport régulier. Elle n'ignorait pas qu'elle jouait sa liberté; mais son affection et son dévoûment l'emportaient sur toute espèce de crainte.

Une seule considération eût pu l'empêcher d'accomplir ce qu'elle considérait comme un devoir sacré : l'abandon dans lequel allait se trouver son père.

Mais le prince de Rohan fut le premier à affermir sa fille dans sa résolution.

— Henri est prisonnier, il souffre, il est en danger; c'est à vous, Charlotte, qu'il appartient d'essayer de le sauver, ou tout au moins de le consoler.

— Mais vous, cher père?

— Moi, je vais prier Dieu pour lui et pour vous.

— Et, dit la jeune princesse en prenant les mains de son père dans les siennes, si je ne revenais pas?

— Si vous ne reveniez pas, je demanderais à Dieu qu'il me donnât le courage de supporter cette nouvelle épreuve.

La princesse embrassa son père et partit.

Elle arriva à Strasbourg presque en même temps que

le duc d'Enghien, et elle alla se loger à l'hôtel de la *Cigogne,* en attendant qu'elle pût solliciter du préfet la faveur de voir le prisonnier.

Celui-ci était bien triste, et toutes ses pensées se reportaient à elle; il la voyait le visage baigné de larmes, plongée dans la douleur, et il souffrait cruellement d'avoir été si brusquement séparé d'elle, qu'il n'avait pas même pu lui dire adieu.

Il songeait à tout cela, dans la chambre où il se trouvait enfin seul pour la première fois de la journée; le commandant Charlot, qui, pendant toute la durée du trajet, n'avait cessé de causer avec lui, dans l'espérance d'en avoir quelques enseignements dont il pût tirer parti, l'avait prévenu qu'il lui laissait la disposition de la pièce dans laquelle il était, et l'avait quitté pour aller à la hâte rédiger le rapport destiné au général Moncey.

Bien que ce rapport contienne quelques détails que le lecteur sait déjà, nous croyons devoir le reproduire, ne fût-ce que pour faire connaître le fond de la conversation que Charlot prétendait avoir eue avec son prisonnier.

RAPPORT *de Charlot, chef du 38e escadron de gendarmerie nationale, au citoyen Moncey, premier inspecteur général de la gendarmerie, du 24 ventôse an XII (15 mars 1804).*

« Mon général,

« Il y a deux heures que je suis rentré dans cette ville de l'expédition sur Ettenheim (électorat de Baden), où j'ai enlevé, sous les ordres des généraux Ordener et Fririon, avec un détachement de gendarmerie et une partie du 22e de dragons, les personnages dont les noms suivent :

« 1° Louis-Antoine-Henri de Bourbon, duc d'Enghien ;

« 2° Le général marquis de Thumery ;

« 3° Le colonel baron de Grunstein ;

« 4° Le lieutenant Schmidt ;

« 5° L'abbé Wemborn, ancien promoteur de l'évêché de Strasbourg ;

« 6° L'abbé Michel, secrétaire de l'évêché de Strasbourg (outre-Rhin) et secrétaire de l'abbé Wemborn ;

« 7° Un nommé Jacques, secrétaire du duc d'Enghien ;

« 8° Ferrond (Simon), valet de chambre du duc ;

« 9° Poulain (Pierre), domestique du duc ;

« 10° Joseph Canone, domestique du duc.

« Le général Dumouriez, qu'on disait être logé avec le colonel Grunstein, n'est autre chose que le marquis de Thumery, désigné ci-dessus, et qui occupait une chambre au rez-de-chaussée dans la même maison qu'occupait le colonel Grunstein, que j'ai arrêté chez le duc, où il avait couché. Si j'ai aujourd'hui l'honneur de vous écrire, c'est à ce dernier que je le dois. Le duc, ayant été prévenu qu'on cernait son logement, sauta sur un fusil à deux coups et me coucha en joue au moment où je sommais plusieurs personnes qui étaient aux fenêtres du duc de me faire ouvrir ou que j'allais de vive force enlever le duc ; le colonel l'empêcha de faire feu en lui disant :

« — Monseigneur, vous êtes-vous compromis?

« Ce dernier lui ayant répondu négativement :

« — Eh bien, lui dit Grunstein, toute résistance devient inutile; nous sommes cernés, et j'aperçois beaucoup de baïonnettes; il paraît que c'est le commandant. Songez qu'en le tuant, vous vous perdriez et nous aussi.

« Je me rappelle bien avoir entendu dire :

« — C'est le commandant.

« Mais j'étais loin de penser que j'étais sur le point de finir, ainsi que le duc me l'a déclaré et me le répéta encore.

« Au moment de l'arrestation du duc, j'entends crier: Au feu! (médiocre allemand).

« Je me porte sur-le-champ à la maison où je devais enlever Dumouriez; et, chemin faisant, j'entends crier sur divers points : « Au feu! » J'empêche un individu de se porter vers l'église, probablement pour y sonner le tocsin, et je rassure en même temps les habitants du lieu qui sortaient de leurs maisons tout effarés, en leur disant :

« — C'est convenu avec votre souverain.

« Assurance que j'avais déjà donnée à son grand veneur, qui, aux premiers cris, s'était porté vers le logement du duc. Arrivé à la maison où je devais enlever Dumouriez, j'ai arrêté le marquis de Thumery. Je l'ai trouvé dans un calme qui m'a rassuré et investi tel que je l'avais laissé avant de me transporter chez le duc.

« Les autres arrestations ont été opérées sans bruit, et j'ai pris des renseignements pour savoir si Dumouriez avait paru à Ettenheim; on m'a assuré que non, et je présume qu'on ne l'y a supposé qu'en confondant son nom avec celui du général Thumery.

« Demain, je m'occuperai des papiers que j'ai enlevés, à la hâte, chez les prisonniers, et j'aurai ensuite l'honneur de vous en faire mon rapport. Je ne puis trop donner d'éloges à la conduite ferme et distinguée du maréchal-des-logis Pfersdorff dans cette circonstance; c'est lui que j'ai envoyé la veille à Ettenheim et qui m'a désigné le logement de nos prisonniers; c'est lui qui a placé en ma présence toutes les vedettes aux issues des maisons qu'ils occupaient, et qu'il avait reconnues la veille. Au moment où je sommais le duc de se rendre mon prisonnier, le maréchal-des-logis, à la tête de quelques gendarmes et dragons du 22e régiment, pénétrait dans la maison par le derrière, en franchissant les murs de la cour : ce sont eux qui ont été aperçus par le colonel Grunstein, ce qui a déterminé ce dernier à empêcher le duc de faire feu sur moi. Je vous demande, mon général, le brevet de lieutenant pour le maréchal-des-logis, à l'emploi duquel il a été proposé à la dernière revue de l'inspecteur général. Il est sous tous les rapports susceptible d'être porté à ce grade. Les généraux vous parleront de ce sous-officier, et ce qu'ils vous diront sur son compte me fait espérer que vous prendrez, mon général, en sérieuse considération la demande que je vous fais en sa faveur. J'ai à ajouter que ce sous-officier m'a rendu compte qu'il avait été particulièrement secondé par le gendarme Henne, brigade de Bar. Pfersdorff parlant plusieurs langues, je souhaiterais que son avancement ne l'enlevât point à l'escadron.

« Le duc d'Enghien m'a assuré que Dumouriez n'était point venu à Ettenheim ; qu'il serait cependant possible qu'il eût été chargé de lui apporter des instructions de l'Angleterre, mais qu'il ne l'aurait pas reçu, parce qu'il était au-dessous de son rang d'avoir affaire à de pareilles gens ; qu'il estimait Bonaparte comme un grand homme, mais qu'étant prince de la famille Bourbon, il lui avait voué une haine implacable, ainsi qu'aux Français, auxquels il ferait la guerre dans toutes les occasions.

« Il craint extrêmement d'être conduit à Paris, et je crois que, pour l'y conduire, il faudra établir sur lui une grande surveillance.

« Il s'attend que le premier consul le fera enfermer, et dit qu'il se repent de n'avoir pas tiré sur moi, ce qui aurait décidé de son sort par les armes.

« Le chef du 58e escadron de gendarmerie nationale,

« CHARLOT. »

De son côté, le général Ordener prenait aussi la plume et envoyait au premier consul, par un courrier spécial, le procès-verbal de son expédition.

Le général Caulaincourt, lui, usa du télégraphe pour faire connaître à Bonaparte l'heureux résultat de sa mission, en attendant qu'il envoyât au ministre de la guerre son rapport détaillé.

Il avait opéré son retour à Strasbourg à deux heures, et encore il avait pris le temps, pour s'entretenir la main, d'arrêter le maître de poste de Kehl et un certain Ledoux-Melleville, qui était accusé de favoriser la correspondance des émigrés d'Offenbourg avec Strasbourg.

Puis, pour obéir aux instructions qu'il avait reçues lors de son départ, il avait chargé le capitaine Berkheim, du 2e carabiniers, d'aller porter à Carlsruhe la lettre de M. de Talleyrand.

Tout marchait à souhait.

Aussitôt après que le commandant Charlot eut expédié son rapport, il retourna auprès de son prisonnier, qu'il trouva très-calme.

Bientôt un fiacre s'arrêta devant sa maison.

Le duc d'Enghien fut invité à vouloir bien y prendre place.

Depuis le matin il obéissait sans mot dire.

Il ne fit donc aucune difficulté pour monter dans la voiture.

Naturellement, le commandant Charlot s'assit à côté de lui; deux gendarmes à cheval se tinrent de chaque côté des portières.

Le cocher fouetta ses chevaux.

Quelques moments après, la voiture arrivait devant la citadelle; derrière elle venait un chien couvert de poussière; elle traversa le pont-levis et s'arrêta devant le corps de bâtiment affecté au logement du gouverneur.

Le duc d'Enghien était arrivé à la première station de son calvaire.

XXII

A la citadelle.

Ce fut le major Machim, commandant la place, qui reçut le duc d'Enghien, un homme de « formes très-honnêtes, » ainsi que le prince le reconnut, et, soit que le préfet eût négligé de l'instruire de la visite qu'il devait attendre, soit qu'il ait cru devoir ne rien dire à personne, avant que l'arrestation ne fût un fait accompli, rien n'était disposé à la citadelle pour loger le prisonnier.

Le major s'en excusa.

— Monseigneur, lui dit-il en abandonnant les formes du langage républicain pour celles de l'ancien régime, on ne m'a pas prévenu de l'arrivée de Votre Altesse, et je ne sais comment faire pour la loger convenablement.

— Ne vous inquiétez pas de cela, je vous prie, répondit le prince. Une prison peut-elle être autre chose qu'un lieu d'horreur?

— Il est présumable que Votre Altesse ne fera ici qu'un séjour passager, et c'est pour cela que j'eusse voulu le lui rendre le moins désagréable possible.

— Merci, commandant; je suis fort sensible à cette intention.

— Malheureusement, je manque de tout ici.

— Encore une fois, ne vous en préoccupez pas : la moindre chambre avec un lit pour me reposer.

— C'est que justement, dit l'honnête major avec embarras.... Je n'ai pas de lit.

— Comment! pas même un matelas?

— Permettez, monseigneur.... J'ai des matelas, et si Votre Altesse veut bien passer la nuit dans mon salon, je lui ferai préparer un lit à terre.

— Merci, commandant, j'accepte, mais vraiment je ne sache pas que jamais, en France, on ait arrêté les gens sans leur assurer au moins un lit pour se coucher... Mais mes compagnons, mes serviteurs, sont-ils ici? Où coucheront-ils?

— J'en demanderai pardon à Votre Altesse, mais je vais faire transformer mon salon en dortoir, et tous les prisonniers que j'attends s'en contenteront jusqu'à demain.

— C'est bien, monsieur; faites comme il vous plaira; je n'ai rien à dire, sinon que je suis très-fatigué.

— Je vais faire immédiatement préparer les lits, dit le major.

Et il allait se retirer; le prince le rappela :

— Monsieur, j'ai une prière à vous adresser.

— Parlez, monseigneur.

— Soyez assez bon pour faire donner une tasse d'eau à cet animal qui est exténué, et m'a accompagné depuis Ettenheim.

Et il montra son chien Mohiloff, qui s'était couché à ses pieds et soufflait, la langue pendante, tout en fixant sur son maître son regard intelligent.

Le major sortit; un moment après, le chien se

désaltérait avec avidité et semblait remercier son maître d'avoir songé à lui.

Quant au duc d'Enghien, il fut invité à se rendre dans le salon, où se trouvaient réunis une partie des prisonniers.

Le prince serra la main à quelques-uns d'entre eux et se jeta tout habillé sur le matelas qui lui avait été concédé.

Le baron de Grunstein se plaça auprès de lui.

Chacun s'arrangea comme il put pour trouver place sur un coin de matelas; tout le monde était fatigué et avait besoin de reposer son corps; mais personne n'avait envie de dormir, et de sombres pensées tenaient éveillés tous ces gens, ignorants du sort qui leur était réservé, et n'ayant en perspective que la prison et peut-être pis encore.

Ce qui inquiétait surtout le baron de Grunstein, c'était la saisie qu'on avait faite des papiers du prince; il craignait qu'ils ne continssent des pièces compromettantes, et il ne put résister au désir d'être éclairé sur ce point.

— Monseigneur, dit-il à voix basse, dormez-vous?

— Non.

— Que Votre Altesse me pardonne si je l'interroge, mais il est une chose qui me préoccupe fort.

— Laquelle?

— C'est de savoir si, parmi tous les papiers que les gendarmes ont saisis, il en est de compromettants pour Votre Altesse.

— Ils ne renferment que ce qu'on sait déjà, répondit le duc d'Enghien; ils montrent que je me suis battu depuis huit ans, et que je suis prêt à me battre encore.

— Cela est tout naturel, reprit le baron.

— Je ne pense pas qu'ils veuillent ma mort; mais ils me jetteront dans quelque forteresse en cas qu'un otage leur soit nécessaire. Ah! j'aurai de la peine à m'habituer à cette vie-là!

Et les deux hommes gardèrent le silence.

La nuit fut longue pour les prisonniers.

De tristes pensées ne cessaient guère de les assaillir, et quand, vaincus par la fatigue, leurs yeux cédaient au sommeil, ils se réveillaient en sursaut au bruit d'une crosse de carabine tombant lourdement sur le carreau.

Car les mesures de précaution contre toute tentative d'évasion ne manquaient pas.

Il y avait deux sentinelles dans la pièce où se trouvaient les prisonniers : une devant la fenêtre, l'autre devant la porte.

Et la salle à manger, convertie en corps-de-garde, était pleine de gendarmes.

Aux premières lueurs du jour, tout le monde était debout.

Le major vint s'informer auprès du prince de la façon dont il avait passé la nuit et renouvela ses excuses.

Puis ce furent les généraux Leval et Fririon qui vinrent constater qu'aucun des prisonniers ne manquait à l'appel, et donnèrent l'ordre de les transporter chacun dans la chambre qui leur avait été assignée.

Le duc d'Enghien fut placé dans un pavillon spécial.

Son premier soin fut, dès qu'il se trouva seul avec le major, de s'informer s'il lui serait permis d'écrire à la princesse Charlotte.

— Je ne saurais, lui répondit celui-ci, me charger de faire passer la lettre, mais je promets à Votre Altesse d'en référer au général Leval. Au reste, si la lettre ne contient que de simples nouvelles, je ne doute pas qu'on la fasse parvenir à destination ; que Votre Altesse l'écrive et me la remette, et je lui promets de faire tous mes efforts pour qu'elle soit envoyée.

— Merci, monsieur, je vous sais un gré infini de cette bienveillance ; mais je n'ai ni plume ni papier.

— Je vais vous faire donner ce qu'il vous faut.

Et le major alla chercher lui-même les objets nécessaires et les remit au duc, tout en essayant de le rassurer sur les suites de son arrestation.

Ce fut lui qui lui apprit qu'il était accusé de complicité dans le complot tramé par Cadoudal contre la vie du premier consul.

Le duc d'Enghien repoussa avec force cette imputation.

— De semblables projets sont entièrement contraires à ma manière de voir et de penser, dit-il, et je les répudie avec horreur.

Le major l'assura que si tel était son sentiment, il n'avait rien à redouter, et que probablement toute cette affaire se réduirait à quelques jours de détention.

Mais bientôt le major, comprenant que le prince ne cherchait nullement à recevoir des consolations banales ou des espérances en l'air, mais qu'il était désireux de rester seul, il le quitta, ce qui permit au prisonnier d'écrire aussitôt cette lettre à la princesse Charlotte :

« A la citadelle de Strasbourg, ce vendredi 16 mars 1804.

« On me promet que cette lettre vous sera fidèlement remise. Ce n'est qu'en ce moment que j'ai pu obtenir la faculté de vous rassurer sur mon sort. Je ne perds pas un instant pour le faire, vous priant de rassurer aussi tous ceux qui me sont attachés dans nos environs.

« Toute ma crainte est que cette lettre ne vous trouve plus à Ettenheim, et que vous ne soyez en marche pour venir ici ; le bonheur que j'aurais à vous voir n'égalerait pas, à beaucoup près, la crainte que j'aurais de vous faire partager mon sort. Conservez-moi votre amitié, votre intérêt ; il peut m'être fort utile, car vous pouvez intéresser à mon malheur des personnes de poids. J'ai déjà pensé que peut-être vous étiez partie. Vous avez su, par le bon baron d'Ischterlzheim, la manière dont j'ai été enlevé, et vous avez pu juger, à la quantité de monde que l'on avait employée, que toute résistance eût été inutile : on ne peut rien contre la force.

« J'ai été conduit par Rheinau et la route du Rhin.

« On me témoigne égards et politesse ; je puis dire qu'à la liberté près, car je ne puis sortir de ma chambre, je suis aussi bien que possible : tous ces messieurs ont couché avec moi, parce que je l'ai désiré ; nous occupons une partie de l'appartement du commandant, et l'on m'en fait préparer un autre dans lequel j'entrerai ce matin, et où je serai encore avec eux. On doit examiner les papiers que l'on m'a pris et qui ont été cachetés sur-le-champ avec mon cachet, ce matin, en ma présence. D'après ce que j'ai vu, on trouvera des lettres de mes parents, du roi et quelques copies des miennes. Tout cela, comme vous le savez, ne peut me compromettre en rien de plus que mon nom et ma façon de penser ne l'ont pu faire pendant le cours de la Révolution.

« Je crois que l'on enverra tout cela à Paris, et on m'a assuré que, d'après ce que je disais, on pensait que je serais libre sous peu de temps. Dieu le veuille ! On cherchait Dumouriez qui devait être dans nos environs. On croyait apparemment que nous avions eu des conférences ensemble, et apparemment il est impliqué dans la conjuration contre la vie du premier consul.

« Mon ignorance de tout cela me fait espérer que je pourrai obtenir ma liberté; mais cependant, ne nous flattons pas encore. Si quelques-uns de ces messieurs sont libres avant moi, j'aurai un bien grand bonheur à vous les renvoyer, en attendant le plus grand. L'attachement de mes gens me tire à chaque instant les larmes des yeux. Ils pouvaient s'échapper ; on ne les forçait point à me suivre ; ils l'ont voulu. J'ai Féron, Joseph et Poulain ; le bon Mylo ne m'a pas quitté d'un pas. Je n'ai encore vu ce matin que le commandant, homme qui me paraît honnête et charitable, en même temps que prêt à remplir ses devoirs. J'attends le colonel de la gendarmerie qui m'a arrêté, et qui doit ouvrir mes papiers devant moi.

« Je vous prie de faire veiller le baron à la conservation de mes effets; si je dois demeurer plus longtemps, j'en ferai venir plus que je n'en ai; j'espère que les hôtes de ces messieurs auront soin aussi de leurs effets.

« Le pauvre abbé Wemborn et Michel sont de notre conscription et ont fait route avec nous. Mes tendres hommages à votre père, je vous prie. Si j'obtiens un de ces jours d'envoyer un de mes gens, ce que je désire beaucoup et ce que je solliciterai, il vous fera tenir tous les détails de notre triste position. Il faut espérer et attendre. Vous, si vous êtes assez bonne pour me venir voir, ne venez qu'après avoir été, comme vous le devez, à Carlsruhe.

« Hélas! outre toutes vos affaires et les longueurs insupportables qu'elles entraînent, vous aurez à présent à parler aussi des miennes; l'Électeur y aura sans doute pris intérêt; mais pour cela, je vous en prie en grâce, ne négligez pas les vôtres.

« Adieu, princesse; vous connaissez depuis longtemps mon tendre et sincère attachement pour vous : libre ou prisonnier, il sera toujours le même.

« Avez-vous mandé notre désastre à Mme d'Ecquevilly?

« L.-A.-H. de Bourbon. »

Cette lettre achevée, le duc d'Enghien tira de la poche de son habit un petit cahier sur lequel il avait l'habitude de consigner chaque jour les principaux événements de la journée, et il écrivit ce qui suit :

« Le *jeudi 15,* à Ettenheim, ma maison cernée par un détachement de dragons et des piquets de gendarmerie, total de deux cents hommes environ, deux généraux, le colonel de dragons, le colonel Charlot de la gendarmerie de Strasbourg ; à cinq heures. A cinq heures et demie, les portes enfoncées ; emmené au moulin près la Tuilerie ; mes papiers enlevés, cachetés ; conduit dans une charrette entre deux haies de fusiliers jusqu'au Rhin.

« Embarqué pour Rheinau. Débarqué et marché à pied jusqu'à Pfosheim ; déjeuné dans l'auberge ; monté en voiture avec le colonel Charlot, le maréchal-des-logis de la gendarmerie, un gendarme sur le siége et Grunstein. Arrivé à Strasbourg chez le colonel Charlot vers cinq heures et demie, transféré une demi-heure après dans un fiacre à la citadelle.

« Mes compagnons d'infortune venus de Pfosheim à Strasbourg avec des chevaux de paysans, dans une charrette ; arrivés à la citadelle en même temps que moi. Descendus chez le commandant ; logés dans son salon pour la nuit, sur des matelas par terre. Des gendarmes à pied dans la pièce d'avant ; deux sentinelles dans la chambre ; une à la porte. Mal dormi. »

XXIII

Inquisition.

La lettre écrite par le duc d'Enghien à la princesse Charlotte parvint-elle à son adresse? Il est permis d'en douter.

Il serait toutefois, dans le cas de la négative, souverainement injuste d'en accuser le major Machim qui, fidèle à sa promesse, ne manqua pas de remettre cette lettre au général Leval, puisqu'on n'en entendit plus parler.

Quant à la malheureuse princesse, aussitôt son arrivée à Strasbourg, son premier soin fut de s'enquérir de la demeure des différents personnages qu'elle allait avoir à visiter, et déjà elle se disposait à se rendre à la préfecture, lorsqu'elle entendit frapper à la porte de sa chambre.

— Entrez, dit-elle.

Deux hommes étaient en face d'elle.

L'un en bourgeois, l'autre en uniforme d'officier de gendarmerie.

Cette double visite n'annonçait rien de bon.

— La citoyenne Charlotte de Rohan! demanda l'officier.

— C'est moi, monsieur, répondit-elle; que désirez-vous?

— Vous avez sur vous des papiers qui attestent votre identité?

— Les voici, monsieur.

Et la princesse, tirant de son corsage quelques papiers, les remit à l'officier, qui les déplia, les lut lentement et les passa ensuite à son compagnon.

— La citoyenne est bien la ci-devant princesse Charlotte, et elle a un passe-port qui lui permet de circuler d'Ettenheim à Strasbourg.

— C'est bien, répondit l'autre.

Puis s'adressant à son tour à la princesse :

— Veuillez vous asseoir, madame, fit-il en abandonnant la forme officielle du langage républicain, et répondre aux questions que je vais vous adresser.

— Au moins serait-il bon, monsieur, que je susse à qui je dois répondre.

— C'est juste. Je suis, madame, l'accusateur public, et mon devoir est de vous interroger.

Bien que, depuis la chute de Robespierre, les accusateurs publics eussent sensiblement perdu de leur horrible réputation de pourvoyeurs de guillotine, en entendant prononcer ces mots, la princesse ne put se défendre d'un mouvement de frayeur et tressaillit légèrement.

— Je suis à vos ordres, monsieur, dit-elle.

— Vous habitez ordinairement Ettenheim?

— Oui, monsieur.

— Vous êtes mariée secrètement au ci-devant duc d'Enghien?

— Permettez-moi de ne point répondre à cette question.

— Soit! Qu'êtes-vous venue faire à Strasbourg?

— Solliciter la faveur de voir M. le duc d'Enghien.

— Vous ne l'obtiendrez pas.

— J'essaierai, du moins.

— C'est inutile.

— Si je ne puis le voir, dit-elle en s'animant, dans une situation semblable, un être absolument dévoué, qu'aucune crainte ne peut arrêter, peut espérer n'être pas inutile.

— Je vous répète que vous ne pourrez voir le prisonnier et que des ordres formels sont donnés à cet égard.

— Laissez-moi tenter une démarche.

— Elle pourrait avoir un résultat tout opposé à celui que vous attendez.

— Quand elle devrait servir à me faire partager son sort!

— Encore une fois, croyez-moi; renoncez à ce dessein, ou vous me placeriez dans l'obligation de vous mettre dans l'impossibilité de le tenter.

La princesse comprit qu'elle n'obtiendrait rien. Elle s'était contenue jusqu'alors, mais des larmes s'échappèrent de ses yeux.

— Monsieur, au nom du ciel, dites-moi, de grâce, où est M. le duc d'Enghien.

— Il est emprisonné à la citadelle.

— Mais de quel crime est-il donc accusé?

— De complot contre la vie du premier consul.

— Mais c'est impossible!

— Madame, reprit l'accusateur public, vous pouvez retourner à Ettenheim, et je n'ai aucun ordre pour vous retenir à Strasbourg; mais, encore une fois, ne vous obstinez pas à y demeurer plus longtemps, et profitez au plus vite de la liberté qui vous est accordée de quitter la France aujourd'hui.

Et les deux hommes se retirèrent.

Devant la menace implicitement contenue dans les paroles de l'accusateur, la princesse n'avait pas à hésiter : la mort dans l'âme, elle reprit tristement le chemin d'Ettenheim.

Pendant ce temps, le prisonnier comptait les heures dans son réduit de la citadelle et s'ingéniait vainement, en rappelant ses souvenirs, à deviner sur quoi pouvait se baser l'accusation qui avait servi de prétexte à son arrestation.

On lui avait permis de se promener dans le petit jardinet qui est attenant au pavillon où on l'avait relégué, et, comme on lui avait laissé les communications libres avec le marquis de Thumery, le lieutenant Schmidt et le chevalier Jacques, son secrétaire, il causait avec eux et leur exprimait le regret qu'il éprouvait d'être séparé du baron de Grunstein à qui on avait donné une chambre isolée dans un autre corps de bâtiment, lorsqu'on lui annonça la visite de l'inévitable commandant Charlot, accompagné du commissaire de police, le citoyen Popp.

— Que veulent-ils encore? demanda le prince.

Mais on ne le lui dit point.

Ce n'était plus à lui qu'il appartenait d'interroger; son rôle se bornait désormais à répondre.

Les deux zélés fonctionnaires de Bonaparte venaient pour procéder à l'ouverture des papiers saisis chez le prince et à leur classement ; or le travail devait être fait en sa présence, et il fallait qu'il assistât muet et impassible à la lecture de sa correspondance intime ; qu'il entendît déchiffrer malhabilement, par des agents, des lettres qu'il avait reçues de la princesse Charlotte et dans lesquelles il n'était question que de choses de cœur, celles que lui avaient écrites son père et son grand-père, etc., toutes consacrées aux épanchements de la famille.

Oh ! l'horrible profanation que celle-là !

Des étrangers, des indifférents, des ennemis, sont tout à coup initiés aux plus secrètes pensées de votre cœur.

Ils épellent stupidement, et pour y trouver un sens qu'ils ignorent, ces phrases qui vous ont consolé dans vos jours de tristesse, ces mots de tendresse qui ont parfumé votre âme.

Et parfois un sourire niais, indécent, se dessine sur la physionomie bestiale de l'homme qui lit et déflore les chastes et naïves expressions amicales, affectueuses, passionnées, qui traduisent si bien la pensée intime de la personne qui vous écrivait.

Oh ! c'est un supplice affreux que celui-là, et il faut être bien maître de soi pour s'empêcher de sauter à la gorge de l'indiscret qui va ainsi, fouillant dans votre vie, pour en examiner les plus intimes secrets et en tirer toutes les inductions qu'il lui plaira imaginer.

Le duc d'Enghien, le front pâle et le regard sombre, assistait à cet inventaire policier, et il frémissait d'impatience et de colère, quand les mains du commissaire ouvraient une lettre de la princesse.

Toutefois, il se rappelait qui il était, et il se disait qu'après tout, ce commissaire n'était qu'un simple instrument, inconscient de la bassesse de son action, et il fut assez fort pour ne rien laisser voir de la souffrance qu'il endurait.

Quand cette triste besogne fut terminée, il demanda au commandant ce qu'il comptait faire de ces papiers.

— Les envoyer à Paris par un courrier extraordinaire.

A Paris, c'est-à-dire à d'autres personnes, qui, à leur tour, plongeraient avidement le même regard curieux au milieu de toutes ces lettres, au premier consul qui, le soir, au coin du feu, s'amuserait à lire à Joséphine les tendres billets de la princesse Charlotte.

— Eh bien, soit! se dit le prince; qu'ils lisent tout ce qu'ils voudront : il n'y a rien dans tout ceci qui ne montre que je me suis toujours conduit comme un chrétien, un bon et loyal gentilhomme, et que je suis digne de l'affection de celle pour laquelle je donnerais jusqu'à la dernière goutte de mon sang.

Et il tourna le dos aux deux hommes de police, sans plus s'occuper d'eux.

Tout le reste de la journée parut d'une longueur désespérante au prince; il dîna en moins d'une demi-heure, et sortit un peu après pour faire quelques tours de jardin; mais sa pensée voyageait dans l'espace, habitué qu'il était à la vie active; il se demandait comment il pourrait se résigner à végéter tristement dans cette prison...

Il rentra dans sa chambre, fit longuement ses devoirs religieux, pour demander à Dieu la patience et la soumission à ses divines volontés, et se coucha.

Comme la nuit précédente, la garde veilla à sa porte, et le major Machim vint, alors qu'il venait de se mettre au lit, s'informer de son état de santé et savoir s'il ne manquait de rien.

Le prince le remercia, et avant de s'endormir, il consigna sur son journal, selon sa coutume, les événements de la journée.

« *Vendredi 16.* — Prévenu que j'allais changer de logement, je suis à mes frais pour la nourriture, et probablement le bois et la lumière. Le général Leval, commandant la division, accompagné du général Fririon, l'un de ceux qui m'ont enlevé, viennent me voir. Leur abord très-froid. Je suis transféré dans le pavillon à droite en entrant sur la place, en venant de la ville. Je puis communiquer avec les chambres de MM. de Thumery, Jacques et Schmidt par des dégagements; mais je ne puis sortir, ni moi, ni mes gens; on m'annonce pourtant que j'aurai la permission de me promener dans un petit jardin qui se trouve derrière mon pavillon. Une garde de douze hommes et un officier est à ma porte. Après le dîner, on me sépare de Grunstein, auquel on donne un logement seul, de l'autre côté de la cour. Cette séparation ajoute encore à mon malheur. J'ai écrit ce matin à la princesse. J'ai envoyé ma lettre par le commandant au général Leval; je n'ai point de réponse.

« Je lui demandais d'envoyer un de mes gens à Est; sans doute tout me sera refusé. Les précautions sont extrêmes de tous côtés pour que je ne puisse communiquer avec qui que ce soit. Si cette position dure, je crois que le désespoir s'emparera de moi. A quatre heures et demie, on vient visiter mes papiers, que le colonel Charlot, accompagné d'un commissaire de sûreté, ouvre en ma présence. On les lit superficiellement. On en fait des liasses séparées, et on me laisse entendre qu'ils vont être envoyés à Paris. Il faudra donc languir des semaines, peut-être des mois. Le chagrin augmente, plus je réfléchis à ma cruelle position. Je me couche à onze heures; je suis excédé, et je ne puis dormir. Le major de la place, M. Machim, a des formes très-honnêtes; il vient me voir quand je suis couché; il cherche à me consoler par des mots obligeants. »

Laissons pour un moment le prince, et revenons au général Caulaincourt, qui reçut dans cette même journée du vendredi la réponse à la lettre que M. de Talleyrand l'avait chargé de faire parvenir au baron d'Idelsheim.

Elle était selon que la pouvait désirer le ministre.

L'Électeur de Bade se montrait très-contrarié du souci que les émigrés d'Offenbourg donnaient au premier consul; il lui en exprimait tous ses regrets et lui promettait de rendre une ordonnance d'expulsion contre tous ceux qui conspireraient.

Caulaincourt était charmé; mais ce qui le ravit encore davantage, c'est que, le lendemain, il reçut la visite du capitaine Rosey, la créature et le complice de l'agent Méhée de la Touche qui, sous la direction de celui-ci et du citoyen préfet Shée, avait été envoyé à Munich afin d'obtenir de M. Drake, en se présentant à lui comme aide-de-camp d'un général républicain, des renseignements précis sur les relations qui existaient entre le cabinet anglais et les émigrés d'Allemagne avec lesquels les républicains étaient alliés, au dire de Méhée de la Touche, pour renverser le premier consul.

Cet honnête officier, qui occupait le grade d'adjudant-major au 9e de ligne, avait reçu du citoyen Shée pour cette honorable mission une somme de 600 fr. sur le fonds de police.

On voit que sous le Consulat, on pouvait avoir des espions du premier choix dans les prix doux, et qu'au besoin, on les pouvait recruter jusque dans l'armée.

Donc le capitaine, agent de Méhée, était parvenu à soutirer de l'argent et des lettres au crédule ministre anglais, qui avait cru les remettre à un républicain affilié au soi-disant complot imaginé par Méhée de la Touche.

Et il venait, tout fier de sa trahison, apporter le tout au général Caulaincourt, pour que celui-ci le transmît au premier consul, qui se plongeait avec délices dans tous les détails de cette intrigue de basse police, au milieu de laquelle s'agitaient, espionnaient, se vendaient mutuellement et volaient de concert tous les plus vils personnages de l'époque.

Le général Caulaincourt n'eut donc plus qu'à rédiger le lendemain un long rapport qui renseignait M. de Talleyrand sur la façon dont il avait rempli toutes les instructions qu'il avait reçues lors de son départ, sur le soin qu'il avait apporté dans l'exécution des arrestations à lui confiées, et enfin qui contenait ses observations touchant la mission du capitaine Rosey, dont il joignait le rapport au sien, ainsi que la lettre du baron d'Idelsheim.

XXIV

Trompeuses illusions.

Le journal du duc d'Enghien va nous apprendre comment le prisonnier passa sa troisième journée de captivité.

« *Samedi 17.* — Je ne sais rien de ma lettre. Je tremble pour la santé de la princesse ; un mot de ma main la réparerait. Je suis bien malheureux. On vient de me faire signer le procès-verbal de l'ouverture de mes papiers. Je demande et obtiens d'y ajouter une note explicative, pour prouver que je n'ai jamais eu d'autres intentions que de servir et faire la guerre. Le soir, on me dit que j'aurai la permission de me promener dans le jardin, même dans la cour, avec l'officier de garde, ainsi que mes compagnons d'infortune, et que mes papiers sont partis pour Paris, par courrier extraordinaire. Je soupe et me couche plus content. »

La note que le prince put joindre au procès-verbal était adressée au premier consul, et elle reproduisait ce qu'il avait dit de vive voix au commandant Charlot et au major Machim : qu'il était absolument ignorant du complot tramé par Cadoudal et qu'il repoussait avec horreur toute tentative de ce genre, mais qu'il ne pouvait supposer qu'on lui fît un crime d'avoir soutenu les armes à la main les droits de sa famille et de son rang.

Il écrivait selon qu'il pensait, sans détours, avec la franchise d'un honnête homme, et il ne doutait pas que cela suffît pour être cru.

Étranger à toutes les intrigues et aux secrets desseins de ses ennemis, il persistait à n'envisager tout ce qui se passait que comme le résultat d'une erreur qu'on ne tarderait pas à reconnaître et à réparer, et, satisfait d'avoir fourni des explications qu'il pensait nécessaires, il put écrire sur son journal : « Je soupe et me couche plus content. »

Tandis qu'il attendait donc patiemment la fin de sa persécution, les gens qui travaillaient à sa perte ne restaient pas inactifs.

Aussitôt le dépouillement des papiers terminé, le citoyen Popp s'empressa d'en instruire le citoyen Réal en lui adressant la lettre suivante :

Le substitut du commissaire du gouvernement près le tribunal criminel du Bas-Rhin pour l'arrondissement de Strasbourg, au citoyen Réal, etc.

« Strasbourg, 26 ventôse an XII.

« Citoyen conseiller d'État,

« J'ai l'honneur de vous rendre compte qu'en vertu des actes du gouvernement transmis par le général Ordener, j'ai été chargé par le conseiller d'État préfet d'examiner, conjointement avec le colonel Charlot, les papiers saisis sur le duc d'Enghien, à l'époque de sa translation d'Ettenheim sur la rive gauche du Rhin.

« Nous avons procédé à cette opération avant-hier soir et hier matin; les papiers que nous avons joints à notre procès-verbal ont été remis sur-le-champ au général Ordener, et par lui adressés au premier consul par un courrier extraordinaire, parti hier à trois heures de l'après-dîner.

« Nous allons continuer la vérification des papiers de toutes les autres personnes déposées à la citadelle. Ces opérations nous laissent à peine quelques moments pour la correspondance la plus essentielle.

« Nous saisirons le premier moment opportun, le chef d'escadron Charlot et moi, pour coucher par écrit la relation des deux entrevues que nous avons eues avec le duc; peut-être ne vous paraîtra-t-elle pas sans intérêt. »

Jusque-là, ce rapport n'avait rien qui le distinguât

de tous les rapports du même genre, et il était tout naturel qu'il fût adressé sous cette forme.

Mais où apparaît dans toute sa singularité un trait des mœurs de l'époque, c'est dans la façon dont le commissaire de police, en le terminant, crut devoir appeler l'attention du gouvernement sur le commandant Charlot.

Toute hiérarchie disparaissait devant le rapport secret; aussi n'était-ce pas le général qui recommandait le chef d'escadron, le supérieur prenant en main la cause de son inférieur, comme cela est d'usage; non.

Alors que la police tenait le gouvernail, c'était elle qui décernait les brevets de civisme, de bonne conduite et de services rendus.

Aussi le brave Popp, satisfait du commandant, glissa-t-il son éloge dans son rapport par le paragraphe suivant :

« Je dois à la justice, citoyen conseiller d'État, de vous parler du citoyen Charlot; dans le compte qu'il a rendu au général Moncey de l'expédition d'Ettenheim, il a demandé un avancement promis depuis bien longtemps et bien dû au brave Pfersdorff; mais sa modestie l'a empêché de parler des excellentes dispositions que lui, Charlot, a faites, du sang-froid et de l'énergie qu'il a montrés dans cette circonstance et des dangers imminents qu'il a courus, au moment où il a sommé le duc et les siens de se rendre, et que celui-ci l'a couché en joue. Témoin du récit que le duc en a fait lui-même et du regret qu'il paraît éprouver de ne pas avoir tué ledit Charlot, je dois cet hommage à la vérité.

« *Signé* : POPP. »

Tandis que le commissaire correspondait de la sorte avec le citoyen Réal, pour se conformer à la tradition, il envoyait un double de son rapport, bien entendu élagué de ce qui concernait Charlot, au général Ordener, qui, à son tour, l'adressait au premier consul avec cette lettre :

« Strasbourg, le 26 ventôse an XII (15 mars 1804).

« J'ai l'honneur de vous adresser, mon général, le procès-verbal et les papiers qui ont été saisis chez le duc d'Enghien. A mesure que ceux des autres individus seront vérifiés, le général Caulaincourt vous les fera passer. Quoique ma mission soit remplie, j'attendrai vos ordres pour mon retour à Paris.

« ORDENER. »

Un courrier extraordinaire fut expédié sur Paris. Il portait le rapport du général Caulaincourt et celui du général Ordener. Ce fut le major Machim qui instruisit le duc d'Enghien de l'envoi de ce courrier, et lorsque le prince apprit que ses papiers étaient en route pour la capitale, il s'en réjouit, en pensant que lorsque le premier consul en aurait pris connaissance, il se hâterait de lui faire rendre sa liberté.

— Sans doute, se répétait-il sans cesse à lui-même, tout cela est un malentendu ; le premier consul, trompé par quelque faux rapport, a obéi à un premier mouvement de colère et a ordonné mon arrestation ; mais, dès qu'il s'apercevra, dès qu'il aura la preuve que je ne suis absolument pour rien dans le complot dont il est question, il s'excusera et me fera relâcher de suite.

Pauvre jeune homme ! il ne pouvait savoir que toute la mise en scène déployée pour motiver son arrestation n'était qu'une indigne comédie, et que son sort était décidé depuis longtemps.

Au reste, son erreur fut de courte durée.

Il écrivait cela le samedi.

Le dimanche, on lisait sur son calepin :

« *Dimanche 18.* — On vient m'enlever à une heure et demie du matin ; on ne me laisse que le temps de m'habiller ; j'embrasse mes malheureux compagnons, mes gens ; je pars seul avec deux officiers de gendarmerie et deux gendarmes. Le colonel Charlot m'a annoncé que nous allons chez le général de division, qui a reçu des ordres de Paris. Au lieu de cela, je trouve une voiture avec six chevaux de poste sur la place de l'église. On me campe dedans. Le lieutenant Pétermann monte à côté de moi ; le maréchal-des-logis Blitersdoff sur le siége, deux gendarmes, un dedans, l'autre dehors... »

Ce furent les dernières lignes qu'il traça.

Mais racontons ce qui précéda ce départ, et pour cela retournons à la Malmaison, où nous avons laissé Bonaparte seul, attendant impatiemment le résultat des instructions criminelles qu'il avait données à ses généraux.

Le jour même de l'arrestation du duc d'Enghien, c'est-à-dire le jeudi 24 ventôse (15 mars), le premier consul avait reçu une dépêche télégraphique de Strasbourg qui lui avait annoncé l'heureux résultat de l'expédition.

Bonaparte se frotta les mains.

Réal sourit avec satisfaction et donna à son visage une si complète expression de joie, que le premier consul crut devoir l'en récompenser en lui pinçant familièrement l'oreille, ce qui était de sa part une marque du plus vif contentement.

— Il est pris! s'écria Bonaparte.

— Il faut le juger, ajouta Réal, en donnant cours à son ardent désir de plaire à son maître.

Mais celui-ci le regarda d'une façon singulière, et le malheureux conseiller comprit qu'il eût mieux fait de ne rien dire.

— Certainement qu'il faut le *faire* juger, répondit Bonaparte.

Réal saisit la nuance et en fit son profit.

— Il faut convoquer de suite un conseil de guerre composé des principaux généraux du Sénat.

Réal se garda bien d'émettre un autre avis.

Il alla s'asseoir devant la table sur laquelle il avait l'habitude d'écrire, et il attendit que le premier consul lui dictât la formule de convocation, et, tout en s'asseyant, il songea que, contrairement à son habitude, Bonaparte n'avait pas dicté une seule lettre, depuis qu'il était à la Malmaison.

Cette infraction à la coutume avait attiré l'attention de Joséphine, qui, voyant son époux passer la plus grande partie de son temps à se promener dans le jardin avec une sorte d'agitation fébrile, s'en était émue.

Plusieurs fois, le nom du duc d'Enghien avait été prononcé par Bonaparte, et Joséphine avait vite deviné ce que celui-ci machinait, et comme il n'avait pas su résister au plaisir d'annoncer à son entourage d'intimes la nouvelle que le télégraphe venait de lui apporter, Joséphine comprit de suite que la perte du prince était résolue.

Or, comme elle avait horreur de l'effusion du sang royal, comme, « avec cette prévoyance du cœur propre aux femmes, elle apercevait peut-être dans un acte cruel des retours de vengeance possibles contre son époux, contre ses enfants, contre elle-même, » elle suivit Bonaparte dans son cabinet et entra presque derrière lui.

— Que veux-tu? demanda Bonaparte à Joséphine. Que viens-tu faire ici?

— Pourquoi me cachais-tu que tu avais donné l'ordre d'arrêter le duc d'Enghien?

— Parce que cela ne te regarde pas.

— Que vas-tu faire de lui maintenant?

— Je l'ignore; mais certainement la justice prononcera sur son sort; il est le chef et l'instigateur de toutes les conspirations formées contre moi.

— Veux-tu donc qu'il meure?

— Eh! que sais-je?

— Oh! tu ne feras pas cela, Bonaparte; ce serait un crime!

— Vraiment !

Joséphine s'approcha tout doucement de son mari, lui prit les mains dans les siennes, et croyant l'instant favorable, elle lui dit avec une douce expression de tendresse :

— Je t'en prie, Bonaparte, ne te fais pas roi. C'est ce vilain Lucien qui te pousse ; ne l'écoute pas !

— Mais tu es folle, ma pauvre Joséphine ; pourquoi viens-tu me parler de royauté à propos du duc d'Enghien ?

— Parce que je vois bien que tu veux frapper un Bourbon et te faire proclamer roi ensuite ; mais je t'en conjure, ne fais pas cela ! ne fais pas cela !

Et, fondant en larmes, Joséphine leva vers lui des mains suppliantes.

Bonaparte, qui jusqu'alors avait écouté sa femme sans trop d'impatience, brusqua l'entretien.

— Assez, Joséphine, lui dit-il durement ; tu es une femme ; tu n'entends rien à la politique ; ton rôle est de te taire ; laisse-moi.

Et, la prenant par le bras, il la conduisit malgré ses larmes hors du cabinet.

Puis, revenant vers Réal, qui était resté témoin muet de cette scène, il lui dit :

— Voyons, maintenant ; occupons-nous de cette affaire.

— Je suis à vos ordres, général.

Bonaparte s'était assis et semblait réfléchir profondément ; il demeura longtemps pensif, puis soudain il se releva :

— Envoyez l'ordre de faire partir immédiatement

et en poste le duc d'Enghien pour Paris ; quant aux autres prisonniers, ils ne seront amenés que par le service ordinaire des diligences. Le duc voyagera sous le nom de Plessis, dans une berline attelée de six chevaux de poste ; les relais seront commandés d'avance, et toutes les dispositions seront prises pour que le voyage s'accomplisse le plus rapidement possible ; le départ s'effectuera dans la nuit.

Réal écrivit et signa.

Bonaparte relut.

— C'est bien, dit-il ; envoyez en double aux généraux Caulaincourt et Leval par un courrier extraordinaire.

Le courrier partit le soir même et arriva dans la nuit du samedi au dimanche à Strasbourg.

Le premier consul s'était réservé le soin de prévenir Murat, gouverneur de Paris, pour qu'il eût à convoquer une haute cour selon les indications qu'il lui donnait.

La besogne que lui taillait son illustre beau-frère souriait médiocrement à Murat ; cependant, pour se conformer à l'ordre qu'il en reçut, il commença par mander chez lui le colonel Préval, qui commandait alors le 3e régiment de cuirassiers, et après lui avoir appris que le duc d'Enghien venait d'être arrêté à la frontière en flagrant délit de conspiration et qu'on allait le traduire devant un conseil de guerre, il lui proposa tout net de remplir près de ce tribunal les fonctions de rapporteur.

Le colonel, qui avait servi, avant la révolution, dans le régiment du duc d'Enghien, ouvrit l'oreille à cette accusation de conspiration, formulée d'une façon si catégorique.

Il savait bien qu'un Condé pouvait prendre les armes pour tenter la restauration du roi de France; mais il se disait qu'il était impossible qu'il descendît au rôle d'un vulgaire conspirateur.

Aussi refusa-t-il d'accepter l'offre qui lui était faite.

— Mon père et mon oncle ont servi pendant plus de vingt ans dans le régiment d'Enghien, dit-il; j'ai eu, à mon tour, l'honneur d'y appartenir; je ne saurais remplir les fonctions que le premier consul veut bien me confier. Veuillez, général, l'en instruire et lui présenter mes excuses.

Cette réponse simple et digne donna à réfléchir à Murat.

Après le colonel Préval, il reçut le colonel Lacuée, fils du comte de Cessac; à son tour, celui-ci refusa avec indignation de tremper dans cette ténébreuse machination.

Murat comprit qu'il était engagé dans une mauvaise affaire, et il envoya au premier consul un billet pour le prévenir de son insuccès, en le rejetant sur le peu d'habitude qu'il avait des négociations de ce genre et sur son état actuel de maladie, qui augmentait encore son incapacité.

Il s'attendait à une explosion de colère formidable.

Il n'en fut rien.

Le premier consul avait réfléchi de son côté; il avait craint que la convocation d'une haute cour militaire ne créât, en raison même de son importance, une solennité à l'affaire qui lui serait soumise, de nature à mécontenter fortement les royalistes ralliés à son gouvernement et à s'en faire à nouveau des ennemis, ce qui réduirait à néant tous les efforts qu'il avait faits pour se les rattacher.

Et puis ensuite, il faut bien le dire, une haute cour jugeant avec impartialité ne pouvait guère faire autrement que d'acquitter le prévenu, puisqu'on n'avait aucune preuve de culpabilité à invoquer contre lui.

Or, ceci n'aurait pas fait l'affaire de Bonaparte, qui voulait une condamnation quand même, et qui jugea avec raison qu'il l'obtiendrait beaucoup plus facilement d'une commission militaire triée sur le volet et entièrement à sa dévotion.

XXV

Les officieux du crime.

Le samedi 26 ventôse, les premières lueurs de l'aube blanchissaient à peine les vitres des fenêtres de la Malmaison, que déjà Bonaparte et son fidèle Réal étaient au travail.

Le maître dictait, et le conseiller écrivait.

Faisant, pour un temps, trêve à toutes les préoccupations de son gouvernement, le premier consul, complétement absorbé par les détails de sa criminelle entreprise, s'y livrait avec un soin méticuleux ; il songeait à tout, veillait à prévoir la moindre difficulté qui eût pu surgir, de manière que les officieux qui l'aidaient dans cette vilaine action n'eussent plus qu'à se conformer strictement à l'exécution du programme arrêté.

Ce fut ainsi qu'après avoir fait choix de Vincennes comme lieu de supplice de son prisonnier, il voulut présider lui-même à toutes les dispositions nécessaires.

Et d'abord, il chargea Réal d'écrire au commandant de la forteresse pour lui demander un état détaillé de toutes les personnes qui se trouvaient en ce moment au château de Vincennes.

Il voulait savoir s'il n'y avait pas là d'yeux ou d'oreilles indiscrets.

Si élevé que fût le meurtrier, il craignait le plus infime témoin.

Le commandant Harel était un ancien sergent aux gardes françaises, devenu capitaine sous la Terreur, dont il était un des ardents amis ; le 18 brumaire le mit à la retraite.

Il se lia alors avec Aréna, Ceracchi, Demerville, et prit une part active au fameux complot de l'an IX ; puis, quand il vit les choses suffisamment avancées, il dénonça ses complices et les fit condamner à mort.

C'était dans les mœurs de l'époque.

Pour prix de ce service, il fut promu au grade de chef de bataillon et reçut le commandement de la forteresse de Vincennes.

Napoléon n'avait pas à craindre que la conscience de celui-là se révoltât.

Harel reçut la lettre de Réal et se hâta d'y répondre dans la même journée par celle-ci :

Harel, chef de bataillon, commandant d'armes du château de Vincennes, au citoyen Réal, conseiller d'État, chargé, etc.

« Vincennes, le 26 ventôse an XII de la République française.

« J'ai l'honneur de vous adresser ci-joint l'état de situation des militaires et autres personnes habitant le château de Vincennes à l'époque de ce jour.

« J'ai l'honneur de vous saluer très-respectueusement.

« HAREL. »

ÉTAT.

« Un chef de bataillon commandant (Harel).

« Un adjudant de place (Tabarry).

« Un sous-lieutenant secrétaire (Lelong).

« Un portier-concierge (Porion).

« Un concierge des bâtiments militaires (Bourdon).

« Train d'artillerie de la garde des consuls, quatre-vingt-dix-neuf hommes (Michon, capitaine).

« Vingt-trois hommes du 18e régiment d'infanterie de ligne.

« Cinquante ouvriers. »

Réal, en recevant cet état, s'empressa de le mettre sous les yeux du premier consul.

— Ce n'est pas cela, fit celui-ci avec impatience; accusez au citoyen Harel réception de cet état, et demandez-lui : 1° s'il y a des logements vacants, leur désignation précise et dans quelle partie du château; 2° un état beaucoup plus circonstancié et nominatif des bourgeois logés au château : hommes, femmes, enfants et domestiques; la désignation des logements qu'ils occupent, depuis quand, par quels motifs, par quelle autorité; lui faire bien sentir que c'est sur les personnes et non sur l'état-major que l'on désire avoir des renseignements. Demandez-les-lui de suite, et qu'il les envoie le plus tôt possible.

— Oui, général, répondit Réal.

Et il se remit à la besogne.

La réponse, cette fois, fut satisfaisante : elle indiquait sans exception tous les habitants du fort et désignait tous les logements qui existaient dans son enceinte.

Un seul, situé dans le pavillon du Roi, était noté « vacant. »

Bonaparte jeta les yeux sur le plan général des bâtiments, et posa le doigt sur le pavillon indiqué.

— C'est bien cela, dit-il.

Au même instant, on remit à Bonaparte les rapports qui arrivaient de Strasbourg et que lui adressaient les généraux Ordener et Caulaincourt.

Il les lut avec attention, celui de Charlot surtout, qui le renseignait sur la façon dont on avait confondu le nom de Dumouriez avec celui du marquis de Thumery. Mais, arrivé à ce passage, le premier consul se contenta de sourire.

Évidemment, il y avait longtemps qu'il savait à quoi s'en tenir à ce sujet.

Le détail des arrestations opérées parut aussi lui être particulièrement agréable.

Le courrier extraordinaire adressé par les généraux à M. de Talleyrand n'arriva que le lendemain matin dimanche. Il apportait, outre les rapports de Caulaincourt, la réponse de l'Électeur de Bade, le rapport du capitaine Rosey sur sa mission à Munich et les papiers du duc d'Enghien, ainsi que le procès-verbal de leur dépouillement.

Talleyrand, qui n'ignorait pas combien la lecture de ces papiers serait attrayante pour son maître, se hâta de les lui porter.

Ce jour-là, le grand juge Regnier, Maret et Fouché, furent mandés à la Malmaison.

Il s'agissait de travailler la matière accusable et de manipuler les preuves qu'on extrairait de la correspondance saisie.

— Fouché, dit soudain Bonaparte en s'adressant, dès qu'il arriva, à son ex-ministre, vous m'aviez parlé d'une malle pleine de pièces qui devaient nous mettre sur la trace de toutes les ramifications du complot.

— En effet, général, cette malle a existé, et on eût dû la trouver chez la baronne de Reich.

— Mais il paraît qu'elle n'y était plus.

— Ce n'est pas ma faute.

— Parbleu, dit Talleyrand, tous les papiers compromettants sont disparus; mais nous avons là plus de pièces qu'il ne nous en faut pour établir d'une façon péremptoire que le duc d'Enghien était à la solde de l'Angleterre. Voici un brouillon de note destinée à M. Stuart, l'ambassadeur du roi d'Angleterre, qui porte que si le prince « s'est retiré à Ettenheim, sur les bords du Rhin, c'est pour y attendre les événements heureux qui pourront lui donner le moyen de rentrer dans la carrière militaire. Or, quels peuvent être ces événements heureux, si ce n'est, en première ligne, la réussite du complot Cadoudal?

Chacun lut et relut notes et correspondance, et il n'était pas une ligne d'écriture qu'on ne cherchât à interpréter comme une preuve accablante. Mais malgré la subtilité de l'un ou la mauvaise foi de l'autre, il fut absolument impossible de baser aucune espèce d'accusation sur les papiers saisis, et on dut s'arrêter à cette conclusion du grand juge : que les lois contre les individus qui avaient porté les armes contre la République, et qui étaient à la solde de l'Angleterre, étaient formelles et suffisaient pour provoquer une condamnation.

Tous se rangèrent à cette opinion, et il fut décidé qu'on laisserait de côté les preuves écrites — par la raison qu'elles n'existaient point — et qu'on se bornerait à appliquer la loi.

D'ailleurs, comme l'accusé ne devait pas avoir de défenseur, il n'était pas probable qu'il cherchât à épiloguer sur le comment et le pourquoi, habitude déplorable qu'ont les avocats, gens généralement gênants dans les procès politiques, surtout quand ils sont honnêtes et qu'ils ont du talent pour chercher tout ce qui est de nature à prouver l'innocence de l'accusé et à frapper l'esprit des juges.

Donc, il fut convenu qu'on ne donnerait pas de défenseur à l'accusé.

On eût pu, certes, tandis qu'on y était, supprimer aussi les juges et se contenter du piquet d'exécution; mais on réfléchit qu'une apparence de jugement fait toujours bon effet sur le public, et on s'occupa, sans désemparer, de mettre la dernière main à l'œuvre.

Ce fut encore ce pauvre Réal, passé à l'état de machine à écrire, qui fut chargé de distribuer les rôles à chacun dans la tragédie sanguinaire qui allait être jouée à Vincennes.

Sa plume n'arrêtait plus.

Du dimanche au mardi, dans la soirée duquel on attendait le prisonnier, ce ne fut que lettres, ordres, avis, injonctions, arrêtés.

Ce fut d'abord une seconde invitation au général Murat d'avoir, en sa qualité de commandant de la division militaire dans l'étendue de laquelle le jugement devait être prononcé, à désigner, conformément à la loi du 19 fructidor an V, les membres de la commission militaire chargée de condamner le duc d'Enghien. — Inutile d'ajouter que, pour lui faciliter le travail, les noms étaient indiqués à l'avance.

Puis un rapport qui, à défaut d'acte d'accusation, pût le remplacer.

Nous n'en finirions pas s'il nous fallait reproduire ici tout ce qu'écrivit Réal; bornons-nous aux pièces principales; la première est l'arrêté du gouvernement qui mettait le prince en jugement; il était ainsi conçu:

Extrait des registres des délibérations des conseils de la République.

LIBERTÉ, ÉGALITÉ.

« Paris, le 29 ventôse an XII de la République française une et indivisible.

« Le gouvernement de la République arrête ce qui suit :

« Art. 1er. — Le ci-devant duc d'Enghien, prévenu d'avoir porté les armes contre la République française, d'avoir été et d'être encore à la solde de l'Angleterre, de faire partie des complots tramés par cette dernière puissance contre la sûreté intérieure et extérieure de l'État, sera traduit devant une commission militaire, composée de sept membres nommés par le général gouverneur de Paris, qui se réunira au château de Vincennes.

« Art. 2. — Le grand juge, le ministre de la guerre et le général gouverneur de Paris sont chargés de l'exécution du présent arrêté.

« *Le premier consul,*
« Bonaparte.

« *Par le premier consul,*
« Hugues Maret. »

Cet arrêté fut publié dans le *Moniteur* du 30 ventôse, et il était précédé de la note suivante :

« Paris, 28 ventôse.

« Tandis que l'Angleterre envoyait Pichegru, Georges et la bande d'exécution à Paris, elle rassemblait et prenait à sa solde tous les émigrés qui se trouvent en Allemagne.

« Une circulaire du prince de Condé leur a fait un appel, il y a près de deux mois. C'est un fait connu de toute la ville de Hambourg, qu'un nommé Maillard était chargé, en cette ville, des fonds pour recruter ces malheureux et les expédier sur le Rhin.

« La rive droite du Rhin se remplissait journellement de ces nouveaux légionnaires que l'Angleterre appelle encore une fois à être les jouets et les victimes de son cruel machiavélisme.

« Un prince de Bourbon, avec son état-major et quelques bureaux, était fixé sur ce point, d'où il dirigeait le mouvement. Le prince Guéménée, ainsi que plusieurs autres officiers, devait arriver le 25 mars pour compléter l'organisation des bandes.

« Les puissances du continent s'empressent de repousser de pareils éléments de troubles; et cette nouvelle tentative du cabinet britannique n'aura pas plus de succès que le crime organisé à Paris par lui à si grands frais contre le premier consul. »

La note était faite avec la plus entière mauvaise foi, puisque, lorsque le prèmier consul la dicta, il savait absolument à quoi s'en tenir sur les véritables intentions de l'Angleterre; mais tous les moyens sont bons quand il s'agit de frapper l'opinion publique.

Or, comme il fallait expliquer quand même la cause déterminante de l'arrêté, la note était utile; peu importait son exactitude. D'ailleurs, comme après tout le journal devait paraître à l'heure où le duc d'Enghien n'existerait plus, on pouvait être certain que l'accusé n'en contesterait pas les termes.

XXVI

La veille du meurtre.

Les événements se précipitaient.

On touchait au but, et au fur et à mesure qu'on s'en approchait, on redoublait d'activité.

Bonaparte reçut des nouvelles de Murat; celui-ci, retenu chez lui par une indisposition, lui envoyait par Talleyrand la notification du choix fait pour la composition de la commission militaire, qui se composait des colonels des régiments en garnison à Paris.

Il n'y en avait aucun d'eux qui n'eût donné des gages de son entier dévoûment à la personne du premier consul, et le président de la commission, le général Pierre-Augustin Hulin, était une créature entièrement à la dévotion de Bonaparte.

En recevant cette communication, celui-ci n'eut

aucune objection à faire. Il avait de bonnes raisons pour cela.

— La composition de la commission est bonne, se contenta-t-il de dire; mais pourquoi Murat n'est-il pas venu lui-même?

— Général, répondit Talleyrand, une forte entorse le retient chez lui.

— Une entorse! une entorse! fit Bonaparte avec humeur.

— Corvisart lui a défendu de quitter la chambre.

— Enfin, que dit-il de tout ceci?

— Oh! selon son habitude, il a commencé par jeter feu et flammes.

— Vraiment! il désapprouve donc l'arrestation du duc?

— Vous savez, général, qu'il a de grandes prétentions à la générosité de caractère; et ce n'est qu'à grand'peine que j'ai obtenu de lui qu'il désignât les membres de la commission du jugement.

— Et quelle raison donnait-il?

— Il m'a dit que c'était une tache de sang qu'on voulait imprimer à son uniforme.

— C'est avec ces phrases-là qu'il couvre sa lâcheté; c'est bien; tantôt, il recevra mes ordres. Mais laissons cela! Ce qui me contrarie, c'est de n'avoir pas encore reçu la dépêche m'annonçant le départ du duc d'Enghien de Strasbourg.

— Le temps est fort brumeux depuis hier, et il est probable que le brouillard a interrompu les communications.

— C'est possible.

Bonaparte sonna.

Un aide de camp parut.

— Priez Réal de venir, dit-il.

Puis, s'adressant de nouveau à Talleyrand :

— Toutes mes dispositions sont prises. Je n'attends plus que l'avis de l'arrivée du prisonnier ; mais, je vous l'ai dit, je veux prévenir toute fausse interprétation de cette affaire à l'étranger, et c'est surtout en Autriche qu'il convient non-seulement de faire savoir ce que nous avons été obligés de faire, mais encore de demander qu'on veuille bien compléter la mesure prise.

— Général, j'ai écrit hier à M. de Champagny.

— Et que lui dites-vous?

— Voici le double de la lettre.

— Lisez.

Talleyrand se plaça à l'aise dans le fauteuil qui faisait face à celui occupé par Bonaparte, et lut la lettre suivante :

A M. de Champagny, ambassadeur de France en Autriche.

« Paris, 28 ventôse an XII.

« Citoyen ambassadeur,

« Une multitude de faits et de preuves, résultant de la procédure qui s'instruit à Paris, ayant mis en évidence la complicité d'un comité d'émigrés français résidant à Offenbourg et à Ettenheim, le gouvernement a senti qu'il n'y avait pas un moment à perdre pour s'assurer de conspirateurs qui, attendant aux portes de Strasbourg le succès des machinations détestables tramées par leurs complices de l'intérieur, ne cessaient pas d'ailleurs d'entretenir avec eux une correspondance d'argent et d'avis, dont tous les détails ont été connus.

« Il est présumable qu'une partie des conspirateurs qui composent le comité d'Offenbourg aura essayé de se retirer à Fribourg et dans ses environs, ou en remontant davantage vers les frontières de la Suisse; les rapports d'amitié et de bon voisinage qui subsistent entre la France et la cour impériale, et de plus les sentiments bien connus de Sa Majesté impériale, ne permettent pas de douter qu'elle se soit empressée d'éloigner des hommes aussi criminels; et pour prendre à cet égard une mesure complète, Sa Majesté jugera sans doute convenable d'ordonner l'éloignement absolu et irrévocable de tout ce qui pourrait rester d'émigrés français tant à Fribourg que dans le Brisgau, dans toutes les possessions autrichiennes de la Souabe et sur les frontières de la Suisse, de manière qu'aucun des émigrés ne puisse se trouver à moins de cinquante lieues des frontières française et helvétique.

« C'est un acte de précaution, une mesure d'utilité réciproque qui se lie d'ailleurs à l'exécution de l'article 1er du traité de Lunéville, et que vous êtes autorisé à requérir par une note officielle, s'il est besoin; mais on se persuade que Sa Majesté n'aura besoin que d'avoir connaissance des explications verbales que vous aurez d'abord à cet égard avec le comte de

Cobenzel, pour se porter d'elle-même à faire ce que désire le premier consul, et ce que réclament l'intérêt bien entendu et la tranquillité des deux puissances.

« J'ai l'honneur, etc.

« Ch.-Maur. TALLEYRAND.

« *P. S.* — J'ajoute un mot à ma dépêche de ce jour, et c'est pour vous confirmer ce que vous aurez déjà appris par les rapports de Carlsruhe, savoir : que le duc d'Enghien se trouve au nombre des personnes qui ont été arrêtées à Ettenheim. Cette circonstance va grossir l'événement et donner plus d'amertume aux observations. C'est pourquoi il faut parler haut et nettement. Croyez qu'on se fie à votre langage ; nous savons que vous avez toujours celui de la place et de la chose. »

— C'est bien, fit Bonaparte en se levant. En attendant les nouvelles de Strasbourg, venez faire un tour de jardin.

Et les deux hommes, sortant du cabinet, se dirigèrent vers la grande allée qui s'étendait devant les fenêtres du salon. La conversation se continua touchant les instructions à donner aux divers autres représentants de la France à l'étranger.

Pendant ce temps, Joséphine était dans le salon, causant avec Joseph Bonaparte, frère du premier consul, et naturellement, l'arrestation du duc d'Enghien était le sujet de l'entretien.

— Oui, disait Joséphine, Bonaparte est très-irrité contre les émigrés, et il vient de faire arrêter le duc d'Enghien à la frontière. Quel sort lui réserve-t-il? Je l'ignore; mais je crains ses conseillers, surtout ce maudit boiteux.

C'était Talleyrand que Joséphine désignait ainsi; tout en parlant, elle leva les yeux et l'aperçut en compagnie de son mari.

— Justement le voici, dit-elle; Bonaparte vous entretiendra probablement de cette affaire; tâchez de le porter à l'indulgence, mais surtout, ne lui dites pas que je vous en ai parlé.

— Soyez tranquille.

Et Joseph, qui venait faire visite à son frère, sortit du salon pour aller à sa rencontre. En le voyant, Bonaparte quitta M. de Talleyrand et continua sa promenade avec lui, et ses premiers mots furent pour lui apprendre l'événement.

Joseph l'écouta, puis, lorsqu'il eut terminé:

— Le duc d'Enghien! dit-il; c'est à son grand-père, le prince de Condé, que je dois d'être entré dans l'artillerie, au lieu des ordres auxquels j'étais destiné; j'étais alors au collége d'Autun, et c'est le prince de Condé qui, s'intéressant à moi, voulut se charger de me fournir les moyens d'embrasser la carrière militaire.

— C'est possible; mais aujourd'hui ils conspirent tous contre moi.

— Qu'as-tu donc à redouter d'eux? Tu es puissant, maître de la France : sois clément!

— Je veux, te dis-je, faire trembler ces gens-là et leur enseigner à se tenir tranquilles.

— Que feras-tu donc du duc?

— Ce que la commission qui est chargée de le juger décidera.

— Hélas! qui nous eût dit, au temps dont je parle, que nous aurions un jour à délibérer sur le sort du petit-fils du prince de Condé!

— Ah! fit Bonaparte avec impatience.

— Mais, tu l'as dit toi-même, tu es ennemi de toute réaction, et ne crois-tu pas, en admettant la culpabilité du duc d'Enghien, qu'en te montrant généreux...

Bonaparte s'arrêta dans sa marche, et se retournant brusquement vers son frère :

— C'est Joséphine qui t'a soufflé toutes ces belles idées-là, n'est-ce pas?

— Mais...

— Eh bien, fais-moi le plaisir de les garder pour toi; restes-tu à dîner avec nous?

— Cela ne m'est pas possible; j'ai invité quelques personnes à dîner à Morfontaine, et je suis obligé d'y retourner.

— En ce cas, je te laisse; va causer avec Joséphine: je rentre travailler.

Et tournant le dos sans plus de façon à son frère, le premier consul revint dans son cabinet, où Réal entrait à son tour au bout d'un moment.

Quelques instants plus tard, une dépêche télégraphique, datée de Strasbourg, apportait la nouvelle du départ du prince de cette ville dans la nuit du 26 au 27 ventôse.

Et à peine était-elle lue par le premier consul, qu'un courrier arrivait à toute bride annoncer l'arrivée du pirnce à Paris.

— Enfin ! s'écria Bonaparte.

Puis s'adressant à Réal :

— Écrivez, lui dit-il.

Réal reprit son poste accoutumé.

Le premier consul dicta :

Au citoyen Harel.

« La Malmaison, 29 ventôse an XII, quatre heures et demie.

« Un individu dont le nom ne doit pas être connu, citoyen commandant, doit être conduit dans le château dont le commandement vous est confié ; vous le placerez dans l'endroit qui est vacant, en prenant les précautions convenables pour sa sûreté. L'intention du gouvernement est que tout ce qui lui sera relatif soit tenu très-secret et qu'il ne soit fait aucune question sur ce qu'il est et sur les motifs de sa détention. Vous-même devez ignorer qui il est. Vous seul devrez communiquer avec lui, et vous ne le laisserez voir à qui que ce soit, jusqu'à nouvel ordre de ma part. Il est probable qu'il arrivera cette nuit. Le premier consul compte, citoyen commandant, sur votre discrétion et votre exactitude à remplir ces différentes dispositions.

« Par ordre du premier consul. »

Il y avait depuis le matin à la Malmaison des courriers prêts à partir et des chevaux tout sellés.

Bonaparte sonna :

— Cette lettre sur l'heure à son adresse ; pas une minute à perdre.

L'ordre fut exécuté immédiatement.

— A Murat maintenant, dit le premier consul. Réal, écrivez.

CINQUIÈME DIVISION. — POLICE SECRÈTE.

Le conseiller d'État chargé de la direction, etc., au général en chef Murat, gouverneur de Paris.

« La Malmaison, 29 ventôse an XII (20 mars 1804), quatre heures du soir.

« Général, d'après les ordres du premier consul, le duc d'Enghien doit être conduit au château de Vincennes, où les dispositions sont prises pour le recevoir. Il arrivera probablement cette nuit à destination. Je vous prie de faire les dispositions qu'exige la sûreté de ce détenu, tant à Vincennes que sur la route de Meaux par laquelle il vient. Le premier consul a ordonné que le nom de ce détenu et tout ce qui lui serait relatif soient tenus secrets. En conséquence, l'officier chargé de sa garde ne doit le faire connaître à qui que ce soit; il voyage sous le nom de Plessis. Je vous invite à donner de votre côté les instructions nécessaires pour que les intentions du premier consul soient remplies.

« Par ordre du premier consul. »

A cette lettre fut jointe une copie de l'arrêté rendu pour la formation de la commission militaire, et quand le pli fut cacheté, Bonaparte fit appeler un aide de camp de service.

C'était le général Savary.

— Portez cette lettre immédiatement au gouverneur de Paris, lui dit-il.

Savary monta à cheval et partit.

XXVII

Le voyage.

Le courrier qui avait été expédié de la Malmaison, dans la nuit du 24 ventôse (15 mars), aux généraux Caulaincourt et Leval, avait fait route à franc étrier; aussi était-il arrivé à Strasbourg le samedi, à onze heures du soir.

Si Bonaparte montrait, par l'ordre qu'il envoyait à ceux-ci de diriger le prince immédiatement en poste sur Paris, qu'il était pressé d'en finir, les généraux déployèrent de leur côté le même empressement à se conformer aux vues de leur maître.

Des exprès sillonnèrent bientôt les rues désertes de Strasbourg, pour donner connaissance aux diverses autorités civiles et militaires de l'ordre reçu, de façon à ce qu'elles se missent en mesure d'y obtempérer.

Préfet, généraux, commissaire, maître de poste, tout le monde fut bientôt sur pied.

Une voiture et des chevaux furent préparés.

Ce fut le commandant Charlot qui fut chargé d'aller chercher le prince à la citadelle.

Il pouvait être une heure du matin lorsque Charlot se présenta et demanda à parler au major Machim, qui sommeillait fort tranquillement, et dut se lever et s'habiller à la hâte.

— Qu'y a-t-il de nouveau? demanda-t-il au chef d'escadron de gendarmerie.

— Commandant, je viens vous débarrasser de votre prisonnier.

— Mon prisonnier? répondit le major qui était encore à moitié endormi.

— Oui, le ci-devant duc d'Enghien.

— Est-ce qu'on lui rend la liberté?

— Je ne pense pas.

— Alors, c'est pour le transférer ailleurs?

— Oui.

— Et où le menez-vous?

— A Paris.

— Vous avez l'ordre du général commandant la division?

— Le voici, contre-signé par le citoyen préfet.

— C'est bien; venez.

Et le major conduisit le commandant Charlot à la chambre dans laquelle était incarcéré le duc d'Enghien.

Celui-ci dormait.

Au bruit que fit la clef en tournant dans la serrure, il se réveilla en sursaut.

— Qui est-là? Que me veut-on? dit-il en se dressant sur son séant.

Et soudain, il reconnut les deux visiteurs. Ce fut le citoyen Charlot qui prit la parole :

— Monsieur le duc, lui dit-il, je suis chargé de vous notifier un ordre du citoyen général commandant la division, etc., qui vous enjoint de quitter immédiatement la citadelle.

— Quitter la citadelle, pour où aller?

— Chez le général, et c'est à l'instant qu'il faut me suivre.

Le duc, visiblement inquiet, ne répondit que ces mots :

— C'est bien; j'obéis.

Et il sauta à bas de son lit et s'habilla.

Le bruit qui s'était soudainement fait chez le duc d'Enghien avait éveillé les prisonniers dont les chambres communiquaient avec la sienne, et au bout d'un instant M. le marquis de Thumery, le lieutenant Schmidt et le chevalier Jacques arrivèrent tout effarés pour savoir ce qui se passait.

A la vue du commandant de la citadelle et du chef d'escadron Charlot, ils demeurèrent tout interdits.

— Que se passe-t-il donc? demanda le chevalier Jacques.

— Je l'ignore, mes bons amis, répondit le prince; mais il paraît que je vais vous quitter. Monsieur, ajouta-t-il en désignant le chef d'escadron, vient me chercher pour me conduire où il plaira au général de m'envoyer.

— Mais nous voulons partir avec vous, répliqua Jacques; commandant, on ne peut nous empêcher d'accompagner Son Altesse.

— J'ai ordre d'emmener le duc d'Enghien seulement, dit Charlot.

— Mais c'est de la barbarie, s'écria Schmidt.

— Mes bons amis, reprit le prince, je vous remercie de cette nouvelle marque d'affection que vous me donnez; mais, je vous en prie, imitez-moi : vous voyez que je me soumets à ce qu'on exige de moi; faites de même.

Les trois hommes étaient consternés, le chevalier Jacques surtout; il donnait des signes de la plus grande douleur.

— Embrassons-nous, mes amis, dit le duc d'Enghien en allant vers eux, et Dieu veuille que nous puissions bientôt nous revoir!

Et l'infortuné prince serra chacun de ses compagnons dans ses bras.

Tous les trois versaient des larmes.

Seul, le prince ne pleurait pas; mais on sentait qu'il faisait les plus violents efforts pour dominer l'émotion qui l'envahissait.

Il s'arracha brusquement de l'étreinte du chevalier Jacques, et se retournant vers le chef d'escadron :

— Je suis à vos ordres, monsieur.

— Partons, fit celui-ci.

— Monsieur le gouverneur, dit le prince en passant devant le major Machim, je vous remercie de la courtoisie que vous avez apportée à mon égard dans l'exécution de vos fonctions, et je suis heureux, en partant, de vous en témoigner ma reconnaissance.

— Au revoir, monseigneur, fit le marquis de Thumery.

20.

— A bientôt, dit à son tour le lieutenant Schmidt.

— Oui, à bientôt, répéta le chevalier Jacques.

— Adieu, mes amis, répondit le prince.

La porte de la chambre était ouverte.

Ce mot « adieu » résonna en un long écho dans les corridors, et en l'entendant, tous les témoins de cette scène tressaillirent malgré eux.

C'était comme un lugubre pressentiment.

Le lieutenant Pétermann et le maréchal-des-logis Blitersdorff, escortés de deux gendarmes, se tenaient extérieurement de chaque côté de la porte. Ils marchèrent derrière le prince, qui descendit l'escalier et se trouva dans la cour; on la lui fit traverser.

La grande porte de la citadelle était ouverte.

Le petit cortége la franchit et se dirigea sur la place de l'église.

On s'arrêta; le duc d'Enghien leva les yeux.

Il vit devant lui une grande berline de voyage, attelée de six chevaux de poste, conduits par deux postillons.

Le lieutenant Pétermann ouvrit l'une des portières.

— Montez, dit-il au duc.

Celui-ci hésita un moment, puis tout à coup il s'élança dans la voiture.

Le lieutenant monta ensuite et prit place à côté de lui.

Le chien Mohiloff avait eu l'instinct de sauter dans la berline et de se blottir sous une banquette. Quand on s'aperçut de sa présence, on était déjà loin.

— Où allons-nous donc? demanda le prisonnier.

— A Paris.

— A Paris ! ah ! tant mieux !

Le maréchal-des-logis grimpa sur le siége.

Les postillons firent claquer leur fouet.

Les chevaux s'élancèrent.

On était en route.

Le commandant Charlot regagna son logis et se coucha.

Le surlendemain, il se présenta de nouveau à la citadelle.

Cette fois, il venait chercher le colonel Grunstein, le lieutenant Schmidt, le chevalier Jacques, l'abbé Wemborn, la demoiselle Dagrain et Mme la baronne de Reich.

Mais, conformément aux instructions supérieures qu'avaient reçues les généraux, on ne crut pas devoir accorder à ces prisonniers le luxe d'une voiture de poste ; on les conduisit, sous bonne escorte, au bureau de la diligence, où des places avaient été retenues, et on les invita à y monter, ce qu'ils firent sans difficulté.

Quand la diligence fut prête à partir, le commandant Charlot remit à un brigadier, qui avait surveillé les préparatifs du départ, un papier sur lequel était écrit ce qui suit :

« Strasbourg, le 28 ventôse an XII de la République française.

« Le chef du 38e escadron de gendarmerie nationale en résidence à Strasbourg,

« Conformément aux ordres du premier consul qui m'ont été communiqués hier 27, par le général Caulaincourt, son aide de camp, et transmis par le conseiller d'État, préfet du Bas-Rhin,

« Ordonne au brigadier Acker, accompagné des gendarmes....... de conduire à Paris par la diligence, au ministère du grand juge, les personnes ci-après nommées :

« L'abbé Wemborn, la demoiselle Dagrain aînée, Mme de Reich, Dominique Jacques, secrétaire de l'ex-duc d'Enghien, le colonel Grunstein, le lieutenant Schmidt.

« Le brigadier Acker, répondant sur sa tête de la sûreté des prisonniers, pour lesquels il devra avoir tous égards dus au malheur et les attentions compatibles avec leur sûreté, s'assurera que les militaires qui l'accompagnent seront, comme lui, bien armés.

« Le brigadier Acker remettra au conseiller d'État Réal, au ministère du grand juge, rue des Saints-Pères, nº 9, en même temps que les prisonniers, la lettre ci-jointe et les papiers saisis sur eux.

« Il se rendra ensuite aux bureaux de l'inspection générale de la gendarmerie.

« CHARLOT. »

Le brigadier prit place à son tour dans le lourd véhicule, et on partit pour Paris.

Les jours suivants, où s'effectuaient les départs de la diligence, des ordres semblables furent donnés à d'autres brigadiers qui conduisirent successivement à Paris Mme et Mlle Lajolais, l'abbé d'Aymar, ci-devant grand vicaire du cardinal de Rohan ; Briançon, émigré rayé de la liste, qui exerçait les fonctions de contrôleur de la poste aux lettres à Strasbourg, prévenu d'avoir laissé passer des lettres compromettantes adressées aux émigrés d'Allemagne; Bologne, émigré aussi rayé, et qui se trouvait également inculpé pour le fait de correspondances séditieuses; Boug d'Orschwiller, ex-capitaine de la légion Mirabeau, arrêté, ainsi que Bologne, à Colmar, dans la nuit du 24 ventôse; Mme Klinglin-d'Essert, fortement accusée de faire partie du prétendu complot organisé par le comité d'Offenbourg; l'abbé Michel, Mlle Thérèse Jacquet de Saint-Dié, maîtresse de l'ex-général Lajolais, et dans les papiers de laquelle on avait trouvé un chiffre de correspondance qui lui avait été remis par ce dernier; l'ex-représentant Chambé, M. le comte de Toulouse-Lautrec, Réné Aumont, Pierre d'Ixupevilliers et Thérèse Leiss, servante.

Pendant toute une semaine, le service des diligences fut presque exclusivement affecté au transport des prisonniers qui, pour la plupart, eussent été bien embarrassés pour dire de quel crime ils étaient accusés; mais cela importait peu.

La police savait bien qu'elle arrêtait passablement à la légère; mais alors le principe: « Mieux vaut acquitter cent coupables que de condamner un innocent, » était retourné, et les préposés de tous ordres à la sûreté publique prétendaient qu'il valait infiniment mieux arrêter cent innocents que de laisser échapper un coupable.

Et, en vertu de cette interprétation, ils arrêtaient tant et plus, sûrs d'ailleurs qu'ils étaient d'être toujours approuvés par un gouvernement qui, peu soucieux de la liberté des citoyens et craignant sans cesse d'être renversé, ne reculait devant aucune espèce d'abus d'autorité pour s'affermir et marcher par les voies les plus rapides, fût-ce même les moins honnêtes, à l'absolutisme complet.

La berline qui conduisait le duc d'Enghien à Paris ne s'arrêta pour ainsi dire pas; des relais avaient été préparés partout; pendant qu'on changeait les chevaux, les voyageurs prenaient à la hâte un bouillon ou un verre de vin avec un morceau de pain, et on se remettait en route, toujours au triple galop.

Le prince était d'ailleurs fort satisfait de cette façon de voyager; il s'imaginait qu'on le conduisait aux Tuileries, en présence du premier consul, et il laissait voir au lieutenant Pétermann, qu'il n'avait aucun doute sur le résultat de cette entrevue.

— Un quart d'heure de conversation avec lui, lui disait-il, et tout sera bientôt arrangé!

Et, oubliant qu'il voyageait sous l'escorte de gendarmes, il paraissait tout heureux de venir en France. Il ne voyait plus dans ce quiproquo, qui le faisait prendre pour un criminel, qu'une occasion que le hasard lui fournissait de revoir son pays; il s'amusait à rappeler, parmi les diverses villes où l'on passait, celles qu'il avait autrefois visitées et les lieux qu'il avait parcourus.

Le lieutenant causait avec lui et se montrait plein de respect et de convenance pour son prisonnier, ce à quoi celui-ci était fort sensible, et pour reconnaître les bons procédés de son gardien, il lui fit présent d'une des bagues qu'il portait à la main gauche.

Les chevaux continuaient à galoper.

Le lundi, à neuf heures du soir, la berline traversait la ville de Châlons-sur-Marne.

On était encore à cent soixante kilomètres de Paris.

Le mardi, le prince, qui ne quittait plus sa tête de la portière, s'amusait à nommer les uns après les autres les villages les plus importants qui avoisinent Paris.

Soudain, il aperçut le pavillon d'octroi de la Villette.

— Paris! s'écria-t-il, c'est Paris!

Et il posa la main sur son cœur qui battait violemment.

XXVIII

A Vincennes.

Au moment où la berline allait franchir la barrière de la Villette, un gendarme à cheval, qui était en observation depuis un certain temps près du pavillon de l'octroi, s'avança au-devant du postillon et lui donna l'ordre d'arrêter ses chevaux.

Celui-ci obéit; le gendarme présenta alors un pli au maréchal-des-logis qui était sur le siége; Blitersdorff le prit et, descendant de la voiture, alla le présenter au lieutenant Michel; celui-ci le décacheta et le lut; puis, le remettant tout ouvert au maréchal-des-logis :

— Lisez, et prévenez le postillon, dit-il.

Blitersdorff obéit et reprit sa place sur le siége.

La berline tourna à gauche, au lieu d'entrer dans Paris, et suivit les boulevards extérieurs.

Le prince en exprima sa surprise au lieutenant Michel.

— Ne m'avez-vous pas dit que nous allions à Paris?

— Il est vrai ; mais je viens de recevoir l'ordre d'y entrer par la barrière de Sèvres et de ne pas traverser la ville, de façon à ne pas provoquer l'attention publique.

Le prince comprit le motif invoqué et sut gré même à ceux qui avaient ordonné son arrestation de lui épargner l'humiliation de passer au milieu de la capitale entre une escorte de gendarmes.

Il continua donc à regarder curieusement de droite et de gauche.

Depuis qu'il avait quitté Paris, la ville avait considérablement changé d'aspect; on se rappelle que ce fut par une ordonnance royale rendue par Louis XVI, le 13 janvier 1783, qu'un mur d'enceinte entourant Paris avait été résolu; mais la construction de ce mur, qui n'avait d'autre objet que les intérêts du fisc, ainsi que les barrières qui l'accompagnaient, ne furent achevées qu'en 1789.

Le duc d'Enghien ne les connaissait donc pas, pas plus que les quatre rangées d'arbres plantées au delà du mur et qui formaient les boulevards extérieurs que la berline suivait.

Ce n'avait pas été sans quelque opposition que les Parisiens s'étaient laissé emprisonner dans un mur d'enceinte :

Le mur murant Paris rend Paris murmurant.

Il y eut un commencement d'émeute, précisément vers Belleville, La Villette, Charonne, et le parlement dut nommer des commissaires pour rassurer les propriétaires, habitants, maraîchers, cabaretiers qui, dit Bachaumont, se trouvaient grevés d'impôts directs ou indirects auxquels ils n'étaient point sujets, soit par la diminution des loyers de leurs maisons, soit par l'augmentation des derniers impôts, dont ils se regardaient comme affranchis par les limites de la capitale fixées depuis longtemps.

C'était particulièrement les édifices municipaux, construits par Ledoux qui attiraient l'attention du prince, bien que ces lourds et massifs bâtiments, avec soubassement, colonnes doriques, bossages, frontons et péristyles, fussent d'assez mauvais goût ; mais le duc d'Enghien, qui chérissait Paris, ne voyait que des embellissements à sa chère ville et prenait un juvénile plaisir à les considérer.

La berline dépassa bientôt les barrières Ménilmontant, Fontarabie, Vincennes, Picpus, Charenton, Croulebarbe, d'Enfer, du Maine, et arriva enfin à celle de Sèvres.

Elle suivit la rue de ce nom jusqu'à la rue du Bac, qu'elle enfila jusqu'au n° 84, à l'hôtel de Galliffet, où se trouvait alors établi le ministère des relations extérieures; elle passa sous la porte cochère et vint s'arrêter dans la cour.

Le prince ouvrait la portière pour descendre.

Le gendarme qui se tenait à l'extérieur s'y opposa.

— Restez, lui dit-il.

Et il referma la portière déjà entrebâillée.

Le prince se rejeta dans le fond de la berline.

Les postillons étaient restés à cheval.

Quelques minutes se passèrent.

Le prince vit entrer dans la cour une voiture vide, qui alla se placer au bas du perron.

Une personne s'avança sur ce perron; un laquais ouvrit la voiture; la personne monta, et le roulement des roues sur le pavé se fit entendre.

Une bonne demi-heure se passa.

Enfin la même voiture revint; l'homme qui l'occupait descendit, entra dans les appartements, et quelques instants plus tard, les postillons de la berline recevaient l'ordre de se remettre en route.

Le duc d'Enghien se demandait où on le menait; mais il demeura bien surpris quand il vit que la berline reprenait le même chemin que celui que l'on avait suivi pour venir.

Derechef, on repassa par la barrière de Sèvres et les boulevards extérieurs.

Le prisonnier eût pu croire un instant qu'on le ramenait à Strasbourg et peut-être même à Ettenheim.

Mais cette croyance fut de courte durée.

Car, arrivés à la barrière de Vincennes, au lieu de suivre le boulevard jusqu'à celle de Montreuil, les chevaux tournèrent à droite et s'engagèrent sur la route de Vincennes.

Le prince pâlit.

L'espérance, qui jusqu'alors l'avait soutenu, s'envola tout à coup; il avait pensé qu'on le menait devant le premier consul, afin qu'il eût à s'expliquer sur sa prétendue complicité dans un complot auquel il était étranger, et on le transformait tout simplement en prisonnier d'État.

On allait l'enfermer à Vincennes!

Combien de mois, d'années le laisserait-on là?

Et il songeait involontairement à tous ces grands personnages de notre histoire, que les excès d'une politique coupable plongèrent dans les cachots pour le reste de leurs jours.

Oh! ce fut alors que l'image aimée de la princesse Charlotte lui apparut.

C'était vers elle que sa pensée courait.

Ses yeux s'obscurcirent un moment; son visage se contracta, mais ce ne fut qu'un éclair, et après cette involontaire concession à la faiblesse humaine, il releva le front: son regard était calme, et son visage avait repris toute sa sérénité habituelle.

— Nous allons à Vincennes, lieutenant? dit-il à l'officier de gendarmerie.

— Oui, répondit à voix basse celui-ci.

— Les Condé le connaissent, reprit le duc avec un pâle sourire.

Quelques minutes plus tard, le vieux donjon apparaissait, et sa longue masse noire se détachait morne et triste sur le ciel gris.

Rien de plus imposant que l'aspect de cette forteresse, qui, jusqu'alors, avait plus servi à retenir dans ses murs d'illustres captifs qu'à défendre la cap:tale.

Ce fut là, qu'Enguerrand de Marigny, le roi de Navarre, le duc d'Alençon, le duc et le chevalier de Vendôme, fils naturels de Henri IV, le prince de Condé, le cardinal de Retz, le prince de Conti, le duc de Longueville, Fouquet, Diderot, Mirabeau, vinrent successivement réfléchir aux vicissitudes de la politique.

Depuis le commencement du règne de Louis XV, l'ancienne maison de plaisance bâtie par Louis le Jeune en 1137, l'ancien *Regale manerium,* était spécialement affectée au logement des prisonniers d'État.

Au reste, la disposition particulière des bâtiments rendait cette affectation facile.

Le plan du château de Vincennes, qui présente un parallélogramme rectangle de 332 mètres sur 224, est flanqué de neuf tours, qu'on désigne sous les noms suivants :

Tour principale, qui sert d'entrée au château lorsqu'on arrive de Paris.

Elle fait face au bourg et mesure 34 mètres 56 centimètres de hauteur.

La tour du Réservoir, à l'angle nord-est, c'est-à-dire au coin de gauche.

La tour du Diable, aussi sur le côté gauche.

La tour des Salves, toujours sur le grand côté gauche du parallélogramme.

La tour du Gouverneur, encore sur le même côté.

La tour de la Reine, à l'angle de gauche et du petit

côté du plan général, c'est-à-dire le côté faisant face au parc.

La tour de la porte du Bois, à l'opposé de la tour principale, et où se trouvait l'appartement du commandant Harel.

La tour du Roi, à l'opposé de la tour de la Reine, à l'angle du côté du parc et du côté droit.

La tour de Paris, à l'angle nord-ouest, c'est-à-dire à droite de la tour principale.

Quant au donjon, il occupe un grand espace sur la droite et fait face à la tour des Salves. Il est entouré d'un fossé indépendant de celui du château, ayant treize mètres de profondeur sur sept de largeur. Il est à pic et revêtu de pierres de taille; il est en outre environné d'une enceinte composée d'une épaisse muraille et d'une porte défendue par deux tourelles; cette enceinte est couronnée d'une galerie percée de meurtrières et flanquée de quatre tourelles. Un pont très-ancien, une passerelle pour les piétons et un pont-levis, donnent accès dans le donjon.

Ce fut par la porte du Bois que la berline pénétra dans la cour du château.

Le citoyen Harel venait de recevoir la lettre du conseiller Réal, lorsqu'il entendit le galop de six chevaux de poste. Avant même qu'il fût descendu, la berline s'était arrêtée devant la porte de son logement, et le citoyen Bourdon, concierge des bâtiments militaires, était accouru pour recevoir l'hôte mystérieux qui arrivait.

Harel s'avança, ouvrit la portière, et le prince descendit.

— Monsieur, lui dit-il, je n'ai pas eu le temps nécessaire pour faire préparer le logement qui vous est destiné; mais si vous voulez bien monter chez moi, vous pourrez vous y chauffer en attendant.

— Volontiers, répondit le prince; je me chaufferai avec plaisir.

Et il allait monter l'escalier, lorsqu'il vit en descendre une dame en costume de religieuse; il se rangea auprès de la voiture pour la laisser passer; celle-ci s'inclina légèrement.

C'était une maîtresse de pension de jeunes filles, madame Bon, qui, selon sa coutume, venait de ramener à madame Harel ses deux enfants.

Elle supposa bien que c'était un personnage de distinction, et en passant auprès du concierge, elle s'informa de son nom; mais celui-ci ne put le lui apprendre; plus tard, elle dit à quelqu'un que l'homme qu'elle avait vu était d'une taille ordinaire, mince de corps, et d'une tournure distinguée; il était vêtu d'une longue redingote brune d'uniforme, et portait sur sa tête une casquette à double galon d'or.

Arrivé au premier étage, le prince, sur l'invitation d'Harel, entra dans une grande pièce, où se trouvait un homme qui était assis et qui se leva à son aspect.

C'était le brigadier Aufort, ancien sergent aux gardes françaises avec Harel, et qui, devenu commandant de la gendarmerie, en résidence à Vincennes, avait conservé avec son ancien camarade des relations d'amitié très-intimes.

Un bon feu brûlait dans la cheminée; le prisonnier

s'en approcha et parut se chauffer avec une véritable satisfaction.

— Monsieur a sans doute besoin de prendre quelque chose? lui dit Harel; nous sommes à ses ordres.

— Je suis loin de refuser vos offres, répondit avec bonhomie le duc d'Enghien; on m'a fait venir sans m'arrêter de Strasbourg jusqu'ici; je n'ai pu prendre que bien peu de chose depuis mon départ de cette ville. Je ne vous dissimule pas qu'en ce moment j'éprouve un extrême besoin.

— Mon Dieu! dit à son tour Aufort, monsieur doit être exténué; malheureusement, à cette heure, les auberges du pays offriront peu de ressources.

— Je ne suis pas difficile; le moindre ordinaire me suffira. Tout ce que je demande, c'est qu'il ne se fasse pas trop attendre.

— Aufort, je te prie, dit Harel, va voir toi-même ce qu'il sera possible de te procurer dans le village.

— J'y cours, répondit celui-ci.

Et, sortant précipitamment, le brigadier se rendit chez le traiteur Mavrée, qui demeurait sur la grande route de Paris, presque vis-à-vis la porte d'entrée du château, et demanda ce qu'on pouvait lui donner pour le souper de quelqu'un qui venait d'arriver.

— Ma foi! pas grand'chose, mon officier, répondit Mavrée. Nous avons eu aujourd'hui pas mal de monde à dîner, et la cuisine est à sec.

— Voyez, je vous prie, ce qu'il peut vous rester.

Le traiteur alla consulter son garde-manger.

— Je puis vous envoyer un potage au vermicelle et un peu de fricandeau. C'est tout ce qu'il y a ici.

— Soit! faute de mieux, il faut bien s'accommoder de ce qu'on trouve; mais notre homme a faim : il faudrait faire porter ça de suite.

— Le temps seulement de le faire chauffer.

— Dépêchez, je vous prie; j'attendrai, et votre jeune homme viendra avec moi.

Au bout de quelques instants, potage et fricandeau étaient chauds.

— Hippolyte! cria le traiteur.

— Voilà! patron.

— Tu vas aller avec le commandant porter ceci au château.

— Oui, patron.

Hippolyte Turquin (c'était son nom) prit les comestibles, et suivit Aufort, qui s'empressa de revenir au plus vite.

Pendant ce temps, Harel avait fait disposer le couvert, tout en conversant avec le prince, qui lui apprit qui il était.

— Il y a bien longtemps que je connais Vincennes, lui dit-il; je suis venu jadis le visiter avec mon grand-père, le prince de Condé, et non-seulement je me suis promené dans le bois et y ai parcouru les diverses parties du château; mais il me semble même, si mes souvenirs sont fidèles, que je reconnais la chambre où nous sommes. Oui, ajouta-t-il en jetant un regard circulaire autour de lui, c'est bien cela : c'est cette grille qui réveille ma mémoire.

Et le prince montrait un grillage doublé de rideaux blancs, qui se trouvait dans le fond de la pièce qu'il coupait.

Au moment où il parlait, une sorte de cri plaintif se fit entendre de l'autre côté de cette grille qui servait d'alcôve.

— Qu'est cela? demanda le duc d'Enghien.

— C'est ma femme qui est couchée, répondit Harel; elle est souffrante en ce moment, et elle se plaint sans doute.

— Allez près d'elle, dit le prince, allez vite.

Harel disparut un moment derrière l'alcôve et revint un peu ému.

— Ce n'est rien, dit-il.

La vérité est que le cri qui avait été poussé par la femme de Harel ne lui avait pas été arraché par la souffrance, mais par la surprise.

Elle venait de reconnaître le duc d'Enghien, qui était son frère de lait; sa mère avait été la nourrice du prince, et, en cette qualité, elle avait, jusqu'au moment de la Révolution, joui d'une pension que lui faisait la famille de Rohan.

Or, en voyant ce frère de lait prisonnier, elle n'avait pu retenir une exclamation d'étonnement et de compassion.

Le prince ne se préoccupa pas davantage de l'incident; il continua la conversation.

— Je ne pensais guère que ce serait comme prisonnier d'État que je reverrais cette chambre; mais enfin, que me veut-on? qu'a-t-on dessein de faire de moi? Le savez-vous, monsieur?

— Je l'ignore, monsieur le duc; mais il est probable que vous serez vite rendu à la liberté.

— Je l'espère, répondit le prince, sans remarquer

le peu de conviction avec laquelle son interlocuteur parlait de la probabilité de sa mise en liberté. Au reste, si l'on doit me retenir ici pendant quelque temps, je ne désire qu'une chose : c'est qu'on me permette de chasser dans ces beaux bois, et je m'engagerai volontiers, sur ma parole de gentilhomme, à ne point profiter de la permission pour chercher à m'évader.

— Si cela ne dépendait que de moi, répondit Harel, je vous l'accorderais bien vite.

— Je vous remercie, monsieur... Mais voici, je crois, le souper; vous plairait-il de le partager avec moi?

— Je vous remercie de l'honneur que vous me faites, monsieur le duc; mais j'ai dîné et ne pourrais de nouveau me mettre à table.

— A votre aise, monsieur.

Le brigadier Aufort venait d'entrer, suivi du garçon, qui posa sur la table ce qu'il apportait.

— Monsieur, dit Aufort, je vous demande pardon de n'avoir pas été plus heureux, mais voici tout ce que j'ai pu me procurer.

— Je vous remercie infiniment de votre obligeance, fit le prince ; il n'en faut pas davantage, et la faim que je ressens me fera faire, je vous assure, un excellent repas.

Et, prenant une chaise, il allait s'asseoir, lorsqu'il remarqua que les couverts placés sur la table étaient en étain.

Il les prit, les examina, et les reposa à leur place.

Ce n'était pas répugnance de la part de celui qui, plus d'une fois à l'armée, avait manqué de toutes les superfluités de la vie; mais il avait dit son nom à Harel, et il pensait que cela eût dû suffire pour que celui-ci le traitât avec les égards dus à un prince de la maison de Condé.

Au reste, Harel, qui avait vu le mouvement, comprit de suite la faute qu'il avait commise.

— Pardon, monsieur le duc, dit-il.

Et il alla aussitôt chercher de l'argenterie.

Le duc d'Enghien prit alors son couvert, et découvrit la soupière; mais avant de commencer à manger, il s'adressa de nouveau à Harel :

— Monsieur, lui dit-il, j'ai une grâce à vous demander; j'espère que vous n'y trouverez pas d'indiscrétion : j'ai avec moi un compagnon de voyage, le chien que vous voyez là; il est le seul ami dont on ne m'ait pas séparé; le pauvre animal a fait avec moi toute la route; il est, comme moi, à peu près à jeun depuis Strasbourg. Permettez-moi de lui témoigner de mon mieux ma reconnaissance en partageant avec lui ce léger repas.

Harel fit un geste d'approbation.

Le prince versa alors sur une assiette la moitié du potage, dans lequel il ajouta quelques bouchées de pain, et le présenta au chien, qui y fit honneur.

Il fit de même de sa viande.

Le souper ne fut pas long.

Aussitôt levé de table, Harel, qui avait fait allumer du feu dans la chambre destinée à son prisonnier, invita celui-ci à le suivre.

Ils arrivèrent dans le pavillon du Roi.

Le logis était loin d'être somptueux.

Un lit, une table et deux chaises en formaient à peu près tout l'ameublement.

Le prince ne fit aucune observation.

Toutefois, il ne put s'empêcher de remarquer que les préparatifs faits pour le recevoir ne témoignaient pas une grande considération pour sa personne. Plusieurs vitres manquaient à la fenêtre, et on s'était contenté de garnir les vides avec des linges et du papier.

Il ne jugea pas à propos d'en faire l'observation.

Ce dont il avait besoin maintenant, c'était surtout de repos.

Harel se retira, en lui souhaitant une bonne nuit.

A peine était-il sorti de la chambre, que le duc d'Enghien se hâta de se déshabiller et de se coucher.

Vaincu par la fatigue, il ne tarda pas à s'endormir profondément.

XXIX

Les derniers préparatifs.

Lorsque la berline portant le duc d'Enghien était arrivée dans la cour du ministère des relations extérieures, M. de Talleyrand avait été désagréablement surpris et surtout fort mécontent.

Aussi, son premier soin avait-il été de monter immédiatement dans sa voiture et de se faire vite conduire à l'hôtel Thélusson, où demeurait Murat, le gouverneur de Paris.

Celui-ci était assis dans un fauteuil, le pied reposant sur un petit tabouret ; à côté de lui, un aide de camp écrivait sur une table volante.

— Général, dit Talleyrand en arrivant, est-ce vous qui m'envoyez le duc d'Enghien ?

— Moi ? je ne comprends pas.

— Je vais me faire comprendre : le duc d'Enghien vient d'arriver en poste de Strasbourg, et c'est chez moi qu'il est adressé, selon que l'a prétendu le lieutenant de gendarmerie qui l'accompagne ; or, je vous demande si c'est vous qui avez ordonné que le prince fût dirigé à mon hôtel.

— Nullement.

— Alors, c'est un ordre direct du premier consul ; seulement, comme je n'ai pas été prévenu et que je ne sais ce que je dois en faire, je viens vous demander conseil.

— Mais c'est le fait d'une erreur, dit Murat ; le du d'Enghien doit être jugé ce soir même à Vincennes ; il devrait déjà y être écroué ; il faut l'y envoyer de suite ; Harel est prévenu.

— Je ne demande pas mieux, dit Talleyrand.

Et il prit congé du gouverneur.

Au moment où, remonté dans sa voiture, il franchissait la porte cochère, il se croisa avec Savary, qui arrivait en toute hâte chez le gouverneur, porteur de la lettre que lui envoyait le premier consul.

Murat prit la lettre et la lut.

— C'est bien, dit-il ; vous attendrez mes ordres.

Ils ne tardèrent pas.

Savary fut chargé de prendre sous son commandement une brigade d'infanterie et de se porter à Vincennes.

Un autre ordre, adressé directement à l'arsenal, où était casernée la gendarmerie d'élite (dont Savary était colonel), composée d'un petit bataillon et de quatre escadrons de cavalerie, choisis dans le corps entier de la gendarmerie, enjoignait à cette troupe d'envoyer l'infanterie et un fort détachement de cavalerie tenir garnison à Vincennes.

Dans le courant de la journée, chacun des membres désignés pour faire partie de la commission militaire avait reçu avis de se rendre chez le général Murat.

Celui-ci devait leur donner communication de l'arrêté suivant, dont un double avait été envoyé au *Moniteur*, pour paraître le lendemain avec les autres pièces :

« Le 29 ventôse an XII de la République.

« Le général en chef, gouverneur de Paris,

« En exécution de l'arrêté du gouvernement, en date de ce jour, portant que le ci-devant duc d'Enghien sera traduit devant une commission militaire, composée de sept membres nommés par le général gouverneur de Paris,

« A nommé et nomme pour former ladite commission les sept militaires dont les noms suivent :

« Le général Hulin, commandant les grenadiers à pied de la garde des consuls, président;

« Le colonel Guitton, commandant le 1er régiment de cuirassiers;

« Le colonel Bazancourt, commandant le 4e régiment d'infanterie de ligne;

« Le colonel Barrois, commandant le 96e régiment d'infanterie de ligne;

« Le colonel Ravier, commandant le 18e de ligne;

« Le colonel Rabbe, commandant le 2e régiment de la garde municipale de Paris;

« Le citoyen Dautancourt, major de la gendarmerie d'élite, qui remplira les fonctions de rapporteur.

« Cette commission se réunira sur-le-champ au château de Vincennes, pour y juger sans désemparer le prévenu, sur les charges énoncées dans l'arrêté du gouvernement, dont copie sera remise au président.

« J. MURAT. »

C'était le ministre de la guerre qui avait été chargé de faire avertir chacun d'eux, afin qu'il eût à se rendre à son poste.

Le citoyen Dautancourt ne fut désigné pour remplir les fonctions de rapporteur qu'au dernier moment; le premier consul avait d'abord jeté les yeux sur le colonel Auguste Colbert, du 10e régiment de chasseurs à cheval; mais le planton chargé de lui remettre en mains propres sa lettre de convocation ne l'ayant pas rencontré, et n'ayant pu parvenir à savoir où il le trouverait, Murat fit choix du citoyen Dautancourt à sa place.

Il était sept heures du soir, lorsque le général Hulin arriva chez le gouverneur de Paris. Celui-ci lui ordonna de se rendre immédiatement à Vincennes.

— Vous présidez une commission qui doit s'y assembler; il est important que vous y arriviez le premier.

— Mais, pour cela, il me faut un ordre de votre main, général.

— Cet ordre vous sera envoyé avec l'arrêté du gouvernement, aussitôt votre arrivée à Vincennes. Partez promptement. A peine serez-vous rendu à votre poste que ces pièces vous parviendront.

Hulin n'en demanda pas davantage; peu lui importait ce qu'il aurait à faire à Vincennes. On lui disait qu'il devait aller présider une commission; il ne jugeait même pas à propos de s'enquérir pourquoi cette commission siégeait!

Savary se rendit de chez Murat à la caserne de sa légion et se disposa à aller, à la tête de ses hommes, rejoindre la brigade d'infanterie que les ordres du ministre de la guerre avaient dû réunir de l'autre côté du boulevard Saint-Antoine.

Mais, arrivé à la barrière, force lui fut de s'arrêter.

Le factionnaire de garde lui barra le passage.

— On ne passe pas, dit-il.

En vain Savary exhiba de sa qualité et des ordres qu'il avait reçus.

Le chef du poste, appelé, lui donna connaissance de l'ordre du jour en vigueur et qui était ainsi conçu :

« Place de Paris, gouvernement de Paris.

ORDRE DU 8 VENTOSE.

« Le général en chef, gouverneur de la ville de Paris,

« Ordonne qu'à dater d'aujourd'hui et jusqu'à nouvel ordre, depuis six heures du soir jusqu'à six heures du matin, aucun individu ne sorte de Paris, sous tel prétexte que ce soit et de quelque autorité qu'il soit revêtu.

« Sont seuls exceptés du présent ordre le courrier de la malle et ceux de l'extraordinaire.

« *Signé :* MURAT. »

— Il eût bien dû me prévenir, grommela Savary.

Et il envoya un gendarme chez le gouverneur, pour lui demander l'autorisation qu'on exigeait pour le laisser passer.

Quelque diligence qu'apportât le messager, il s'ensuivit un retard qui fit qu'à huit heures et demie du soir seulement, Savary et ses gendarmes arrivèrent à Vincennes.

Aussitôt arrivé à Vincennes, Savary plaça sa brigade d'infanterie sur l'esplanade, du côté du parc, et disposa les hommes de sa légion dans la cour intérieure et aux diverses issues, avec défense expresse de laisser sortir personne sans une autorisation spéciale.

A partir de ce moment, le château de Vincennes se trouvait exclusivement placé sous le commandement direct de Savary.

A peine les gendarmes d'élite furent-ils apostés, que les membres de la commission commencèrent à arriver.

Harel les reçut dans son salon.

Quelques-uns d'entre eux s'adressèrent à Hulin, leur président, pour lui demander quelques explications; mais il se retrancha derrière l'ignorance absolue où il se trouvait du motif de la convocation, et s'adressant à Harel, il lui demanda s'il le connaissait.

— Je ne sais rien, répondit celui-ci avec humeur; je ne suis plus rien ici; tout se fait sans mes ordres et sans ma participation. C'est un autre qui commande à ma place.

Une heure environ s'écoula.

A dix heures, un aide de camp de Murat, le chef d'escadron Brunet, apporta de la part du gouverneur de Paris une grande enveloppe cachetée au général Hulin.

Celui-ci la prit et l'ouvrit; elle contenait :

1° L'arrêté du gouvernement renvoyant le duc d'Enghien devant une commission militaire;

2° L'ordre du général Murat, gouverneur de Paris, nommant les membres de cette commission;

3° Le rapport de Réal servant d'acte d'accusation;

4° Enfin quelques-unes des lettres saisies à Ettenheim et la correspondance du citoyen Shée, préfet du Bas-Rhin.

— Citoyens membres de la commission, dit le général Hulin en s'adressant à ses collègues, voici les pièces du procès que nous avons à juger; nous allons les examiner ensemble un moment, puis le citoyen rapporteur, le major Dautancourt, voudra bien procéder à l'interrogatoire du prévenu.

Chacun des commissaires jeta un coup d'œil rapide sur les papiers communiqués par le président, et personne d'entre eux ne fit aucune observation.

— Citoyen rapporteur, reprit alors le général Hulin, je vous invite à procéder à l'interrogatoire.

— Je suis prêt.

Le général donna l'ordre d'introduire un des officiers de gendarmerie; puis, s'adressant à Harel :

— Citoyen gouverneur, lui dit-il, avez-vous une autre pièce que celle-ci qui puisse être mise à la disposition de la commission?

— Non, général.

— Il nous en faut une, cependant; veuillez la faire disposer.

Un lieutenant de la gendarmerie d'élite, le citoyen Noirot, fut introduit.

— Lieutenant, lui dit le général, vous allez, accompagné de deux de vos hommes, vous transporter auprès du prisonnier et l'amener ici.

— Oui, général.

Et il sortit.

Pendant ce temps, Harel, de fort méchante humeur, faisait immédiatement porter des lumières et allumer du feu dans une petite pièce qui se trouvait à côté de la salle à manger.

Il descendait pour donner quelques ordres, lorsqu'un homme qui se tenait au bas de la porte du rez-de-chaussée s'avança vers lui et lui fit le salut militaire :

— Citoyen gouverneur, c'est fait, lui dit-il.

— Quoi? demanda Harel, qui pensait à autre chose.

— Ce que vous m'avez commandé.

Évidemment, Harel ne se souvenait plus.

Il regarda son interlocuteur dans les yeux.

— Eh bien! reprit le jardinier, le trou dans le fossé, quoi!

Harel tressaillit malgré lui.

— Ah! oui! La fosse est-elle assez grande, comme je vous l'ai recommandé?

— Pardi! Ah! dam, ç'a été dur à creuser; je n'avais que ma petite pioche et ma pelle; mais, c'est égal, j'y ai mis du mouvement, et je crois qu'un particulier, si grand qu'il soit, pourra se coucher dedans sans être gêné.

Et l'homme se mit à rire.

Harel ne riait pas. Cette fosse qu'on lui avait donné l'ordre de creuser de suite, il se doutait à qui elle était destinée, et un frisson involontaire passa dans ses veines.

Quant au jardinier insouciant, on lui avait demandé s'il pouvait creuser dans la cour une fosse assez grande pour recevoir un cadavre. Il s'était excusé en se fondant sur ce que la cour était pavée, et que cela demanderait un travail long et difficile; mais, la veille, il avait justement creusé un trou dans un des fossés au pied du pavillon de la Reine, pour en faire une sorte de récipient à décombres : il proposa de l'agrandir assez pour qu'il pût servir à l'usage qu'on en devait faire.

Il avait consciencieusement accompli sa besogne et mérité le pourboire qu'Harel lui donna.

Il y avait au château de Vincennes un homme prévenu d'un crime imaginaire.

Des juges étaient convoqués pour examiner s'il était ou non coupable.

Et déjà la fosse où il devait être enterré était creusée.

Elle n'attendait plus que la victime.

Que faisait le duc d'Enghien pendant ce temps? Il s'était endormi.

Il rêvait à son cher intérieur d'Ettenheim.

Il songeait à ce jardin fleuri de primevères dans lequel se promenait, calme et souriante, la princesse Charlotte.

Il se voyait entouré de tous ses amis de l'exil au milieu desquels s'écoulait son existence paisible, depuis qu'il avait quitté l'armée.

Et son franc et sympathique visage reflétait, sous les ombres du sommeil, la trace des douces pensées qui occupaient son esprit.

Il dormait, et ce sommeil, précurseur de la mort, n'était troublé ni par les pressentiments funèbres, ni par les épouvantements de l'avenir.

Ah! c'est que le juste qui repose ne connaît pas les longues insomnies des consciences troublées; c'est que tout était noblesse et confiance dans ce cœur français, chevaleresque, où la crainte ne pouvait pas avoir prise, parce qu'il n'y avait place que pour l'honnêteté, la justice et la droiture.

Il dormait.

Soudain, il fut réveillé par un bruit de clef tournant dans la serrure de sa chambre.

C'était le lieutenant Noirot, accompagné des gendarmes Serva et Tharsis, qui venait l'inviter à se rendre devant le capitaine rapporteur, pour répondre à un interrogatoire.

— Parbleu ! fit le prince, je ne demande pas mieux ; que je sache enfin ce qu'on me reproche et ce qu'on veut faire de moi. Mais il me semble que le jour ne paraît pas encore. Quelle heure est-il donc ?

— Minuit.

— On est bien pressé ; quelques heures plus tard vous auraient mieux convenu, et à moi aussi : je dormais si bien !

Et il s'habilla promptement pour suivre ses gardiens.

On traversa la cour dans laquelle il commençait à pleuvoir, et on monta à l'appartement du gouverneur.

Il traversa la pièce dans laquelle il avait dîné et fut introduit devant le major Dautancourt, qui était assis devant une petite table de bois noir, ayant à sa gauche un capitaine qui, une plume à la main, faisait l'office de greffier, et à sa droite un autre officier.

Pendant quelques minutes, un silence glacial régna dans cette pièce, faiblement éclairée par deux mauvaises lampes, dont la lumière douteuse jetait des reflets rougeâtres.

On entendait au dehors la pluie qui fouettait sur les vitres et les rafales du vent qui s'engouffrait dans le bois.

Les trois hommes, qui pensaient alors représenter la justice, regardaient le prévenu avec une curiosité qu'ils ne se donnaient pas même la peine de dissimuler.

Ils croyaient sans doute se trouver en face de

quelque rude militaire au visage sévère, à l'œil chargé d'éclairs, et ils étaient en présence d'un jeune homme à l'air plein de distinction et de noblesse, au visage juvénile encadré de beaux cheveux blonds bouclés, et dont le regard clair respirait la franchise et l'honnêteté.

Quels que fussent les principes ou les idées politiques de ces hommes, il leur était difficile de se soustraire à l'influence qu'exerçait sur eux ce grand nom de Condé, porté par celui qu'ils avaient mission d'interroger, et ils se sentaient attirés, à leur insu, vers cette nature loyale, qui ne pouvait guère être celle d'un conspirateur.

Le prince attendait qu'on lui parlât ; voyant que le silence continuait, il se décida à prendre la parole.

— Monsieur, dit-il au citoyen Dautancourt, arrivé depuis quelques heures à Vincennes, je serais fort en peine de savoir pourquoi on m'y tient prisonnier.

— Vous le saurez bientôt, répondit le rapporteur.

— Je crois, reprit le prince, qu'on aurait pu attendre qu'il fît jour pour m'interroger ; néanmoins je suis prêt à répondre aux questions qu'il vous plaira de m'adresser, si vous avez mission de le faire.

Cette dernière phrase frappa juste.

Le citoyen rapporteur devait être au moins en mesure de justifier de la qualité qu'il avait pour interroger le prince.

Il se pencha vers l'officier qui tenait la plume de greffier et sembla lui demander conseil ; puis, s'adressant de nouveau au duc d'Enghien, il lui dit :

— Vous êtes accusé de complot contre la sûreté de la République.

— J'ignorais cela, se contenta de répondre le prince.

— Et, reprit le rapporteur, c'est afin de donner des explications sur la participation à ce complot, qui vous est reprochée, que vous allez être interrogé.

— Jadis, en France, c'étaient les magistrats qui avaient charge de recevoir les déclarations des prisonniers.

Cette observation était toute naturelle, et le prince avait raison de la faire.

Jamais la connaissance des complots n'avait été attribuée aux commissions militaires; elle avait toujours été réservée aux tribunaux ordinaires, et lors même que la commission militaire aurait été compétente pour connaître des autres chefs de prévention, elle ne pouvait jamais, même sous le prétexte de connexité, connaître de l'accusation de complot contre la sûreté de l'État. Ce point de jurisprudence avait été reconnu et avoué par le ministre de la justice, en l'an V, avec la sanction du Directoire.

Le rapporteur se contenta de lui donner connaissance de l'arrêté du gouvernement qui convoquait une commission militaire, et confiait au capitaine-major Dautancourt les fonctions délicates qu'il remplissait.

Que le gouvernement eût raison ou non d'agir de la sorte, le prince ne s'occupa guère de juger la question, et, sachant désormais à quoi s'en tenir sur la qualité de son interlocuteur, il n'insista pas.

Celui-ci lui demanda ses nom et prénoms, que le prince lui énuméra volontiers, puis il l'invita à faire des aveux.

— Des aveux de quoi?

— Sur l'entreprise criminelle à laquelle vous êtes accusé d'avoir pris part, répondit Dautancourt.

— Un Condé n'a jamais commis d'action criminelle, répondit fièrement le prince.

Le rapporteur fit un geste d'impatience.

— Vous m'avez dit tout à l'heure que vous étiez prêt à répondre aux questions qui vous seraient posées.

— Sans doute; mais veuillez me les adresser, ou tout au moins me donner connaissance des faits qui me sont reprochés.

D'ordinaire, il est vrai, avant de passer un jugement, un accusé est averti de ce dont on le croit coupable, mais cela eût demandé du temps et retardé l'instruction. Dautancourt savait que les membres de la commission attendaient dans la pièce voisine qu'il eût terminé sa besogne, et il fallait qu'il se hâtât.

Alors commença un interrogatoire dont nous craindrions de ne pouvoir retracer exactement les termes, si nous tentions d'en changer la forme; aussi préférons-nous en donner au lecteur le procès-verbal, qui fut rédigé par le major Dautancourt, après une heure d'efforts infructueux, faits dans l'espérance de pouvoir obtenir une base d'accusation quelconque.

XXX

L'interrogatoire.

« L'an XII de la République française, aujourd'hui 29 ventôse, douze heures du soir, moi, capitaine-major de la gendarmerie d'élite, me suis rendu, d'après l'ordre du général commandant le corps, chez le général en chef Murat, gouverneur de Paris, qui me donna de suite l'ordre de me rendre au château de Vincennes près du général Hulin, commandant les grenadiers de la garde des consuls, pour en prendre et en recevoir d'ultérieurs.

« Arrivé au château de Vincennes, le général Hulin m'a communiqué :

« 1° Une expédition de l'arrêté du gouvernement du 29 ventôse présent mois, portant que le ci-devant duc d'Enghien serait traduit devant une commission militaire composée de sept membres nommés par le général gouverneur de Paris;

« 2° L'ordre du général en chef, gouverneur de Paris, de ce jour, portant nomination des membres de la commission militaire, en exécution de l'arrêté précité, lesquels sont : les citoyens Hulin, général des grenadiers de la garde; Guitton, colonel du 1er de cuirassiers; Bazancourt, commandant le 4e régiment d'infanterie légère; Ravier, commandant le 18e d'infanterie de ligne; Barrois, commandant la 96e demi-brigade, et Rabbe, commandant le 2e régiment de la garde de Paris;

« Et portant que le capitaine-major, soussigné, remplira auprès de cette commission militaire les fonctions de capitaine rapporteur; le même ordre portait encore que cette commission se réunira, sur-le-champ, au château de Vincennes pour y juger, sans désemparer, le prévenu sur les charges énoncées dans l'arrêté du gouvernement susdaté.

« Pour l'exécution de ces dispositions, et en vertu des ordres du général Hulin, président de la commission, le capitaine soussigné s'est rendu dans la chambre où se trouvait couché le duc d'Enghien, accompagné du chef d'escadron Jacquin, de la légion d'élite, et des gendarmes à pied du même corps nommés Serva et Tharsis, et encore du citoyen Noirot, lieutenant au même corps. Le capitaine rapporteur soussigné a reçu de lui les réponses ci-après, sur chacune des interrogations qu'il lui a adressées, étant assisté du citoyen Malin, capitaine au 18e régiment, greffier choisi par le rapporteur :

« A lui demandé ses nom, prénoms, âge et lieu de naissance :

« A répondu se nommer Louis-Antoine-Henri de Bourbon, duc d'Enghien, né le 2 août 1772, à Chantilly.

« A lui demandé à quelle époque il a quitté la France.

« A répondu : Je ne puis le dire précisément, mais je pense que c'est le 16 juillet 1789. Je suis parti avec le prince de Condé, mon grand-père, mon père, le comte d'Artois et les enfants du comte d'Artois.

« A lui demandé où il a résidé depuis sa sortie de France.

« A répondu : En sortant de France, j'ai passé avec mes parents, que j'ai toujours suivis, par Mons et Bruxelles ; de là nous nous sommes rendus à Turin, chez le roi de Sardaigne, où nous sommes restés à peu près seize mois. De là, toujours avec mes parents, je suis allé à Worms et aux environs, sur les bords du Rhin ; ensuite le corps de Condé s'est formé, et j'ai fait toute la guerre. J'avais, avant cela, fait la campagne de 1792 avec le corps de Bourbon à l'armée du duc Albert.

« A lui demandé où il s'est retiré depuis la paix faite entre la République française et l'empereur.

« A répondu : Nous avons terminé la dernière campagne aux environs de Gratz ; c'est là que le corps de Condé, qui était à la solde de l'Angleterre, a été licencié, c'est-à-dire à Wendish-Faestrictz, en Styrie ; qu'il est ensuite resté, pour son plaisir, à Gratz ou aux environs, à peu près six ou neuf mois, attendant des nouvelles de son grand-père, le prince de Condé, qui était passé en Angleterre et qui devait l'informer du traitement que cette puissance lui ferait, lequel n'était pas encore déterminé. « Dans cet intervalle, j'ai demandé au cardinal de Rohan la permission d'aller dans son pays à Ettenheim en Brisgau, ci-devant évêché de Strasbourg. » Que, depuis deux ans et demi, il est resté dans ce pays. Depuis la mort du cardinal, il a demande à l'Électeur de Bade, officiellement, la permission de rester dans ce pays, qui lui a été accordée, n'ayant pas voulu y rester sans son agrément.

« A lui demandé s'il n'est point passé en Angleterre et si cette puissance lui accorde toujours un traitement.

« A répondu n'y être jamais allé; que l'Angleterre lui accorde toujours un traitement et qu'il n'a que cela pour vivre.

« A demandé à ajouter que les raisons qui l'avaient déterminé à rester à Ettenheim ne subsistant plus, il se proposait de se fixer à Fribourg en Brisgau, ville beaucoup plus agréable qu'Ettenheim, où il n'était pas allé, attendu que l'Électeur lui avait accordé la permission de chasse dont il était fort amateur.

« A lui demandé s'il entretenait des correspondances avec les princes français retirés à Londres; s'il les avait vus depuis quelque temps.

« A répondu : que, naturellement, il entretenait des correspondances avec son grand-père, depuis qu'il l'avait quitté à Vienne, où il était allé le conduire après le licenciement du corps; qu'il en entretenait également avec son père, qu'il n'avait pas vu, autant qu'il peut se le rappeler, depuis 1794 ou 1795.

« A lui demandé quel grade il occupait dans l'armée de Condé.

« A répondu : Commandant de l'avant-garde en 1796. Avant cette campagne comme volontaire au quartier général de son grand-père, et toujours, depuis 1796, comme commandant d'avant-garde, et observant qu'après le passage de l'armée de Condé en

Russie, cette armée fut réunie en deux corps, un d'infanterie et un de dragons, dont il fut fait colonel par l'empereur, et que c'est en cette qualité qu'il revint aux armées du Rhin.

« A lui demandé s'il connaît le général Pichegru; s'il a eu des relations avec lui.

« A répondu : Je ne l'ai, je crois, jamais vu; je n'ai point eu de relations avec lui. Je sais qu'il a désiré me voir. Je me loue de ne pas l'avoir connu, d'après les vils moyens dont on a dit qu'il a voulu se servir, s'ils sont vrais.

« A lui demandé s'il connaît l'ex-général Dumouriez et s'il a des relations avec lui.

« A répondu : Pas davantage ; je ne l'ai jamais vu.

« A lui demandé si, depuis la paix, il n'a point entretenu des correspondances dans l'intérieur de la République.

« A répondu : J'ai écrit à quelques amis qui me sont encore attachés, et qui ont fait la guerre avec moi, pour leurs affaires et les miennes. Ces correspondances n'étaient pas de celles dont il croit qu'on veuille parler.

« De quoi il a été dressé le présent, qui a été signé par le duc d'Enghien, le chef d'escadron Jacquin, le lieutenant Noirot, les deux gendarmes et le capitaine rapporteur.

Signé : « NOIROT, *lieutenant* ; JACQUIN ; MOLIN, *capitaine greffier* ; DAUTANCOURT, *capitaine rapporteur*. »

Cet interrogatoire, rédigé à bâtons rompus, plein

de fausses énonciations, telles que celle qui faisait passer le lieu de la scène dans la chambre à coucher du prisonnier, lorsque, au contraire, on l'en avait fait sortir pour se rendre dans l'appartement d'Harel; ce procès-verbal, raturé, plein de mots tronqués, fut présenté au prince pour qu'il le signât.

— Monsieur, dit-il au lieutenant, il est impossible que le premier consul se refuse à m'accorder une audience; je vous prie de lui faire connaître mon désir de le voir, et je demande qu'il soit porté au procès-verbal.

— Ajoutez-le vous-même, fit le lieutenant.

Le prince prit la plume et écrivit :

« Avant de signer le procès-verbal, je fais avec instance la demande d'avoir une audience particulière du premier consul. Mon nom, mon rang, ma façon de penser et l'horreur de ma situation, me font espérer qu'il ne se refusera pas à ma demande.

« L.-A.-H. DE BOURBON. »

Dautancourt reprit le papier et recommença à biffer et à corriger.

Le prince le regardait faire.

— Puis-je me retirer maintenant? demanda-t-il.

— Pas encore, lui répondit le capitaine rapporteur; on va statuer sur ce qui reste à faire, en même temps que sur votre demande d'audience au premier consul. Attendez ici.

Et il se leva pour aller retrouver les autres commissaires au salon, transformé en salle d'audience, laissant le prince sous la garde du lieutenant Noirot et de deux gendarmes.

Quant au citoyen Jacquin, son rôle de figurant était terminé; il se retira.

Le duc d'Enghien, assis entre les deux gendarmes, gardait le silence; il pensait que le capitaine rapporteur était allé tout simplement consulter quelqu'un relativement à sa demande d'audience au premier consul, et il attendait patiemment le résultat.

Le capitaine Dautancourt, en remettant au général Hulin son procès-verbal, avait en effet appelé l'attention de la commission sur le vœu exprimé par le prisonnier.

L'un des commissaires, le colonel Barrois, se leva.

— Citoyens, dit-il, je crois que, devant le désir formel exprimé par le prévenu, notre devoir est de surseoir et d'en référer au premier consul.

Les autres membres de la commission se regardèrent, et une certaine hésitation se trahit sur le visage de quelques-uns. Deux ou trois étaient assez disposés à se ranger à cet avis; mais ils n'osaient pas exprimer hautement leur opinion avant de savoir quelle était celle de leurs collègues.

Le général Hulin les tira d'embarras et prit la parole :

— Citoyens, dit-il, je dois vous faire observer que nous sommes tous étrangers à la connaissance des lois; chacun de nous a gagné ses grades sur le champ de bataille, mais n'a la moindre notion en matière de jugements, et le citoyen rapporteur, ainsi que le citoyen greffier, n'ont guère plus d'expérience que nous.

Tout cela était vrai ; toutefois les colonels se demandaient à quel propos le général constatait d'une façon si officielle leur incapacité et leur ignorance en matière de formes judiciaires, alors qu'ils étaient appelés à rendre un jugement, et ils attendaient assez impatiemment la fin de l'exorde : Hulin y arriva.

— C'est pourquoi, continua-t-il, je vous proposerai de consulter à cet égard le général Savary, qui, sans doute, pourra nous fixer.

— Oui, c'est cela, répondirent unanimement les commissaires, qui n'étaient pas fâchés de pouvoir s'abriter derrière l'opinion de quelqu'un.

Savary, consulté, ne chercha ni faux-fuyants ni détours.

— Citoyen, dit-il au général Hulin, je ne sais s'il y a dans la loi une disposition qui vous autorise à surseoir ; je ne connais pas les lois plus que vous, mais ce que je connais, c'est la consigne militaire ; or, l'arrêté du gouverneur de Paris porte que la commission se réunira pour y juger sans désemparer le prévenu ; donc la demande d'audience au premier consul ne saurait vous empêcher de faire votre devoir.

C'était aussi l'avis du général Hulin, président de la commission.

On passa donc outre l'incident, se réservant après les débats de satisfaire, s'il y avait lieu, au vœu du prisonnier, et il fut décidé qu'on allait entrer immédiatement en séance.

En conséquence, ordre fut donné d'amener le prisonnier, et, afin de prêter aux débats un semblant de publicité, qui pût au besoin servir plus tard à ceux qui auraient tant besoin de justification, on décida que l'entrée du salon serait publique.

PUBLIQUE ! Il était deux heures du matin, et toutes les issues du château étaient gardées !

XXXI

La séance de nuit.

La pièce qui servait de salon au commandant Harel était l'ancienne salle de conseil du château.

L'ameublement qui l'avait transformée en salon n'avait rien d'élégant : un sofa, quelques fauteuils, des chaises et une table, deux ou trois mauvaises gravures accrochées à la muraille recouverte de panneaux de bois peints, le composaient à peu près.

Tout dans cette grande salle rappelait son ancienne destination, et malgré le feu très-vif qui brillait dans la cheminée, il y faisait ce froid humide, particulier aux pièces non habitées ou rarement ouvertes.

Or, le commandant Harel usait peu de son salon ; c'était un soldat à peine dégrossi, qui se souciait peu des usages et des plaisirs d'un monde auquel il était d'ailleurs complétement étranger, et la salle à manger lui convenait mieux que le salon.

Mais revenons à la disposition du local devenu salle d'audience.

La table avait été mise presque au centre de la pièce, plus près cependant de la cheminée, devant laquelle se trouvait le fauteuil du président; un espace libre permettait de circuler derrière; le général Savary vint sans façon s'y placer, afin de pouvoir se chauffer à l'aise.

Le général Hulin occupait ce fauteuil.

Sur la même ligne, à sa gauche, se tenaient les colonels Guitton et Bazancourt.

A sa droite, les colonels Barrois, Ravier et Rabbe.

Un peu en avant, sur le côté, le major Dautancourt était assis, faisant face à la table.

Deux gendarmes se tenaient debout à un mètre environ de la table, de chaque côté de l'espace réservé à l'accusé.

Le fond de la pièce était occupé par des soldats.

On cherchait vainement la place du défenseur.

On n'avait pas jugé à propos, on le sait, d'en donner un à l'homme qui était accusé de complicité dans un complot contre la sûreté de l'État, probablement parce qu'on avait supposé que la chose n'en valait pas la peine, et, au fond, on n'avait pas eu tort, puisque le prévenu était là pour être condamné et non pour être jugé.

Or, un défenseur eût pu invoquer les lois, démontrer l'innocence de son client, plaidé l'incompétence de la commission militaire, protesté contre l'irrégularité de la procédure nocturne, toutes choses qui eussent singulièrement dérangé les conditions du programme tracé par le maître.

La loi du 13 brumaire disait bien, il est vrai : « Après avoir clos l'interrogatoire, le rapporteur dira au prévenu de *faire choix d'un ami pour défenseur.* Le prévenu aura la faculté de choisir ce défenseur dans toutes les classes de citoyens présents sur les lieux. S'il déclare qu'il ne peut faire ce choix, le rapporteur le fera pour lui. »

Mais le respect de la loi, qui donc eût osé l'invoquer, alors que le premier consul l'avait si outragé, si méconnu?

« Un accusé sans défenseur, a dit un grand jurisconsulte, n'est plus qu'une victime abandonnée à l'erreur ou à la passion du juge; celui qui condamne un homme sans défense cesse d'être armé du glaive de la loi : il ne tient plus qu'un poignard. »

Le duc d'Enghien fut introduit.

Il promena sur l'assemblée un regard plus surpris que chargé d'inquiétude.

Le président ordonna au capitaine rapporteur de donner connaissance des pièces tant à charge qu'à décharge.

Le capitaine eut l'air de les chercher; il toussa, retourna ses paperasses et ne trouva rien.

— L'arrêté, lui dit tout bas le président.

— Ah ! oui, le voici.

L'arrêté du gouvernement, c'était là tout ce qu'on avait trouvé comme preuves de la culpabilité de l'accusé.

Le capitaine rapporteur le lut à haute voix.

Cette lecture terminée, le président recommença à

peu près les questions qui avaient déjà été posées dans l'interrogatoire.

Le prince y répondit de la même façon ; il convint, comme il l'avait fait une heure auparavant, qu'il recevait un traitement de l'Angleterre, qu'il avait fait et qu'il était prêt encore à faire la guerre au gouvernement républicain, pour soutenir les droits de sa famille et de son sang. Mais quand le président l'invita à s'expliquer sur les complots dont il avait dû avoir connaissance, et notamment sur celui d'assassinat du premier consul, il eut un mouvement d'indignation dont il ne fut pas maître.

— Une telle manière d'agir est tellement contraire à mes sentiments, à mon rang et à ma naissance, dit-il, que je fais plus que de m'étonner qu'on ait pu me la supposer; je la considère comme une sorte d'insulte.

— Mais cependant, monsieur, reprit le général Hulin, comment pouvez-vous nous persuader que vous ignoriez aussi complétement que vous le dites ce qui se passait en France, quand non-seulement le pays que vous habitiez, mais le monde entier, en était instruit, et qu'avec votre rang et votre naissance, que vous prenez tant de soin de nous rappeler, vous ayez pu rester indifférent à des événements d'une si haute importance et dont toutes les conséquences devaient être pour vous? A la manière dont vous nous répondez, vous semblez vous méprendre sur votre position. Prenez-y garde ; ceci pourrait devenir sérieux, et les commissions militaires jugent sans appel.

Le duc d'Enghien eut comme un pressentiment du

sort qui l'attendait, mais sa physionomie ne changea pas d'expression ; il conserva cette « noble assurance » à laquelle le général Hulin ne put s'empêcher, vingt ans plus tard, de rendre hommage.

— Je ne puis, monsieur, répondit-il avec calme, que vous répéter ce que j'ai déjà dit. Apprenant que la guerre était déclarée contre la France, j'avais fait demander à l'Angleterre du service dans ses armées ; le gouvernement anglais m'avait fait répondre qu'il ne pouvait m'en donner, mais que j'eusse à rester sur le Rhin, où incessamment j'aurais un rôle à jouer, et j'attendais. Voilà, monsieur, tout ce que je puis vous dire.

Le général Hulin chercha une autre voie :

— Un de vos domestiques a déclaré que vous aviez fait un voyage à Paris.

— Qu'on amène ce domestique, et qu'il dise le jour où je suis parti.

— Il y a longtemps : c'était sous le Directoire.

— Le fait est faux.

— Pourquoi avez-vous rassemblé des émigrés autour de vous ?

— Quelques Français malheureux, la plupart infirmes, s'étaient établis à Offenbourg ; devais-je leur en faire un crime ?

— Connaissiez-vous Georges Cadoudal ?

— Non, monsieur.

— N'êtes-vous pas en correspondance avec Pichegru ?

— Non, monsieur.

— Étiez-vous instruit de la conspiration tramée contre le premier consul ?

— Non, monsieur, et si j'en avais été prévenu, je me serais tenu sur mes gardes.

— Vous vous attendiez à un autre résultat.

Ce mot fit bondir le prince d'indignation.

Supposer qu'il reniait la criminelle tentative de Cadoudal parce qu'elle n'avait pas réussi, c'était faire du duc d'Enghien plus que le complice d'un crime : c'était en faire un lâche.

La rougeur lui monta au front, et ce fut d'une voix vibrante qu'il s'écria :

— Jamais un Condé n'a été un infâme. Mes ancêtres m'ont transmis une gloire sans tache, et j'ai sans cesse cherché à me rendre digne de ce noble héritage. Faites de moi ce qu'il vous plaira ; je n'ai plus rien à dire.

Cette vive sortie termina la séance.

La commission était suffisamment éclairée.

Elle pouvait maintenant délibérer en toute connaissance de cause ; ce n'étaient ni les déclarations des témoins, ni les arguments de la défense, ni la lecture des pièces qui pouvaient influer sur son opinion.

Aussi le général Hulin prononça la clôture des débats, fit retirer l'accusé, et invita le général Savary, ainsi que l'aide de camp de Murat, qui avaient assisté à la séance, à sortir de la salle, qui fut complétement évacuée.

Et la délibération commença.

Elle ne fut pas longue.

A l'unanimité, les juges opinèrent pour la culpabilité et condamnèrent l'accusé à la peine de mort.

C'était la chose la plus simple du monde ; mais ce qui l'était moins, c'était la façon dont le jugement serait rédigé. Le général Hulin l'avouait : il était absolument ignorant en matière de jugement ; cependant, après un travail long et pénible, il finit par confectionner la pièce suivante :

« Aujourd'hui, le 30 ventôse an XII de la République, deux heures du matin,

« La commission militaire, formée en exécution de l'arrêté du gouvernement en date du 29 courant, composée des citoyens Hulin, général commandant la garde des consuls, président ; Guitton, colonel au 1er régiment de cuirassiers ; Bazancourt, colonel du 4e régiment d'infanterie légère ; Ravier, colonel du 18e régiment de ligne ; Barrois, colonel du 96e ; Rabbe, colonel du 2e régiment de la garde de Paris ; le citoyen Dautancourt, remplissant les fonctions de capitaine rapporteur, tous nommés par le général en chef, gouverneur de Paris, s'est réunie au château de Vincennes,

« A l'effet de juger le ci-devant duc d'Enghien sur les charges portées dans l'arrêté précité.

« Le président a fait amener le prévenu libre et sans fers, et a ordonné au capitaine rapporteur de donner connaissance des pièces tant à charge qu'à décharge, au nombre d'une.

« Après lui avoir donné lecture de l'arrêté susdit, le président lui a fait les questions suivantes :

« Vos nom, prénoms, âge et lieu de naissance.

« A répondu se nommer Louis-Antoine-Henri de Bourbon, duc d'Enghien, né à Chantilly, le 2 août 1772.

« A lui demandé s'il a pris les armes contre la France.

« A répondu qu'il avait fait toute la guerre et qu'il persistait dans la déclaration qu'il a faite au capitaine rapporteur et qu'il a signée. A, de plus, ajouté qu'il était prêt à faire la guerre et qu'il désirait avoir du service dans la nouvelle guerre de l'Angleterre contre la France.

« A lui demandé s'il était encore à la solde de l'Angleterre.

« A répondu que oui; qu'il recevait par mois cent cinquante guinées de cette puissance.

« La commission, après avoir fait donner au prévenu lecture de ses déclarations par l'organe de son président, lui a demandé s'il avait quelque chose à ajouter dans ses moyens de défense; il a répondu n'avoir rien à dire de plus et y persister.

« Le président a fait retirer l'accusé; le conseil, délibérant à huis-clos, le président a recueilli les voix, en commençant par le plus jeune en grade, le président ayant émis son opinion le dernier. L'unanimité des voix l'a déclaré coupable et lui a appliqué l'article de la loi du.... ainsi conçu.... et, en conséquence, l'a condamné à la peine de mort.

« Ordonne que le présent jugement sera exécuté de suite, à la diligence du capitaine rapporteur, après en avoir donné lecture, en présence des différents détachements des corps de la garnison, au condamné.

« Fait, clos et jugé sans désemparer, à Vincennes, les jour, mois et an que dessus; et avons signé.

Signé : « P. HULIN, BAZANCOURT, RABBE, BARROIS, DAUTANCOURT, *rapporteur;* GUITTON, RAVIER. »

Le premier acte de la tragédie était joué.

Il ne s'agissait plus que de l'exécuter le plus tôt possible.

Le capitaine rapporteur, Harel et le général Savary furent chargés de prendre les mesures nécessaires.

La cour et l'esplanade étaient encombrées de troupes.

Il fallait trouver un endroit propice au supplice, et les avis étaient partagés; l'officier qui commandait l'infanterie de la légion de gendarmerie s'approcha alors de Savary.

— Colonel, lui dit-il avec une émotion qu'il ne cherchait pas à déguiser, on me demande un piquet pour exécuter la sentence de la commission militaire.

— Donnez-le, répondit Savary.

— Mais où dois-je le placer?

— Là où vous ne pourrez blesser personne.

— Ma foi! dit l'officier, je ne vois guère que le fossé.

— Soit.

Et le fossé fut adopté.

XXXII

La tuerie.

Le duc d'Enghien, toujours accompagné du lieutenant Noirot, était remonté dans sa chambre, en attendant qu'on voulût bien lui faire connaître la décision de ses juges.

Et, toujours confiant en son innocence, il s'attendait si peu à être condamné, malgré la tournure qu'avaient prise les débats, qu'il ne se préoccupait même pas de ce qui se passait dans cette pseudo-salle d'audience où sa mort avait été résolue.

Le lieutenant Noirot n'avait pu résister au désir de lui dire qu'il avait jadis servi dans Royal-Navarre-Cavalerie.

— Vraiment! répondit le prince.

— Et j'ai eu occasion de voir Votre Altesse chez le duc de Crussol, mon colonel.

— En effet, j'y allais, répondit le prince. Royal-Navarre, un beau régiment! C'était M. le comte de Lescuyer de Montigny qui en était lieutenant-colonel.

— Oui, monseigneur; mon capitaine était M. le comte Mesnard de Chouzy.

— Le régiment avait son dépôt à Auch, si j'ai bonne mémoire.

— Oui, monseigneur.

Et le prince, avec toute sa liberté d'esprit, causait de la sorte, comme s'il eût été tranquillement à Ettenheim. Il s'informa depuis combien de temps le lieutenant était sous les drapeaux, s'il était content de sa position.

Et la conversation se serait sans doute prolongée longtemps encore sur ce terrain, si Harel, accompagné du brigadier Aufort, n'était venu tout à coup l'interrompre.

Il venait chercher son prisonnier pour le conduire à la mort.

Le prince se leva à son approche.

— Eh bien! lui demanda-t-il, qu'y a-t-il de nouveau?

Harel évita de répondre; il paraissait embarrassé, mal à l'aise, et ce fut d'une voix mal assurée qu'il se contenta de dire :

— Je vous prie de me suivre.

— Volontiers, dit le prince.

Le brigadier Aufort le regardait, et lui aussi semblait péniblement affecté.

On sortit de la chambre.

Harel marchait le premier, une lanterne à la main.

Le prince venait ensuite, suivi par le lieutenant Noirot et les deux gendarmes; le brigadier Aufort fermait la marche.

Le prince remarqua qu'on ne suivait pas le même chemin que celui qui menait au logement du commandant.

Arrivé à la tour dite du Diable, se trouvait l'escalier conduisant aux fossés; c'était un escalier étroit, tortueux, et il s'en dégageait un air froid, humide, qui surprit désagréablement le prince.

— Où me conduisez-vous donc? demanda-t-il; est-ce pour m'enfermer vivant dans quelque cachot? J'aimerais mieux mourir sur-le-champ.

— Veuillez me suivre, se contenta de répondre Harel, et rappelez tout votre courage.

Le prince leva les yeux au ciel et garda le silence.

Au bas de l'escalier, le funèbre cortége suivit pendant quelque temps les fossés.

Le prince souffrait du froid; une pluie fine, pénétrante, glaciale, lui fouettait le visage, et ce liquide brouillard augmentait encore les ténèbres de ce lieu sinistre et ne permettait pas de voir un peloton de soldats immobiles, à l'angle de la tour du Gouverneur.

A une heure du matin, un lieutenant avait commandé à seize hommes de la gendarmerie-infanterie de prendre et charger leurs armes, ce qu'ils avaient fait, puis il leur avait donné l'ordre de descendre dans les fossés du château.

— Silence absolu dans les rangs, avait-il ajouté.

Et ils s'étaient mis en marche, en gardant le mutisme le plus complet.

Ils arrivèrent à quatre pas de l'angle formé par la tour du Gouverneur.

— Halte! commanda le lieutenant.

Les hommes s'arrêtèrent.

— Armes au pied!

L'ordre s'exécuta.

Le lieutenant prit alors la parole :

— Un conspirateur bien convaincu d'avoir voulu tout bouleverser, dit-il, afin de replonger la France dans les horreurs des derniers temps de Robespierre, et très-justement condamné à mort, va être amené sous peu d'instants vis-à-vis de vous, à la distance de quatre ou cinq pas. Un adjudant général vous donnera le signal de le fusiller. Ce signal consistera : 1° à porter la main à son chapeau; 2° à se découvrir la tête. Je vous recommande de nouveau de ne pas bouger, d'observer constamment le plus grand silence et de n'avoir d'yeux que pour le signal et le criminel.

— Mon lieutenant, dit un des gendarmes, l'obscurité de la nuit ne permet pas que l'on voie à un pas devant soi.

— Il y sera pourvu lorsqu'il en sera temps : vous ne serez pas vus, mais vous verrez très-bien.

Les gendarmes se turent.

Vers trois heures du matin, alors qu'ils commençaient à trouver la faction démesurément longue, ils entendirent marcher.

C'était l'adjudant-général Pelé, enveloppé d'un manteau et tenant à la main une lanterne sourde à demi ouverte.

Il fit séparer le détachement en deux pelotons de huit hommes chacun, et leur donna ordre de se préparer.

Au même instant le duc d'Enghien arriva.

A cinq pas de distance des gendarmes, on lui commanda de s'arrêter, ce qu'il fit.

Alors l'adjudant, se tournant vers lui, ouvrit son manteau, prit le jugement de la commission militaire d'une main, de l'autre tint sa lanterne, et commença sa lecture.

Le duc d'Enghien l'écouta en silence, et lorsqu'il entendit prononcer sa condamnation à mort, il demeura un instant impassible.

Puis, s'adressant à l'officier qui venait de lire, il demanda d'une voix ferme s'il lui serait accordé de voir le général Bonaparte et de lui parler.

— C'est impossible, lui répondit l'adjudant.

— Puis-je au moins lui écrire?

— Non.

Le duc n'insista pas ; il se tourna vers le groupe qui se trouvait devant lui :

— Y a-t-il parmi vous quelqu'un qui veuille me rendre un dernier service? demanda-t-il.

Le lieutenant Noirot s'approcha vivement de lui et échangea quelques mots à voix basse, puis il s'adressa à ses hommes :

— Gendarmes, l'un de vous a-t-il une paire de ciseaux ?

— Oui, répondit l'un d'eux.

Et les ciseaux, passés de main en main, furent remis au prince.

De la main gauche, et sans retirer sa casquette, il prit une boucle de cheveux qu'il portait longs et la coupa, puis il tira de son doigt un anneau d'or, mit e tout dans un morceau de papier qu'il prit dans son vêtement, ainsi qu'une lettre cachetée qu'il avait dans la poche intérieure de sa redingote, et remit le tout au lieutenant Noirot, en le priant de vouloir bien faire parvenir ce dépôt à la princesse Charlotte de Rohan.

Le lieutenant avait peine à contenir son émotion; sa main tremblait en recevant le petit paquet, et il se hâta de reprendre sa place auprès de ses soldats.

Le duc d'Enghien, qui en avait fini avec les hommes, et dont la dernière pensée terrestre avait été pour la noble compagne de sa vie, tourna ses regards vers le ciel et ne songea plus qu'à bien mourir.

— Messieurs, dit-il d'une voix pleine de douceur et de résignation, me fera-t-on la grâce de me permettre de me confesser?

— Il n'y a pas de prêtre ici, dit quelqu'un que le prince ne vit pas.

— Mais ne pourrait-on pas en faire demander un dans le village? Je veux mourir chrétiennement.

Ce fut l'adjoint Pelé, visiblement ému, qui cette fois lui répondit :

— Je suis peiné de ne pouvoir satisfaire à ce désir, mais mes ordres sont formels.

Et il fit quelques pas en arrière.

Le prince n'insista pas davantage; il leva les yeux au ciel, joignit les mains et adressa une courte prière à Dieu.

Rien ne saurait rendre l'aspect saisissant de cette scène sinistre.

Le prince était debout près d'un petit pommier aux branches dépouillées par l'hiver et se trouvait seul éclairé par la lanterne dont Harel dirigeait les rayons.

Les soldats, dans l'ombre, fusil chargé, attendaient le signal.

Harel alla déposer sa lanterne sur le bord d'un petit mur en démolition.

Soudain l'adjudant porta la main à son chapeau.

Les soldats mirent en joue.

Il se découvrit.

Huit coups de feu retentirent.

Le duc d'Enghien tomba foudroyé, face contre terre.

Quatre gendarmes s'approchèrent alors du cadavre et fouillèrent les vêtements de la victime.

L'un retira d'une poche quelques feuillets de papier assemblés : c'était le journal sur lequel le malheureux prince avait coutume d'inscrire ses principales actions de chaque jour. On sait qu'il s'arrêtait au moment où on le fit partir de Strasbourg pour Paris.

Le second gendarme prit une montre qu'il remit à ses chefs.

Quant aux bagues qui ornaient les mains du prince, aux pièces d'or qu'il avait sur lui, et à plusieurs autres objets qu'il portait habituellement, on n'y toucha pas.

Évidemment, c'était aux papiers qu'on en voulait.

On craignait que les preuves de l'innocence de celui qui venait d'être si odieusement assassiné ne fussent enlevées par d'autres.

Et on était si désireux d'effacer jusqu'à la moindre trace du crime, qu'on ne prit pas même le soin d'observer les marques de respect qu'inspire la mort.

L'adjudant ordonna aux gendarmes de cesser la fouille des vêtements, et de jeter immédiatement le cadavre dans la fosse.

Ils le prirent par les jambes et sous les bras, et on le jeta dans le trou béant.

Harel avait eu le soin de faire préparer des pelles et des pioches, accompagnées de deux litres d'eau-de-vie, le long du petit mur où se trouvait la lanterne.

Chacun des gendarmes s'arma d'un de ces outils, et après s'être préalablement réconfortés par une large rasade d'eau-de-vie, ils se mirent à l'ouvrage.

Il s'agissait de combler la fosse et de niveler le terrain, de façon qu'on ne s'aperçût pas que le corps d'un homme, la dépouille mortelle d'un prince de la maison de Bourbon, fût enfouie là.

Et les pelles et les pioches firent merveille.

Au bout d'une heure environ, les gendarmes étaient à peu près parvenus à achever leur besogne.

— Je crois que ça commence à ne plus se voir, dit l'un d'eux.

— Ma foi, dit l'autre, mon avis est que nous pouvons en rester là ; finissons la bouteille, et partons.

Une dernière rasade couronna l'œuvre.

Les gendarmes étaient d'autant plus pressés de terminer, que l'ordre avait été donné par le général Savary de se remettre en route pour Paris. Déjà la cavalerie était partie, et la brigade d'infanterie n'attendait plus que le travail des camarades-fossoyeurs fût terminé, pour regagner sa caserne.

Bientôt ceux-ci jetèrent les pelles et les pioches à côté d'eux et se disposèrent à quitter la place; mais, au même instant, un hurlement plaintif se fit entendre au milieu du silence de la nuit.

C'était comme un cri déchirant qui partait de l'endroit où le prince était tombé.

Les gendarmes se regardèrent avec effarement.

Un second gémissement, plus lugubre encore que le premier, retentit à leurs oreilles.

Bien qu'aguerris depuis longtemps, les trois hommes se sentaient cloués au sol.

Soudain, ils virent s'avancer vers eux un chien qui se jeta sur la fosse fraîchement couverte et se mit à labourer la terre à l'aide de ses pattes, en continuant à hurler douloureusement.

— Ah! sommes-nous bêtes! dit l'un des gendarmes qui retrouva toute son assurance; c'est un chien.

Il essaya de le chasser, mais il comprit que c'était peine perdue.

Et les trois hommes s'en allèrent.

Toute la nuit le chien Mohiloff ne cessa de gémir sur la tombe de son maître.

XXXIII

Après le crime.

Que faisait Bonaparte pendant que se commettait à Vincennes le noir forfait dont on vient de lire les détails?

Il se reposait tranquillement à la Malmaison du fardeau des affaires publiques, et passait la soirée auprès de sa femme, de son secrétaire, de quelques dames de l'entourage de Joséphine et de quelques officiers.

Après dîner, on avait causé de choses et d'autres, puis Bonaparte avait manifesté le désir de faire une partie d'échecs, jeu qu'il affectionnait et auquel il était d'une certaine force.

C'est d'ailleurs, on le sait, « le roi des jeux, le jeu des rois. »

Ce fut Mme de Rémusat qui eut l'honneur de faire le jeu du premier consul.

« Seul, distrait, affectant le calme, a dit l'historien

du *Consulat et de l'Empire,* il avait fini par s'asseoir devant une table, et il jouait aux échecs avec l'une des dames les plus distinguées de la cour consulaire, laquelle, sachant que le prince était arrivé, tremblait d'épouvante en pensant aux conséquences possibles de cette fatale journée. Elle n'osait lever les yeux sur le premier consul qui, dans sa distraction, murmura plusieurs fois les vers les plus connus de nos poètes sur la clémence : d'abord ceux que Corneille a mis dans la bouche d'Auguste, et puis ceux que Voltaire a mis dans la bouche d'Alzire. »

Ces allusions à la clémence, marmottées par Bonaparte tout en poussant ses pions, alors que par ses ordres le duc d'Enghien était pris, jugé, condamné et exécuté en quelques heures, paraissent une si monstrueuse atrocité, qu'elles passeraient certainement pour l'invention d'un romancier, si elles n'avaient été relevées et affirmées par le secrétaire intime du premier consul, M. Desmarets, et rapportées par M. Thiers.

Toutefois, comme il répugne d'y croire, alors même qu'elles sont vraies, il faut les mettre sur le compte d'une sorte de cri de la conscience de Bonaparte qui s'élevait en lui, sans même qu'il s'en aperçût. Évidemment les citations qu'il faisait, tout en ayant soin de les tronquer, selon son habitude, s'échappaient de son souvenir à son insu, et, l'esprit bourrelé par la pensée du crime qui se commettait à Vincennes, il était tout naturel que vinssent à ses lèvres les expressions des sentiments vaincus dans la lutte qui se livrait au fond de son âme.

La soirée s'acheva paisiblement. A dix heures, chacun s'en fut coucher, et le bruit du peloton de gendarmerie qui fusillait le duc d'Enghien ne réveilla pas le premier consul, qui, le lendemain matin, se leva à six heures et passa dans son cabinet de travail, ou M. Meneval vint le rejoindre.

A six heures et demie, le général Savary fut introduit et commença le rapport des faits qui s'étaient passés dans la nuit.

— Réal a-t-il vu le prisonnier? demanda immédiatement Bonaparte.

— Je ne pense pas, répondit Savary.

Au même instant, le conseiller Réal fit à son tour son apparition dans le cabinet consulaire.

— Eh bien, Réal, qu'est-il donc arrivé, reprit Bonaparte, et comment avez-vous attendu si tard pour exécuter mes ordres?

— Général, répondit Réal visiblement embarrassé, rentré chez moi exténué de fatigue, après plusieurs nuits passées sans dormir, je me suis couché hier à huit heures du soir, et j'avais bien recommandé à mon domestique de m'avertir, selon l'usage, pour tous les avis qui me seraient adressés.

— Eh bien! ensuite? fit Bonaparte.

— Mon Dieu! général, on me réveilla deux fois pour me remettre des lettres insignifiantes, et lorsque, vers dix heures, arriva la missive que M. Maret était chargé de me remettre et qui me donnait l'ordre d'aller à Vincennes interroger le duc d'Enghien, mon domestique qui, d'ailleurs, n'avait vu sur cette lettre que le timbre de la secrétairerie d'État, n'osa pas me déranger de nouveau et se contenta de la placer sur la table de nuit. Vers trois heures du matin, je me suis réveillé; j'ai lu la lettre, et je me suis hâté de m'habiller et de courir à Vincennes; malheureusement je suis arrivé trop tard.

— J'ai en effet, dit à son tour Savary, rencontré la voiture de M. le conseiller au moment où je sortais du château de Vincennes.

— Et le général a bien voulu m'instruire de ce qui s'était passé; c'est pour cela que, bien vite, j'ai rebroussé chemin et suis accouru ici.

Réal, tout en s'excusant de la sorte, était loin d'être rassuré. Le premier consul n'avait pas coutume d'accepter aucune des raisons qu'on pouvait invoquer pour expliquer la non-exécution d'un ordre émanant de lui; le conseiller le savait, et il attendait anxieusement l'explosion de colère de celui qui le faisait trembler par un signe de mécontentement et qui, en écoutant son récit, allait et venait dans son cabinet comme un lion dans une cage.

Aussi fut-il considérablement et agréablement surpris, lorsque, au lieu de l'interpellation violente qu'il attendait, il entendit Bonaparte lui répondre ces deux mots :

— C'est bien.

Il n'en pouvait croire ses oreilles, et Savary, de son côté, en était tout abasourdi.

Ils se regardèrent tous deux avec un étonnement qui ressemblait à la stupéfaction.

Quant au premier consul, il monta dans sa chambre à coucher et s'y enferma.

Le hasard, la fatalité si l'on veut, avait admirablement servi Bonaparte, qui avait maintenant, grâce au retard imprévu que Réal avait apporté à se rendre à Vincennes, un moyen tout trouvé de rejeter la responsabilité du crime sur ce retard involontaire de l'exécution de ses ordres par Réal.

Celui-ci, fort heureux d'en être quitte à si bon compte, reprit en toute hâte le chemin de Paris.

Quant à Savary, il demeura à la Malmaison.

Toute la matinée, des visiteurs arrivèrent. Ce fut Joseph Bonaparte, ce fut le consul Cambacérès, ce fut M. de Talleyrand qui apporta le procès-verbal d'ouverture des papiers du duc d'Enghien, accompagné de la note écrite par le prince.

Bonaparte eut soin de regretter tout haut, devant son entourage, que cette note ne lui fût pas parvenue plus tôt.

Maintenant que le duc d'Enghien était bien mort, c'était à qui découvrirait que la fatalité seule était coupable.

« Si j'avais eu connaissance de cette note, dit plus tard l'Empereur à Sainte-Hélène, j'ai tout lieu de penser que j'eusse pu alors amener le prince à servir dans les armées françaises et joindre ainsi, dans la France nouvelle, la gloire des Condé à celle de la génération qui venait de s'élever. »

Cette phrase théâtrale, de celles qu'on prête volontiers aux grands hommes, si elle fut prononcée, était une injure à la mémoire du prince, rien de plus.

Donc, à la Malmaison, c'était à qui gémirait sur le résultat de ce monstre de hasard, qui avait fait tout le mal, et des larmes de crocodile perlaient dans tous les yeux.

Le premier consul sentit le premier que le ridicule allait s'ajouter à l'odieux, et, pour faire diversion à la scène, il eut recours à son moyen habituel : il fit écrire à Réal pour qu'il eût à revenir au plus vite à la Malmaison, et apporter avec lui toutes les pièces de l'interrogatoire et du jugement.

Savary fut invité, en attendant, à compléter la narration fidèle des événements de la nuit, ce qu'il fit sans rien omettre.

Ce pauvre conseiller Réal n'avait plus ni paix ni trêve.

Il venait d'arriver chez lui et se disposait à manger une côtelette pour se réconforter un peu, lorsque son domestique apporta d'une main l'assiette qui contenait la côtelette attendue, et de l'autre une lettre dont le malheureux conseiller reconnut de suite la provenance.

— Encore ! s'écria-t-il avec accablement.

Et il rompit le cachet tout en tremblant ; il craignait que ce ne fût la notification de quelque dure punition de la faute qu'il avait commise en cédant, la nuit précédente, au sommeil, alors qu'il eût dû être à Vincennes.

— Pourvu qu'il ne m'y envoie pas à mon tour ! pensait-il.

En jetant les yeux sur la missive, il se rassura ; mais la côtelette dut attendre en refroidissant, car Réal sortit de table, jeta sa serviette avec impatience sur sa chaise et entra dans son cabinet de travail, où il écrivit la lettre suivante :

Le conseiller d'État chargé, etc., au général de brigade Hulin, commandant les grenadiers à pied de la garde des consuls.

« Paris, le 30 ventôse an XII de la République.

« Général,

« Je vous prie de me transmettre le jugement rendu ce matin contre l'ex-duc d'Enghien, ainsi que les interrogatoires qu'il a prêtés.

« Je vous serai obligé si vous pouvez le remettre à l'agent qui vous portera ma lettre.

« J'ai l'honneur de vous saluer.

« RÉAL. »

— Cette lettre à son adresse, commanda-t-il, et à franc étrier.

Le messager parti, Réal put enfin déjeuner.

Le général Hulin était sorti; ce fut son secrétaire qui reçut et décacheta la lettre. Il y répondit par ce billet :

GARDE DU GOUVERNEMENT. — INFANTERIE.

« Paris, le 30 ventôse an XII de la République française.

« Le citoyen P. Hulin, général de brigade, etc., est sorti en ce moment; il enverra aussitôt au conseiller d'État les expéditions qu'il réclame et qu'on est en train de faire.

« Respect et considération.

« L..., *secrétaire particulier.* »

Les pièces n'arrivèrent pas. Réal était impatient; de nouveau il prit la plume et écrivit :

Le conseiller d'État, etc., au général de brigade Hulin, etc.

« Paris, le 30 ventôse an XII de la République.

« Général,

« J'attends les jugements et les interrogatoires de l'ex-duc d'Enghien pour me rendre à la Malmaison auprès du premier consul.

« Veuillez me faire savoir à quelle heure je pourrai avoir ces pièces. Le porteur de ma lettre pourrait se charger du paquet, et attendre qu'il soit prêt si les expéditions sont avancées.

« J'ai l'honneur, etc.

« Réal. »

Enfin, à midi, un cavalier apporta un paquet de papiers au citoyen conseiller avec cette lettre :

GARDE DU GOUVERNEMENT.

Infanterie.

P. Hulin, général de brigade, etc., président de la commission militaire spéciale, au citoyen Réal, conseiller d'État, chargé, etc.

« Paris, 30 ventôse an XII.

« Conformément à vos désirs, je vous fais passer sous ce pli, citoyen conseiller d'État, l'expédition du jugement rendu ce matin contre l'ex-duc d'Enghien.

« J'ai l'honneur de vous saluer.

« Hulin. »

Une seconde lettre était jointe à l'envoi et contenait ceci :

P. Hulin, général de brigade, commandant les grenadiers à pied de la garde des consuls, au citoyen Réal, chargé de l'instruction et de la suite de toutes les affaires relatives à la tranquillité et à la sûreté intérieure de la République.

« Paris, 30 ventôse an XII de la République française.

« J'ai l'honneur de vous adresser, citoyen conseiller d'État, une copie conforme d'une pièce trouvée sur le ci-devant duc d'Enghien.

« J'ai l'honneur de vous saluer.

« P. HULIN. »

C'était la copie du carnet sur lequel l'infortuné prince avait consigné ses impressions de chaque jour.

Enfin ces papiers étaient encore accompagnés d'un petit paquet à l'adresse de la princesse Charlotte.

Réal le considéra curieusement, l'ouvrit, et après avoir pris connaissance de son contenu, il en donna le reçu suivant :

« Le conseiller d'État, etc.

« A reçu du général de brigade Hulin, commandant les grenadiers à pied de la garde, un petit paquet contenant des cheveux, un anneau d'or et une lettre ; ce petit paquet portait la suscription suivante : « Pour « être remis à Madame la princesse de Rohan, de la « part du ci-devant duc d'Enghien. »

« RÉAL. »

A peine le cavalier qui emportait ce reçu avait-il quitté la demeure du citoyen conseiller, qu'un exprès envoyé de Vincennes y apportait la lettre suivante :

Harel, chef de bataillon, commandant d'armes, au conseiller d'État Réal, chargé de l'instruction et de la suite de toutes les affaires relatives à la tranquillité et à la sûreté intérieure de la République.

« Vincennes, 30 ventôse an XII de la République française.

« Citoyen conseiller, j'ai l'honneur de vous instruire que l'individu arrivé le 29 du présent au château de Vincennes, à cinq heures et demie du soir, a été dans le courant de la même nuit jugé par une *comission* militaire et *fusilé* à trois heures du matin et *enteré* dans la place que j'ai l'honneur de commander.

« J'ai l'honneur de vous saluer avec le plus profond respect.

« HAREL. »

Cette missive ne brillait pas par l'orthographe ; mais elle n'était pas compromettante, et elle épargnait à la mémoire de l'*individu* dont il y était question l'outrage d'être nommé.

XXXIV

Le faux jugement.

Réal avait pu s'étonner à bon droit de ce que le premier consul, en apprenant qu'il n'avait pas exécuté ses ordres, ne se fût pas montré plus courroucé, car la lettre que le conseiller avait négligé d'ouvrir et aux prescriptions de laquelle, par conséquent, il n'avait pas obéi, était d'une grande importance, et il est temps que le lecteur la connaisse.

Voici cette missive, signée de la main de Bonaparte :

Au citoyen Réal, conseiller d'État.

« La Malmaison, 29 ventôse an XII (20 mars 1804).

« Je vous envoie la lettre de Caulaincourt. Il paraît que le duc d'Enghien est parti le 26 ventôse, à minuit. Ainsi il ne peut pas tarder à arriver. Je viens de prendre l'arrêté dont vous trouverez ci-joint copie. Rendez-vous sur-le-champ à Vincennes pour faire interroger le prisonnier.

« Voici l'interrogatoire que vous ferez :

« 1° Avez-vous porté les armes contre votre patrie ?

« 2° Avez-vous été à la solde de l'Angleterre?

« 3° Avez-vous voulu offrir vos services à l'Angleterre pour combattre contre l'armée qui marchait sous les ordres du général Mortier pour conquérir le Hanovre?

« 4° N'avez-vous pas eu de correspondance avec les Anglais, et ne vous êtes-vous pas mis à leur disposition depuis la présente guerre, pour toutes les expéditions qu'on voudrait faire contre la France, à l'extérieur ou à l'intérieur, et n'avez-vous pas oublié tous les sentiments de la nature, jusqu'à appeler le peuple français votre plus cruel ennemi?

« 5° N'avez-vous pas proposé de lever une légion et de faire déserter les troupes de la République, en disant que votre séjour pendant deux ans près des frontières vous avait mis à même d'avoir des intelligences parmi les troupes qui sont sur le Rhin?

« 6° Est-il à votre connaissance que les Anglais ont repris leur solde et donnent encore des traitements aux émigrés cantonnés à Fribourg, à Offenbach, à Offenbourg et sur la rive droite du Rhin?

« 7° N'auriez-vous pas des correspondances avec les individus composant ces rassemblements, et n'êtes-vous pas à leur tête?

« 8° Quelles sont les correspondances que vous avez en Allemagne? Quelles sont celles que vous avez à Paris? Quelles sont celles que vous avez à Bréda et dans l'armée de Hollande?

« 9° Avez-vous connaissance du complot tramé par l'Angleterre et tendant au renversement du gouvernement de la République, et le complot ayant réussi, ne deviez-vous pas entrer en Alsace et même vous porter à Paris, suivant les circonstances?

« 10° Connaissez-vous un nommé Vaudrecourt, qui

a été commissaire des guerres et a fait la guerre contre la République?

« 11° Connaissez-vous un nommé La Rochefoucauld, tous deux arrêtés par suite d'une conspiration contre l'État?

« Il sera nécessaire que vous conduisiez l'accusateur public, qui doit être le major de la gendarmerie d'élite, et que vous l'instruisiez de la suite rapide à donner à la procédure.

« BONAPARTE. »

Or, cette lettre étant restée lettre close, l'interrogatoire n'avait pu avoir lieu ; mais cela n'avait nullement empêché le général Hulin et le citoyen Dautancourt d'en improviser un autre pour la forme. Toutefois, il résulta de tout ceci, que lorsque le conseiller se rendit de nouveau à la Malmaison avec les pièces que Bonaparte lui avait recommandé d'apporter avec lui, celui-ci ne trouva pas le jugement rendu selon ses vues.

Le premier consul fut le premier à s'apercevoir que ce jugement ne reposait sur aucun texte de loi, et ses familiers durent reconnaître qu'il serait peut-être dangereux de publier au *Moniteur* un aussi monstrueux monument de la haine politique.

Aussi, d'un commun accord, il fut décidé qu'on laisserait de côté le jugement qu'on avait sous les yeux, et qu'on le remplacerait par un autre, spécialement confectionné pour les besoins de la cause.

Bien que cette substitution paraisse invraisemblable, en raison même de son impudence extrême, elle eut lieu, sans qu'aucun des membres de la commission fût consulté, et les Français purent lire dans le *Moniteur officiel* du 1er germinal an XII la pièce suivante, qui avait été rédigée par le petit comité de la Malmaison :

Moniteur du 1er germinal an XII.

Commission militaire spéciale formée dans la 1re division militaire, en vertu de l'arrêté du gouvernement en date du 29 ventôse an XII de la République une et indivisible.

JUGEMENT.

« Au nom du peuple français,

« Cejourd'hui, 30 ventôse an XII de la République, la commission militaire spéciale, formée dans la 1re division militaire, en vertu de l'arrêté du gouvernement, en date du 29 ventôse an XII, composée, d'après la loi du 19 fructidor an V, de sept membres, savoir, les citoyens :

« Hulin, général de brigade, commandant les grenadiers à pied de la garde, président ;

« Guitton, colonel, commandant le 1er régiment des cuirassiers ;

« Bazancourt, commandant le 4e régiment d'infanterie légère ;

« Ravier, colonel du 18e régiment d'infanterie de ligne ;

« Barrois, colonel commandant le 96e régiment de ligne ;

« Rabbe, colonel commandant le 2e régiment de la garde municipale de Paris;

« Dautancourt, capitaine major de la gendarmerie d'élite, faisant les fonctions de capitaine rapporteur ;

« Molin, capitaine au 18e régiment d'infanterie de ligne, greffier, tous nommés par le général en chef Murat, gouverneur de Paris et commandant la première division militaire.

« Lesquels, président, membres, rapporteur et greffier, ne sont ni parents, ni alliés entre eux ni du prévenu, au degré prohibé par la loi.

« La commission, convoquée par l'ordre du général en chef, gouverneur de Paris, s'est réunie au château de Vincennes, dans le logement du commandant de la place, à l'effet de juger le nommé Louis-Antoine-Henri de Bourbon, duc d'Enghien, né à Chantilly le 2 août 1772, taille de 1 mètre 705 millimètres, cheveux et sourcils châtain clair, figure ovale, longue, bien faite, yeux gris tirant sur le brun, bouche moyenne, nez aquilin, menton un peu pointu, bien fait, accusé :

« 1° D'avoir porté les armes contre la République française ;

« 2° D'avoir offert ses services au gouvernement anglais, ennemi du peuple français ;

« 3° D'avoir reçu et accrédité près de lui des agents dudit gouvernement anglais, de leur avoir procuré les moyens de pratiquer des intelligences en France, et d'avoir conspiré avec eux contre la sûreté intérieure et extérieure de l'État ;

« 4° De s'être mis à la tête d'un rassemblement d'émigrés français et autres soldés par l'Angleterre, formé sur les frontières de la France, dans les pays de Fribourg et de Baden;

« 5° D'avoir pratiqué des intelligences dans la place de Strasbourg tendantes à faire soulever les départements circonvoisins, pour y opérer une diversion favorable à l'Angleterre;

« 6° D'être l'un des fauteurs et complices de la conspiration tramée par les Anglais contre la vie du premier consul, et devant, en cas de succès de cette conspiration, entrer en France.

« La séance ayant été ouverte, le président a ordonné au rapporteur de donner lecture de toutes les pièces, tant celles à charge que celles à décharge.

« Cette lecture terminée, le président a ordonné à la garde d'amener l'accusé, lequel a été introduit libre et sans fers devant la commission.

« Interrogé sur ses nom, prénoms, âge, lieu de naissance et domicile.

« A répondu se nommer Louis-Antoine-Henri de Bourbon, duc d'Enghien, âgé de trente-deux ans, né à Chantilly, près Paris, ayant quitté la France depuis le 16 juillet 1789.

« Après avoir fait prêter interrogatoire à l'accusé par l'organe du président, sur tout le contenu de l'accusation dirigée contre lui; ouï le rapporteur en son rapport et ses conclusions, et l'accusé dans ses moyens de défense; après que celui-ci a eu déclaré n'avoir plus rien à ajouter pour sa justification, le président a demandé aux membres s'ils avaient quelques observations à faire; sur leur réponse négative et avant d'aller aux opinions, il a ordonné à l'accusé de se retirer.

« L'accusé a été reconduit à la prison par son escorte, et le rapporteur, le greffier, ainsi que les citoyens assistant dans l'auditoire se sont retirés, sur l'invitation du président.

« La commission, délibérant à huis-clos, le président a posé les questions ainsi qu'il suit :

« Louis-Antoine-Henri de Bourbon, duc d'Enghien, acccusé :

« 1° D'avoir porté les armes contre la République française, est-il coupable ?

« 2° D'avoir offert ses services au gouvernement anglais, ennemi du peuple français, est-il coupable ?

« 3° D'avoir reçu et accrédité près de lui des agents dudit gouvernement anglais ; de leur avoir procuré des moyens de pratiquer des intelligences en France ; d'avoir conspiré avec eux contre la sûreté extérieure et intérieure de l'État, est-il coupable ?

« 4° De s'être mis à la tête d'un rassemblement d'émigrés français et autres soldés par l'Angleterre, formé sur les frontières de France, dans les pays de Fribourg et de Baden, est-il coupable ?

« 5° D'avoir pratiqué des intelligences dans la place de Strasbourg, tendantes à faire soulever les départements circonvoisins, pour y opérer une diversion favorable à l'Angleterre, est-il coupable ?

« 6° D'être l'un des fauteurs et complices de la conspiration tramée par les Anglais contre la vie du premier consul, et devant, en cas de succès de cette conspiration, entrer en France, est-il coupable ?

« Les voix recueillies séparément sur chacune des

questions ci-dessus, commençant par le moins ancien en grade, le président ayant émis son opinion le dernier.

« La commission déclare le nommé Louis-Antoine-Henri de Bourbon, duc d'Enghien :

« 1° A l'unanimité, coupable d'avoir porté les armes contre la République française ;

« 2° A l'unanimité, coupable d'avoir offert ses services au gouvernement anglais, ennemi du peuple français ;

« 3° A l'unanimité, coupable d'avoir reçu et accrédité près de lui des agents dudit gouvernement anglais ; de leur avoir procuré des moyens de pratiquer des intelligences en France et d'avoir conspiré avec eux contre la sûreté intérieure et extérieure de l'État ;

« 4° A l'unanimité, coupable de s'être mis à la tête d'un rassemblement d'émigrés français et autres soldés par l'Angleterre, formé sur les frontières de la France, dans les pays de Fribourg et de Baden ;

« 5° A l'unanimité, coupable d'avoir pratiqué des intelligences dans la place de Strasbourg, tendantes à faire soulever les départements circonvoisins, pour y opérer une diversion favorable à l'Angleterre ;

« 6° A l'unanimité, coupable d'être l'un des fauteurs et complices de la conspiration tramée par les Anglais contre la vie du premier consul et devant, en cas de succès de cette conspiration, entrer en France ;

« Sur ce, le président a posé la question relative à l'application de la peine.

« Les voix recueillies de nouveau dans la forme ci-dessus indiquée, la commission militaire spéciale condamne, à l'unanimité, à la peine de mort, le nommé Louis-Antoine-Henri de Bourbon, duc d'Enghien, en réparation du crime d'espionnage, de correspondance avec les ennemis de la République, d'attentat contre la sûreté intérieure et extérieure de l'État.

« Ladite peine prononcée en conformité des articles 2, titre IV, du Code militaire des délits et des peines, du 21 brumaire an V; 1 et 2, deuxième section du titre Ier du Code pénal ordinaire du 6 octobre 1791, ainsi conçus, savoir :

« Art. 2 (du 21 brumaire an V). — Tout individu,
« quel que soit son état, qualité ou profession, con-
« vaincu d'espionnage pour l'ennemi, sera puni de mort.

« Art. 1er (du 6 octobre 1791). — Tout com-
« plot ou attentat contre la République sera puni de
« mort.

« Art. 2 (idem). — Toute conspiration et com-
« plot tendant à troubler l'État par une guerre civile
« et armant les citoyens les uns contre les autres, ou
« contre l'exercice de l'autorité légitime, sera puni de
« mort. »

« Enjoint au capitaine rapporteur de lire de suite le présent jugement, en présence de la garde assemblée, au condamné.

« Ordonne qu'il en sera envoyé dans les délais prescrits par la loi, à la diligence du président et du rapporteur, une expédition tant au ministre de la guerre, au grand juge, ministre de la justice, et au général en chef, gouverneur de Paris.

« Fait, clos et jugé sans désemparer, les jour, mois et an dits, en séance publique; et les membres de la commission militaire spéciale ont signé, avec le rapporteur et le greffier, la minute du jugement.

Signé : « GUITTON, BAZANCOURT, RAVIER, BARROIS, RABBE, DAUTANCOURT, *capitaine rapporteur;* MOLIN, *capitaine greffier*, et HULIN, *président.*

« Pour copie conforme,
« *Le président de la commission spéciale,*
« P. HULIN.
« P. DAUTANCOURT, *capitaine rapporteur.*
MOLIN, *capitaine greffier.* »

Aucun de ceux qui avaient accepté les fonctions de juge ne protesta contre l'abus de son nom apposé au bas d'un jugement qu'il n'avait pas rendu!

XXXV

L'opinion publique.

Le lendemain du jour où l'infortuné duc d'Enghien était tombé sous les balles consulaires, des crieurs publics, médaillés par la police, se répandirent par les rues de Paris, en vendant un placard qu'ils annonçaient à pleine voix :

— Voilà ce qui vient de paraître; voyez le jugement de la commission militaire spéciale, convoquée à Vincennes, qui condamne à la peine de mort le nommé Louis-Antoine-Henri de Bourbon, né le 2 août 1772 à Chantilly; je ne le vends qu'un sou.

Et tout le monde achetait le papier officiel.

C'était surtout dans le palais Égalité qu'il s'enlevait.

Il y avait foule dans les galeries de bois et dans le jardin, et un groupe nombreux stationnait devant le café de la Paix, en commentant à haute voix les termes du soi-disant jugement.

La plupart de ceux qui avaient lu, ou qui avaient entendu lire, témoignaient leur surprise et leur indignation.

Quelques-uns cependant approuvaient.

Mais le plus grand nombre se contentait de garder un silence prudent.

Le forfait épouvantable accompli par le premier consul montrait combien les lois étaient impuissantes à protéger les citoyens, et chacun se demandait avec terreur si ce monstrueux attentat ne serait pas le signal d'une persécution générale contre tout ce qui n'était pas partisan de l'état de choses établi, et surtout de celui qui allait s'établir bientôt.

Les royalistes étaient stupéfaits et inquiets, et aussitôt qu'un d'eux apprenait la fatale nouvelle, il se hâtait de rentrer chez lui, de chercher dans ses papiers tous ceux qui ne lui étaient pas absolument nécessaires, et de jeter les autres au feu.

On brûlait jusqu'aux correspondances les plus insignifiantes.

On savait de quoi le premier consul était capable, quelle complaisance il était certain de trouver parmi les exécuteurs de ses moindres volontés, et on n'hésitait pas à prendre toutes les précautions imaginables.

Il n'y avait que les républicains qui fussent « contents et même joyeux, » au dire du préfet de police, qui envoyait d'heure en heure à Bonaparte le résultat de l'enquête que ses agents faisaient touchant l'état des esprits. Cependant ils n'en avaient pas l'air, et bien qu'au fond ils fussent enchantés qu'un prince de la maison de France eût été assassiné, ils affectaient de crier bien haut à l'arbitraire et à la tyrannie, et jamais les citoyens en carrick et en redingote d'alpaga, qui se promenaient la canne à la main dans la grande allée des Tilleuls, n'avaient déclamé contre le gouvernement avec plus de violence.

Dans les galeries, c'était pis encore, et les friands qui regardaient curieusement les véritables tablettes de bouillon exposées derrière les carreaux de Bohême de Corcelet se retournaient involontairement en entendant ces mots, qui couraient partout et que répétaient les uns et les autres :

— Le duc d'Enghien est condamné à mort!

— Dites donc fusillé! reprenaient les mieux informés.

Et on s'arrêtait pour écouter, et on faisait cercle pour entendre les détails que les beaux parleurs, ceux-là même qui, quelques années auparavant, paradaient un petit bonnet rouge à la boutonnière, donnaient à la foule qui, généralement, se refusait à croire qu'ils fussent véridiques.

De Paris, la nouvelle se répandit bientôt par toute la France, et ce ne fut qu'une exclamation de stupeur.

La génération nouvelle connaissait à peine les princes de la maison de Bourbon; mais les esprits étaient frappés de cette exécution subite et secrète, faite la nuit dans les fossés de Vincennes. Cette rigueur du premier consul, réservée jusque-là aux anarchistes et auteurs de brigandages, portait cette fois sur un prince de la maison de Bourbon, sur l'héritier du dernier des Condé, l'une des gloires de la France. Les hommes qui, ayant vécu avant la Révolution, avaient été habitués à respecter les membres de cette famille, s'affligeaient de cette mort et se demandaient en quoi elle avait pu servir à consolider la puissance du premier consul.

En un mot, l'assassinat du duc d'Enghien consommé, l'opinion publique se manifesta par un véritable atterrement.

Le préfet de police, dans un rapport au premier consul, constata le fait :

« On raconte, dans les réunions publiques et dans les sociétés particulières, les événements du jour sans y rien ajouter : en général, Paris n'a jamais offert l'aspect d'un silence plus absolu. »

Oui, le premier moment de surprise passé, le second fut de l'épouvantement, et on se tut.

A la Malmaison, un malaise général régnait.

Joséphine pleurait.

Le premier consul se taisait.

« Le lion avait goûté le sang, a dit M. de Châteaubriand à cette occasion ; ce n'était pas le moment de l'irriter. »

Le grand écrivain n'hésita cependant pas à braver sa colère, et récemment nommé à un poste diplomatique, il envoya sa démission.

Bonaparte la reçut et se contenta de l'accepter.

Il avait d'autres soins en tête : le premier consul songeait à se faire conférer la dignité impériale, et il était si absorbé dans ses pensées, que lorsque, dans la soirée, son ministre des finances se présenta à la Malmaison, il fut tout surpris de l'air rêveur de Bonaparte qui, les yeux fixés devant lui, semblait regarder sans voir ; « son visage était altéré, ses joues étaient dévalées et livides, ses yeux âpres, son teint pâli et livide, son air sombre et terrible. »

— Que voulez-vous? demanda-t-il brusquement, après s'être aperçu enfin de la présence de M. Gaudin.

— Général, dit celui-ci, je venais savoir si vous n'aviez aucun ordre à me donner.

— Aucun.

— Alors, je puis me retirer?

— Oui.

Le ministre n'en demanda pas davantage, et il sortit.

Quant au premier consul, il s'occupa sans tarder de justifier sa conduite auprès des puissances étrangères, dont il redoutait l'explosion du mécontentement qu'allait produire partout la lugubre nouvelle.

Naturellement, ce fut à M. de Talleyrand qu'il s'adressa pour rédiger, de concert avec lui, une note destinée à donner le change sur les motifs qui l'avaient poussé à commettre l'attentat perfide qu'il fallait absolument qu'on considérât comme la répression toute naturelle d'une ramification du complot de Cadoudal.

La note fut rédigée de façon à tout faire retomber sur M. Drake, ministre de l'Angleterre près la cour de Munich, qui n'avait pas craint de tramer une conspiration en France sur les conseils de Méhée de la Touche, conspiration dont Cadoudal et le duc d'Enghien se trouvaient être les deux pivots.

C'était plus ingénieux qu'honnête ; mais ceux qui avaient osé faire fusiller le dernier des Condé, sans que rien justifiât même le droit de le soupçonner, pouvaient bien encore commettre cette habileté, pour essayer d'échapper aux justes reproches des gouvernements étrangers, très-disposés à réclamer contre l'enlèvement criminel du duc d'Enghien sur le territoire badois.

Quant aux Parisiens, Bonaparte se souciait peu de leur opinion.

— Je sais, dit-il, tous les bruits qu'on fait courir au sujet de la mort du duc d'Enghien; ce n'est pas la première fois que j'ai lieu de m'apercevoir que la population de Paris n'est qu'un ramas de badauds.

Cette appréciation peu flatteuse des Parisiens le dispensait de leur donner des explications sur le crime qu'il avait commis; mais il avait compris qu'il en fallait aux cours étrangères, et comme il jugea adroit de combattre le scandale, en lui opposant un autre scandale, il fit mander en sa présence Méhée de la Touche, et lui commanda de rédiger le récit de son voyage à Londres, sa correspondance avec le ministre Drake, les instructions qu'il avait reçues de celui-ci; bref, de dévoiler au public toute l'intrigue qu'il avait imaginée et les moyens dont il s'était servi pour duper Drake et les autres.

Cet écrit fut imprimé aux frais de l'État.

Le citoyen Méhée était enfin parvenu au comble de ses vœux : il était devenu un homme important, considérable, et nous devons dire qu'il ne songea pas un seul instant au côté odieux du rôle d'agent provocateur qu'il avait joué et de la tromperie dont il s'était fait l'ignoble instrument.

Mais si Bonaparte ne dédaigna pas d'accepter les services d'un pareil auxiliaire quand il en eut besoin, il se réserva le moyen de le dévoiler.

En même temps que Méhée se vantait dans sa brochure d'avoir eu l'adresse de gagner l'huissier du premier consul et le secrétaire du général Duroc, Bonaparte donnait l'ordre à Réal d'écrire au directeur de l'imprimerie pour qu'il eût à joindre à la correspondance de Méhée avec Drake une note qui fît connaître que le secrétaire du général Duroc était une pure invention de l'agent; et quant à l'histoire de l'huissier, qu'il n'y avait pas un huissier ni un employé auprès du gouvernement, dont les sentiments d'honneur ne le missent au-dessus de l'or corrupteur de l'Angleterre.

Qui pouvait deviner la vérité au milieu de toutes ces vilenies?

Les représentants des puissances étaient loin d'être satisfaits de toute cette affaire, et le baron Dalberg, en écrivant au ministre des affaires étrangères de son gouvernement, exprima son mécontentement en ces termes :

A Monsieur le baron d'Edelsheim, ministre des affaires étrangères du grand-duché de Baden.

« Paris, le 20 mars 1804.

« Monsieur le baron,

« Les arrestations qui viennent d'avoir lieu dans le pays de Bade doivent avoir été la source des plus grands embarras pour la cour. Il n'y a pas eu moyen de vous prévenir de ce qui se passait, tout s'étant fait avec trop de secret et de précipitation.

« Des dépositions ayant compromis les émigrés à Ettenheim et à Offenhourg, le premier consul ordonna à M. de Caulaincourt de partir sur-le-champ et de porter l'ordre de l'arrestation, telle qu'elle a été faite. Il n'eut que le temps de voir sa mère. Il partit dimanche 11. Lundi au soir 12, j'appris qu'il était allé à Strasbourg, et on se disait qu'il s'agissait de l'arrestation de Dumouriez ; on ne nomma pas encore, dans le public, le duc d'Enghien. Je calculai qu'ayant dû arriver mardi 13, ma lettre à Votre Excellence serait trop tardive pour vous prévenir, ne pouvant arriver que le 16 ou le 17, et je résolus d'attendre que j'eusse d'autres informations, un courrier même ne pouvant pas devancer l'aide de camp du premier consul.

« Jeudi 15, je sus enfin positivement le contenu

de l'ordre que portait M. de Caulaincourt. La chose avait été dite pour la première fois par Mme Bonaparte, le matin, à une dame de ses amies avec laquelle j'étais lié, et dont je le sus ; elle y ajouta combien cette affaire l'affectait, parce qu'elle allait augmenter les embarras du gouvernement.

« Comme ma lettre n'aurait été d'aucun effet, je résolus d'attendre que nous eussions pu recevoir des nouvelles positives. Hier au soir seulement, on connut les détails de l'expédition ; et comme la violation du territoire étranger ne se laisse point cacher, la sensation ici est très-grande.

« Les ministres de Suède, d'Autriche, M. Oubrille ont été les seuls qui aient manifesté leur opinion d'une manière très-forte.

« Réunis dans le cercle diplomatique de lundi, on voulait savoir des détails de moi ; j'assurai que je n'en avais aucun.

« Comme ici le gouvernement ne parvient point à saisir tous les prévenus, on parle de visites domiciliaires, et si elles ont lieu, on se portera décidément à la visite des maisons des ministres. C'est à cet effet que, depuis cinq ou six jours, on répand le bruit que la police croyait qu'il y avait quelqu'un de caché chez M. de Cobenzel. Les barrières sont toujours gardées ; on ne sort qu'avec des passeports.

« M. de Beust vient de m'apprendre qu'ayant vu hier M. de Talleyrand, ce dernier lui avait dit qu'on venait de donner à tous les ministres français en Allemagne l'ordre d'exiger qu'on éloignât les émigrés des États des princes, et qu'il l'invitait à l'écrire à sa cour. M. de Saint-Genest n'en serait donc point excepté si M. Massias a reçu le même ordre.

« DALBERG. »

Le lendemain, une lettre complémentaire était adressée par le même personnage au baron d'Edelsheim :

« Paris, le mercredi 21 mars 1804.

« Monsieur le baron,

« On assure que le duc d'Enghien est arrivé hier à cinq heures, escorté de cinquante gendarmes. Tout le monde se demande : Qu'en veut-on faire?

« Le gouvernement a cru, pour un moment, que le duc de Berry et M. de Montpensier étaient ici ; aussi, depuis quinze jours, tout Paris est emprisonné. Une personne placée près du premier consul m'a dit qu'on avait assez de documents pour prouver aux individus arrêtés le projet d'assassinat ; que le premier consul ferait grâce aux uns et ferait exécuter les autres ; que, pour les princes, on les tiendrait en prison, et qu'on déclarerait aux puissances qu'elles répondraient d'un nouvel attentat.

« Depuis la découverte de cette conjuration, le premier consul n'écoute plus une parole de paix ou de composition avec l'Angleterre. Il est décidé à faire une guerre à mort à cette puissance. Je suis persuadé qu'un changement de ministres à Londres, dont on parle, ne changera rien au système anglais.

« DALBERG. »

Le baron d'Edelsheim était, de son côté, fort embarrassé, par suite de la tournure que prenaient les choses; à son tour, il raconta tout ce qu'il savait de l'enlèvement du prince, et cette correspondance se termina enfin par la longue lettre qui suit :

A Son Excellence M. le baron d'Edelsheim, ministre des affaires étrangères du grand-duché de Bade.

« Paris, 22 mars 1804.

« J'ai reçu hier au soir la dépêche n° 17, que Votre Excellence m'a fait l'honneur de m'adresser pour m'instruire de tout ce qui concerne l'arrestation faite dans nos pays. Dans une affaire d'aussi haute importance et qui produit si généralement la plus vive sensation, il importait sans doute de m'instruire de la vérité, et je vous offre ma reconnaissance de m'avoir fait passer sans retard ce qui pouvait l'éclairer.

« Il m'aurait cependant paru désirable que Son Altesse Sérénissime employât son ministre pour remettre une réponse contre des inculpations assez injustes et qu'un courrier, par conséquent, m'eût porté la lettre que Votre Excellence répond à M. de Talleyrand, en me donnant l'ordre d'exposer verbalement tout ce qui pouvait se dire dans cette occasion.

« Les copies des autres informations que Votre Excellence me fait passer suffisent, en attendant, pour me prescrire ce que j'ai à dire, et fixent l'opinion qu'il importe d'établir sur cette affaire.

« J'avais déjà eu l'honneur de vous prévenir que, vu l'impossibilité de vous instruire de cette expédition (impossibilité assez prouvée par les deux lettres de M. de Talleyrand, qui, lui-même, parut ignorer jusqu'au dernier moment la résolution prise), j'attendais, pour vous en parler, que la chose fût éclaircie, et je ne voulais pas, par des renseignements qui pouvaient être faux ou des avis précipités, influer sur les résolutions qu'il a plu à Son Altesse Sérénissime de prendre.

« L'exposé historique, tracé dans l'intention de constater les faits tels qu'ils se passèrent, remplit parfaitement son but et prouve suffisamment que Son Altesse Sérénissime n'a été instruite du but de l'expédition militaire que trente-six heures après qu'elle avait été entreprise.

« Si, d'un autre côté, il faut rendre justice et se convaincre combien il importait à la France de connaître ce qui se tramait contre son repos, l'illégalité des moyens employés pour cet effet, et la violence d'arrêter militairement, contre tous les usages et tous les droits, sur un territoire étranger, exigent que Son Altesse Sérénissime fasse connaître au public combien peu elle a pu connaître les machinations que la France même ignorait, malgré sa police et ses agents, et l'instruire que ce n'est pas de son consentement que des troupes étrangères se sont portées sur les terres de l'empire.

« Il importe donc d'exposer les circonstances qui accompagnèrent le séjour du duc d'Enghien, et la permission qui lui avait été tacitement accordée par droit d'hospitalité.

« Il n'est pas moins très-convenable, comme Son Altesse Sérénissime en a pris la résolution, de communiquer aux membres du collége électoral tout ce qui concerne cette affaire; je serais cependant d'avis de le faire non verbalement, mais en communiquant à chacun l'exposé historique avec les copies y annexées.

« Pour remplir ici les intentions de la cour, je ne puis, dans la position difficile et délicate où je me trouve, faire autre chose que d'exposer simplement aux ministres des cours avec lesquelles nous sommes particulièrement en relation les circonstances telles qu'elles se sont passées.

« Je l'ai fait à l'égard des légations de Russie, de Suède, de Prusse et d'Autriche, et elles sont de l'avis que, comme cette affaire avait passé directement à Carlsruhe, sans qu'on m'en ait parlé, je ne devais faire aucune démarche, à moins que je n'en reçusse l'ordre positif. »

Apostille à la dépêche précédente.

« Jeudi 22 mars 1804.

« Le *Moniteur* ci-joint, dont j'ai l'honneur de vous faire passer un exemplaire, annonce aujourd'hui la sentence de mort prononcée par une commission spéciale contre le malheureux duc d'Enghien, amené mardi passé à Paris.

« Cette sentence a été, à ce qu'on a su hier matin, exécutée au château de Vincennes, la nuit du mardi au mercredi, à deux heures du matin.

« L'exécution atroce du malheureux duc d'Enghien a produit une sensation difficile à rendre. Tout Paris est consterné; la France le sera; l'Europe entière doit frémir.

« La noble réputation de Son Altesse Sérénissime exige que les cours connaissent qu'Elle n'a point participé à l'enlèvement du malheureux prince, et je crois qu'Elle ne peut se refuser d'instruire l'empereur de Russie des circonstances de cet événement.

« Je n'en trouve point dans la dépêche de Votre Excellence. Je suis donc décidé à ne parler de rien, à moins que l'on ne me provoque; il est facile de se convaincre qu'on ne fera pas la moindre démarche vis-à-vis de moi, et que je ne serai par conséquent pas à même d'en parler, et d'appuyer surtout ce que Votre Excellence a exposé dans sa lettre.

« Comme les jugements et les opinions du public sont très-précipités dans ce pays-ci, il est naturel que beaucoup de personnes viennent me questionner pour rectifier des faits qu'impunément chacun avance, selon qu'il est animé par des sentiments souvent très-opposés.

« Les feuilles publiques s'efforcent à faire croire que l'arrestation, telle qu'elle s'est faite, s'est exécutée du consentement de l'Électeur. Je me borne, à cet égard, à dire tout simplement que j'étais autorisé à le contredire, et qu'en effet Son Altesse Sérénissime n'en avait été instruite officiellement que trente-six heures après l'enlèvement.

« Agréez, etc.

« DALBERG. »

Mais les embarras diplomatiques que le crime de 1804 suscita au gouvernement français sortent du cadre assigné à ce récit; laissons les chancelleries européennes échanger des notes à ce sujet, et notons seulement, avant de raconter comment se termina le complot de Cadoudal, qui servit de prétexte à l'assassinat du duc d'Enghien, que lorsque la connaissance de cet événement parvint en Russie, l'empereur Alexandre et toute sa cour prirent le deuil, et qu'un cénotaphe fut élevé à Saint-Pétersbourg, avec une inscription latine dont voici la traduction : « Au grand et magnifique prince Louis-Antoine-Henri Bourbon Condé, duc d'Enghien, non moins digne de mémoire par sa valeur personnelle et celle de ses ancêtres que par sa mort funeste. Un monstre corse, la terreur de l'Europe, le fléau du genre humain, l'a dévoré à la fleur de son âge. »

XXXVI

La fin de l'affaire Cadoudal.

Tous ceux des amis de Cadoudal qui n'avaient pu quitter la France étaient ou morts ou en prison.

Ils avaient, de gaieté de cœur, accepté d'être les complices d'un homme que ses ardentes convictions avaient poussé dans une voie blâmable.

Il était tout naturel qu'ils en subissent les conséquences.

Et elles devaient être terribles pour la plupart.

L'instruction marcha vite.

Au reste, à l'égard d'un grand nombre des accusés, il n'était pas nécessaire que le juge usât de beaucoup de finesse pour avoir des preuves de culpabilité : ils ne daignaient pas se défendre.

Quatre-vingts prévenus étaient enfermés dans la prison du Temple, et ils supportaient leur sort avec une insouciance qui ne se démentait pas ; ils passaient le temps à causer, à se promener ou à jouer, soit aux barres, soit à la balle ou au palet.

Les Morbihanais préféraient le chant ; et chaque soir on pouvait entendre, aux environs du Temple, les accords de ces voix mâles et robustes, qui redisaient en chœur les pieux cantiques de la vieille Armorique.

Plusieurs fois, les gardiens avaient reçu l'ordre de défendre ces chants, dont les échos troublaient les agents de la police ; mais ils n'avaient jamais pu parvenir à les réprimer, et comme, en définitive, il était difficile d'empêcher des hommes qui savent qu'ils vont bientôt mourir de louer le Seigneur, on avait fini par les laisser en paix.

Georges Cadoudal, qui avait entraîné tous ces hommes à leur perte, n'avait reçu d'aucun d'eux rien qui ressemblât à une plainte, encore moins à un reproche, et il n'avait jamais cessé d'être l'objet des marques de déférence et de respect qu'ils avaient coutume de lui témoigner.

L'acte d'accusation fut signifié à chacun des accusés; mais il en manquait un à l'appel : Pichegru.

Le 16 germinal au matin (5 avril), lorsqu'on était venu pour le chercher dans sa chambre afin de le conduire au greffe, on n'avait plus trouvé qu'un corps inanimé.

Le procès-verbal de cet événement, dressé immédiatement par le commissaire de police, constata que sur le lit de Pichegru gisait son cadavre, « paraissant âgé de quarante à quarante-cinq ans, taille de 1 mètre 78 centimètres, cheveux brun foncé, sourcils de même couleur, arqués, front large et chauve, yeux gris bleu, nez long et gros, épaté du bout et gros à la racine, bouche moyenne, menton rond et gras à fossette, visage plein et brun, forte tête, poitrine large, cuisses et jambes grêles à proportion du buste...

« Le cadavre avait autour du cou une cravate de soie noire, dans laquelle était passé un bâton de la longueur d'environ 40 centimètres et de 45 millimètres de circonférence, lequel bâton, faisant tourniquet autour de ladite cravate, était arrêté sur la joue gauche, sur laquelle il reposait par un de ses bouts, ce qui avait produit un étranglement suffisant pour donner la mort. »

Cette mort était-elle volontaire ou non? Était-ce le résultat d'un suicide ou d'un crime? Nul ne peut le dire, et la solution de ce lugubre problème demeura ensevelie sous les verrous de la prison et dans les ombres de la nuit pendant laquelle l'étranglement avait eu lieu.

Après que les accusés eurent reçu copie des actes de la procédure, il fut procédé à leur translation à la Conciergerie.

Georges, Moreau, Jules de Polignac, de Rivière et quelques autres furent logés dans les bâtiments de la Conciergerie des femmes, le reste à la grande Conciergerie.

Le lundi 27 mai, les débats s'ouvrirent.

La cour criminelle se composait de douze membres : Hémart, premier président ; Martineau, vice-président ; Desmaisons, Rigault, Bourguignon, Lecourbe, Laguillaumye, Selves, Thuriot, Granger, Clavier et Dameuve, juges.

Trois juges suppléants, deux substituts et le procureur Gérard, complétaient le tribunal devant lequel prirent place quarante-sept accusés : Georges Cadoudal, Bouvet de Lozier, Russillon, Rochelle, Armand de Polignac, Charles d'Hozier, de Rivière, Louis Ducorps, Le Ridant, Picot, Gouchery, Rolland, Lajolais, Moreau, l'abbé David, Roger dit Loiseau, Hervé, Le Noble, Coster Saint-Victor, Ruben de la Grimaudière, Deville dit Tamerlan, Datry, Burban, Lemercier, Pierre-Jean Cadoudal, Le Lan, Even, Mérille, Troche père, Troche fils, Caron, Spin, Monnier, Denand, Verdet, Dubuisson, Galais, les femmes de ces cinq derniers et la demoiselle Hizay.

Cent trente-neuf témoins à charge et seize à décharge avaient été cités à comparaître.

On lut l'acte d'accusation ; on interrogea les accusés ; on donna la parole aux défenseurs, et, chose digne de remarque, le nom du duc d'Enghien ne fut pas prononcé pendant tout le cours des débats, et nul ne songea à l'incriminer!

Chacun paraissait avoir oublié que l'infortuné prince avait été mis à mort, sous l'inculpation d'être un des complices de Cadoudal!

Après que les avocats des accusés eurent parlé et que le ministère public eut répliqué, la parole fut donnée aux accusés, afin qu'ils pussent ajouter ce qu'ils croiraient utile à leur défense; ce fut alors que Georges Cadoudal fit cette déclaration d'une voix ferme :

— Je vais aborder avec franchise et loyauté le véritable point de la discussion. Toujours attaché à la France et à la famille des Bourbons, près de deux années passées paisiblement dans les campagnes de l'Angleterre ne m'avaient pas refroidi. Toutes les nouvelles que je recevais de la France m'annonçaient que l'opinion publique était extrêmement prononcée; que le vœu le plus ardent des Français était de voir renaître le gouvernement d'un seul et de le voir se concentrer dans une seule famille; qu'on n'aurait plus à craindre de bouleversement. Au moment du traité d'Amiens, je n'ignorais pas qu'il avait été question de proclamer Bonaparte empereur. D'après ces nouvelles, je me déterminai à passer en France et à voir par moi-même si l'esprit public était réellement tel qu'on l'avait annoncé être. Je me rendis à Paris avec six autres personnes; je pris différentes informations. Mon intention, en débarquant en France, était d'examiner s'il n'était pas possible de faire tourner cette opinion fortement prononcée en faveur de la famille des Bourbons. Si j'avais cru cette opinion favorable à cette famille, j'aurais aussitôt envoyé chercher un prince français, et, à son arrivée, on eût calculé les moyens qu'on eût jugé nécessaires pour arriver au résultat désiré. Mais, trompé dans mes espérances, je n'avais pas encore envoyé chercher ce prince français, et n'avais pas réuni six hommes.

« Voilà la vérité entière, et personne ne peut avancer le contraire. Ceux qui ont débité qu'un prince français était sur les bâtiments qui ont paru à Biville en ont imposé. Les espions français qui peuvent être à Londres ont, je n'en doute pas, déjà donné au gouvernement français la certitude que cette assertion était fausse. Je vous le répète, voilà la vérité entière. Je ne sais pas s'il existait dans cette affaire des caractères d'après lesquels on constitue une conspiration. Je ne connais pas les lois ; ainsi, je ne dis pas s'il y a ou s'il n'y a pas de conspiration. Vous les connaissez, messieurs ; je laisse à vos consciences d'en décider. »

Le dimanche 9 juin, après plusieurs audiences, la cour rendit son arrêt, dont voici les dispositions :

« Attendu que, d'après l'instruction et les débats, il est constant qu'il a existé une conspiration tendant à troubler la République par une guerre civile, en armant les citoyens les uns contre les autres, et contre l'exercice de l'autorité légitime :

« Georges Cadoudal, Bouvet de Lozier, Russillon, Rochelle, Armand de Polignac, Charles d'Hozier, de Rivière, Ducorps, Picot, Lajolais, Roger, Coster de Saint-Victor, Deville, Armand Gaillard, Alexis Joyaut,

Burban, Lemercier, Pierre Cadoudal, Le Lan et Mérille, sont convaincus d'avoir pris part à cette conspiration ; qu'ils l'ont fait dans le dessein du crime...

« Les condamne à la peine de mort et déclare leurs biens acquis à la République, conformément à la loi du 14 floréal an III.

« Attendu que Jules de Polignac, Louis Le Ridant, Jean-Victor Moreau, Henri Rolland et Marie-Micheline Hizay ont pris part à ladite conspiration, mais qu'il résulte de l'instruction et des débats des circonstances qui les rendent excusables, la cour réduit la peine encourue par les susnommés en une punition correctionnelle et les condamne à deux années d'emprisonnement. »

Couchery, l'abbé David, Hervé, Le Noble, Ruben de la Grimaudière, Noël Ducorps, Datry, Even, Troche père et fils, Monnier, Verdet, Spin, Dubuisson, Caron, Gallais, Denand, les dames Monnier, Dubuisson, Gallais et Denand furent acquittés. Cependant, la cour renvoyait devant la cinquième section du tribunal de première instance ceux d'entre eux qui avaient reçu ou logé les conspirateurs.

Charles d'Hozier, Russillon, Rochelle, Armand de Polignac, de Rivière, Lajolais et Armand Gaillard virent leur peine commuée en celle de quatre années de déportation, traduite par la détention dans une prison d'État.

Le jugement prononcé, les condamnés furent ramenés à la Conciergerie.

Bonaparte, qui n'avait plus rien à redouter, pensa

qu'un peu de clémence ne nuirait pas à sa gloire, et il dépêcha l'adjudant Laborde auprès de Georges Cadoudal, pour l'engager à demander sa grâce.

Celui-ci, qui ne reconnaissait qu'au roi de France le droit de lui faire grâce, refusa net.

— Ce brigand-là, dit-il, voudrait m'avilir avant de m'assassiner !

Toutefois, ce qu'il ne croyait pas devoir faire pour lui, il pensa pouvoir le faire pour les autres, et il signa une demande, conçue dans les termes les plus dignes, en faveur de ses compagnons.

Malheureusement, elle ne fut pas prise en considération.

Le 15 juin, l'huissier Masson se présenta à la Conciergerie et annonça aux condamnés dont la peine avait été commuée qu'ils devaient quitter cette prison pour retourner au Temple.

Les autres comprirent qu'ils n'avaient rien à espérer.

On les transféra à Bicêtre.

Le dimanche 24 juin, on les ramena à la Conciergerie.

Le lundi 25, les douze condamnés, Georges en tête, montèrent sur trois charrettes qui les menèrent à l'échafaud dressé en place de Grève.

— Camarades, avait dit Georges en embrassant ses hommes avant le départ, il s'agit de montrer aux Parisiens comment meurent des chrétiens, des royalistes et des Bretons.

Une foule immense couvrait la place de Grève ; la force armée avait peine à contenir les masses vivantes qui se pressaient pour mieux voir le sanglant spectacle.

Pas une fenêtre, pas une lucarne qui ne fût occupée sur le parcours du funèbre cortége.

Lorsqu'il déboucha sur la place, par le pont au Change, il se fit une rumeur considérable : c'était à qui se hausserait sur la pointe des pieds, pour contempler les traits de ceux qui allaient mourir.

Georges avait demandé la faveur d'être exécuté le premier.

Elle lui fut refusée.

Tous les condamnés montèrent les degrés avec résignation, sans forfanterie ni faiblesse.

Quand vint le tour de Cadoudal et qu'il fut arrivé sur la plate-forme, il s'écria d'une voix retentissante :

— Camarades ! je vous rejoins ! Vive le roi !

Ce fut son dernier cri, celui qui résumait et expliquait toute sa vie.

XXXVII

Épilogue.

Nous sommes en 1816.

Louis XVIII est remonté sur le trône de ses pères.

Le premier soin de la Restauration fut d'élever au

descendant du grand Condé un monument expiatoire, et deux commissaires, nommés à cet effet, durent procéder à une enquête officielle qui constatât régulièrement la découverte des restes mortels de l'infortuné duc d'Enghien.

Or, par une belle matinée de mars, le lundi 18, quatre personnages, assis dans un carrosse fermé, suivaient la longue avenue qui mène de la barrière du Trône à Vincennes.

Les deux qui occupaient la banquette du fond étaient : l'un, Arnaud-Joseph de Laporte-Lalanne, conseiller d'État, chef du conseil de S. A. S. Mgr le prince de Condé, membre de la Légion-d'Honneur ; l'autre, Louis-Étienne-François Héricart Ferrand de Thury, maître des requêtes, membre de la Chambre des députés, colonel de la 9e légion de la garde nationale, officier de la Légion-d'Honneur, inspecteur en chef du corps royal des mines.

M. le chevalier de Contye, maréchal de camp, gentilhomme et aide de camp de S. A. S. Mgr le prince de Condé, et le chevalier Jacques, ancien secrétaire du duc d'Enghien, colonel, aide de camp et secrétaire des commandements de S. A. S. Mgr le duc de Bourbon, étaient assis sur la banquette de devant.

Le conseiller de Laporte-Lalanne et le maître des requêtes Héricart de Thury avaient été nommés, la veille, par Mgr le garde des sceaux, ministre de la justice, commissaires du roi pour dresser les actes relatifs à l'exhumation et à la translation dans une chapelle de dépôt, établie dans le château de Vincennes, du corps du duc d'Enghien.

M. le chevalier de Contye et M. le chevalier Jacques leur avaient été adjoints en qualité d'assistants.

Au moment où onze heures sonnaient, la voiture s'arrêta devant la grande porte du château, et M. le marquis de Puyvert, maréchal de camp, questeur de la Chambre des députés et gouverneur du château, reçut les arrivants et les introduisit dans la salle où s'était assemblée, douze ans auparavant, la commission militaire chargée de condamner le duc d'Enghien.

Le mobilier en avait été renouvelé : tout était propre et en bon état; un bon feu flambait dans la cheminée, et lorsque les commissaires entrèrent, quatre personnes se levèrent aussitôt et saluèrent avec courtoisie les nouveaux venus.

C'étaient : M. le comte Armand de Beaumont, colonel, lieutenant de roi du château; M. le comte de Baschi du Cayla, pair de France, lieutenant général des armées du roi, premier gentilhomme de la chambre de S. A. S. Mgr le prince de Condé; M. le vidame de Vassé, lieutenant général des armées du roi, premier écuyer de S. A. S. Mgr le prince de Condé, et ci-devant premier gentilhomme de la chambre de Mgr le duc d'Enghien, son adjudant général ; M. le comte de Rully, pair de France, lieutenant général des armées du roi, premier gentilhomme de la chambre de S. A. S. Mgr le duc de Bourbon.

Ces huit personnes réunies, après quelques paroles échangées, s'occupèrent du motif qui les rassemblait et se mirent en devoir de commencer l'enquête.

Ils prirent place autour de la table qui occupait le centre de la pièce, et donnèrent l'ordre d'introduire les différents témoins qui pouvaient déposer sur les incidents qui avaient précédé ou accompagné l'assassinat du duc d'Enghien.

Trois furent successivement amenés : 1° Blancpain, brigadier de gendarmerie en retraite, qui avait assisté à l'exécution et en raconta les détails ; 2° Bonnelet, le manouvrier qui avait creusé la fosse ; 3° et enfin Godard, ancien canonnier, qui avait délivré, sur l'ordre d'Harel, les pelles et pioches qui avaient servi aux gendarmes pour recouvrir la fosse.

Ces premières dépositions employèrent toute la séance.

Les commissaires se séparèrent et se donnèrent rendez-vous pour le surlendemain.

Le 20 mars, à la même heure, chacun fut exact au rendez-vous ; mais cette fois l'assistance était plus nombreuse, et outre les personnes qui figuraient dans la première séance d'enquête, on comptait :

M. le comte de Pradel, directeur général de la maison du roi, ayant par intérim le portefeuille du ministre de la maison de Sa Majesté ;

M. le marquis Aymer de la Chevalerie, maréchal de camp, aide de camp de S. A. S. Mgr le prince de Condé ;

M. le chevalier de Jaubert, écuyer de S. A. S. Mme la duchesse de Bourbon ;

M. de Jalabert, vicaire général du diocèse de Paris, siége vacant ;

M. Guérin, chevalier de Saint-Michel, médecin de

S. A. S. Mgr le duc de Berry et de Mgr le prince de Condé ;

M. de Bonnie, ancien chirurgien de l'hôpital des gardes françaises et chirurgien de S. A. S. le prince de Condé ;

M. le comte de Béthisy, maréchal de camp des armées du roi, commandant la 3e brigade d'infanterie de la garde royale, membre de la Chambre des députés ;

M. de Saint-Félix, membre de la Légion-d'Honneur, premier aide des cérémonies de France ;

M. le vicomte Charles de Geslin, second aide des cérémonies, chevalier de Saint-Louis, lieutenant-colonel de cavalerie ;

M. Héricart de Montplaisir, docteur en médecine de la Faculté de Paris, nommé commissaire du roi ;

M. Delacroix, chirurgien honoraire de S. A. Mgr le prince de Condé, nommé commissaire du roi ;

M. de Chamfort, maire de la commune de Vincennes ;

M. le marquis de Courtemanche, maréchal de camp, ci-devant premier aide de camp de Mgr le duc d'Enghien ;

M. le comte de Chaillon de Jonville, colonel, aide de camp de Mgr le duc d'Enghien.

Il s'agissait, cette fois, de constater le lieu où se trouvait la dépouille mortelle du duc, ce qu'avaient déjà indiqué les dépositions des témoins entendus dans la précédente séance ; toutefois, avant de descendre dans les fossés, la commission fit appeler la dame Bon, maîtresse de pension, et cette dame précisa l'endroit où le corps avait été enfoui, offrant d'ailleurs d'y conduire les personnes présentes.

Cette déclaration ayant achevé de confirmer les indications qui avaient été données, les commissaires crurent devoir s'abstenir d'en recevoir d'autres.

On résolut de descendre dans les fossés.

Mais une exhumation ne peut avoir lieu qu'en présence du préfet de police ou d'un de ses délégués.

A midi, on entendit une voiture franchir le pont-levis et s'arrêter devant la porte de l'appartement du gouverneur : c'était M. le comte d'Anglès, ministre d'État, préfet de police, désigné par le roi à l'effet de légaliser l'exhumation par sa présence.

Les commissaires allèrent au devant de lui, et bientôt toute la compagnie, guidée par Mme Bon, Godard, l'ex-canonnier, et le terrassier Bonnelet, descendirent l'escalier qui conduisait dans les fossés.

Sans hésitation, Mme Bon marcha droit à l'endroit qu'elle avait indiqué.

— C'est ici, dit-elle soudain, en montrant du doigt la place.

— Oui, ajouta Bonnelet, j'en suis sûr.

— Et moi aussi, dit Godard.

Les commissaires donnèrent alors l'ordre à des ouvriers amenés par le gouverneur, M. le marquis de Puyvert, de commencer les fouilles.

Depuis douze ans que les choses étaient en l'état, la terre avait eu le temps de se tasser sur le cadavre.

Il fallut une heure et demie de travail avant de pouvoir rien amener qui pût assurer le succès des recherches.

On avait cru pouvoir, pour plus de sûreté, faire découvrir le terrain sur une étendue de deux mètres sur quatre environ.

Enfin, l'un des ouvriers, auxquels il avait été recommandé, au fur et à mesure qu'ils creusaient plus profondément, d'agir avec prudence, mit à jour le bout d'une botte.

— Nous y sommes, dit-il; c'est son pied.

— Arrêtez-vous, commanda alors M. de Laporte-Lalanne. Et s'adressant à MM. Héricart de Montplaisir, Guérin, Delacroix et de Bonnie, il les pria de descendre dans la fosse et de prendre personnellement la direction des travaux, qui furent continués avec les plus grandes précautions.

Au fur et à mesure que les ossements apparaissaient, ils étaient soigneusement recueillis par les médecins, qui les classaient et les décrivaient dans un procès-verbal qui fut annexé au rapport des commissaires.

Outre ces ossements, on trouva dans la terre :

Une chaîne d'or avec son anneau, que le chevalier Jacques reconnut pour être celle que le prince portait habituellement ;

Une boucle d'oreille;

Un cachet d'argent aux armes des Condé, encastré dans une agrégation ferrugineuse fortement oxydée par le temps, et au milieu de laquelle on reconnut une petite clef de fer ou d'acier;

Une bourse de maroquin à soufflet, contenant onze pièces d'or et cinq pièces d'argent ou de cuivre;

Soixante-dix pièces d'or, ducats, florins et autres.

Ces pièces faisaient probablement partie de celles que le chevalier Jacques déclara avoir remises au prince au moment de leur séparation, et qui étaient renfermées dans des rouleaux cachetés en cire rouge, dont on trouva encore quelques fragments.

Tous ces différents objets furent inventoriés et remis aux mains des commissaires.

On recueillit également des débris de vêtements, parmi lesquels se trouvaient deux pieds de bottes et les morceaux d'une casquette portant encore l'empreinte d'une balle qui l'avait traversée.

Ces débris, ainsi que la terre recueillie autour du corps, furent réunis aux ossements et placés dans un cercueil de plomb.

Cette opération terminée, les commissaires et les autres personnes de distinction qui les avaient accompagnés remontèrent au château, avec le corps porté par des sous-officiers de la garde royale, escorté d'une garde d'honneur et suivi d'un grand concours de militaires de tout grade, de la garnison du château, et d'autres personnes qui avaient été témoins de l'exhumation.

Une chambre mortuaire avait été disposée dans les appartements.

Le cercueil y fut déposé provisoirement, en attendant la journée du lendemain, où il devait être transporté dans la chapelle qui lui était destinée.

Ce cercueil fut recouvert, scellé par les plombiers, et renfermé dans une caisse de bois, avec cette inscription sur une plaque d'argent :

« Ici est le corps de très-haut et très-puissant prince

Louis-Antoine-Henri de Bourbon-Condé, duc d'Enghien, prince du sang, pair de France, mort à Vincennes le 21 mars 1804, âgé de trente et un ans neuf mois dix-neuf jours. »

Le chapelain du château fit entourer le cercueil de cierges, et, assisté d'un autre ecclésiastique, il resta pour réciter les prières de l'Église.

Le gouverneur fit placer une garde à la porte de la salle, ainsi que dans le fossé, à l'endroit où la fouille avait été faite.

Le jeudi 21 mars, anniversaire de la mort du prince, c'était grande fête à Vincennes; on savait dans le public qu'une cérémonie imposante devait avoir lieu en l'honneur du duc d'Enghien, et de tous côtés on accourait, sinon pour y assister, ce qui était réservé aux personnes invitées, mais au moins pour tâcher d'entrer dans la cour du château.

Les moins favorisés espéraient voir passer les grands personnages qui devaient figurer dans la cérémonie.

Nous ne pouvons mieux en raconter les détails exacts qu'en les empruntant au procès-verbal qui fut dressé à cette occasion.

« Le jeudi vingt et un mars mil huit cent seize,

« Nous, commissaires du roi, nous étant transportés au château de Vincennes, nous y avons trouvé rassemblées toutes les personnes dénommées dans les actes précédents.

« A onze heures du matin, le clergé étant survenu, nous nous sommes rendus à l'endroit où le corps de Mgr le duc d'Enghien avait été provisoirement déposé hier.

« La levée du corps s'est faite avec les cérémonies d'usage, et de suite, nous nous sommes mis en marche, précédés du clergé, pour nous rendre au pavillon de la porte du Bois, où était dressée la chapelle de dépôt.

« Le cercueil, porté par des sous-officiers des différents corps de la garde, et accompagné des *honneurs* que portaient les anciens officiers de la maison de Mgr le duc d'Enghien, savoir : M. le vidame de Vassé, son ancien adjudant général, la couronne ; M. le marquis de Courtemanche, le collier de l'ordre du Saint-Esprit, et M. le comte Chaillon de Jonville, aide de camp du prince, l'épée.

« Toute la garnison était sous les armes et rendait avec un respect religieux les honneurs militaires aux restes du prince qui, malgré les malheurs du temps, a laissé de profonds souvenirs dans le cœur de tous les soldats français. Au pied du pavillon, M. le marquis de Puyvert a fait faire halte, et se tournant vers la troupe qui servait d'escorte, il a dit :

« Soldats !

« Cette pompe funèbre vous rappelle des souvenirs
« déchirants, mais bien chers à des cœurs français.
« Voilà tout ce qui nous reste d'un prince si brave,
« digne rejeton d'une race féconde en héros. Ses pre-
« miers exploits nous promettaient encore un grand
« Condé. Leur éclat alarma l'insatiable ambition de ce
« tyran qui ravagea la France pour désoler l'Europe.

« Il fit de sa mort le gage sanglant d'une union régi-
« cide, et son atroce perfidie l'immola au pied de cet
« antique donjon où le plus illustre de ses aïeux fonda
« le berceau de la monarchie.

« Honorons sa mémoire par des regrets éternels,
« par un dévouement sans bornes à son auguste race,
« et, pour lui rendre un dernier hommage digne de
« son cœur, jurons à ses mânes de vivre et de mourir
« comme lui, fidèles à nos serments, fidèles à nos rois
« légitimes.

« Vive le roi ! vivent à jamais les enfants de saint
« Louis ! Gloire aux Condé ! »

« Ce discours, prononcé avec le sentiment qui l'avait inspiré, a excité le plus vif enthousiasme ; les soldats versaient des larmes, et l'impression produite par le discours de M. le gouverneur sur ceux qui avaient été à portée de l'entendre s'étant communiquée de proche en proche aux plus éloignés, la cour du château a retenti du cri de : Vive le roi !

« C'est ainsi que, toutes les fois que l'occasion s'en est présentée, nous avons pu reconnaître le bon esprit de la garnison de Vincennes et des sentiments de loyauté et de dévoûment à son roi dont elle est animée.

« C'est dans la salle même où s'est tenu le conseil de guerre dans la nuit du 20 au 21 mars que l'on a cru devoir établir la chapelle du dépôt. C'est là que les restes précieux du prince sont conservés à la vénération de ses anciens compagnons d'armes et des âmes pieuses qui viendront lui offrir des prières d'expiation.

« Nous les y avons déposés, en attendant que l'ancienne Sainte-Chapelle, fondée par saint Louis et encore existante dans la cour du château, puisse les recevoir, conformément aux intentions du roi.

« M. l'abbé Rougier, chapelain du château, à qui la garde en a été confiée, y est resté pour célébrer le saint sacrifice, tandis que nous nous rendions à l'église paroissiale, où, par les ordres de M. le grand maître des cérémonies, un service solennel avait été préparé.

« La messe a été célébrée par M. du Chilleau, ancien évêque de Châlons-sur-Saône, au milieu d'un concours tel, que l'église n'a pu contenir que la moindre partie des personnes qui auraient voulu ou dû y entrer.

« M. Roger, curé de Vincennes, qui, pendant son émigration, a été à portée d'acquérir une connaissance personnelle des traits de bonté et de magnanimité dont se composait toute la vie de Mgr le duc d'Enghien, s'est particulièrement attaché à les retracer, et ces traits, qui rappelaient à un grand nombre de ses auditeurs des souvenirs douloureux et chers, ont été accueillis par eux comme le plus pur et le plus digne hommage qui pût être rendu à la mémoire d'un héros, l'objet de leurs profonds regrets. »

La cérémonie terminée, les fonctions des commissaires chargés de l'enquête avaient cessé. Le procès-verbal de leurs opérations fut dressé, et bientôt la route de Paris fut sillonnée d'équipages qui ramenaient à Paris tous ceux qui avaient pris part à la célébration de ce pieux anniversaire.

Quelque temps après, les restes du prince reposaient en paix sous la garde d'un vénérable prêtre qui, chaque jour, célébrait le saint sacrifice près d'eux, en attendant que de nouvelles commotions politiques vinssent donner aux visites qu'on faisait à la tombe du duc d'Enghien une signification qui changea autant de fois que la France crut devoir changer de régime.

FIN.

TABLE DES MATIÈRES.

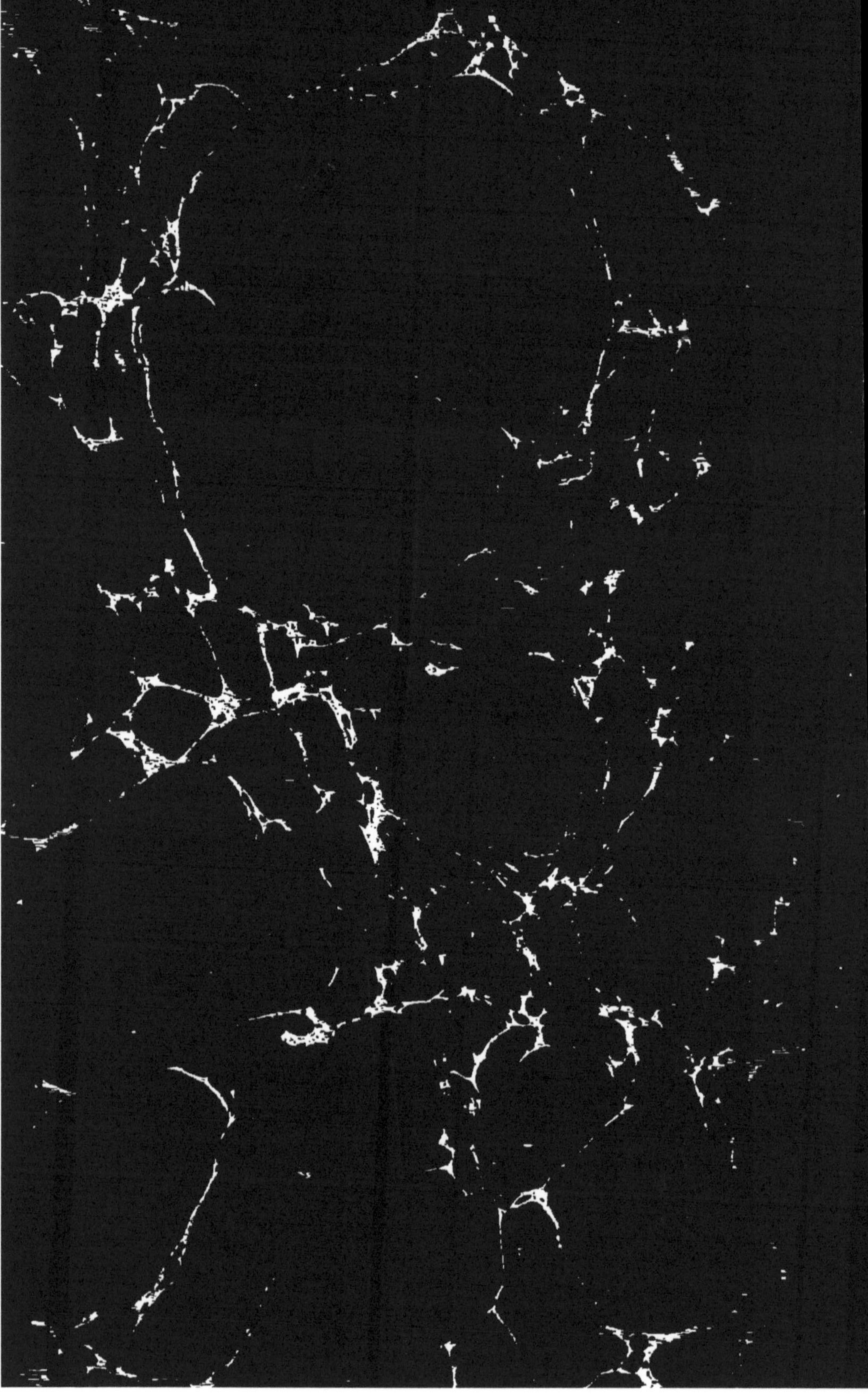

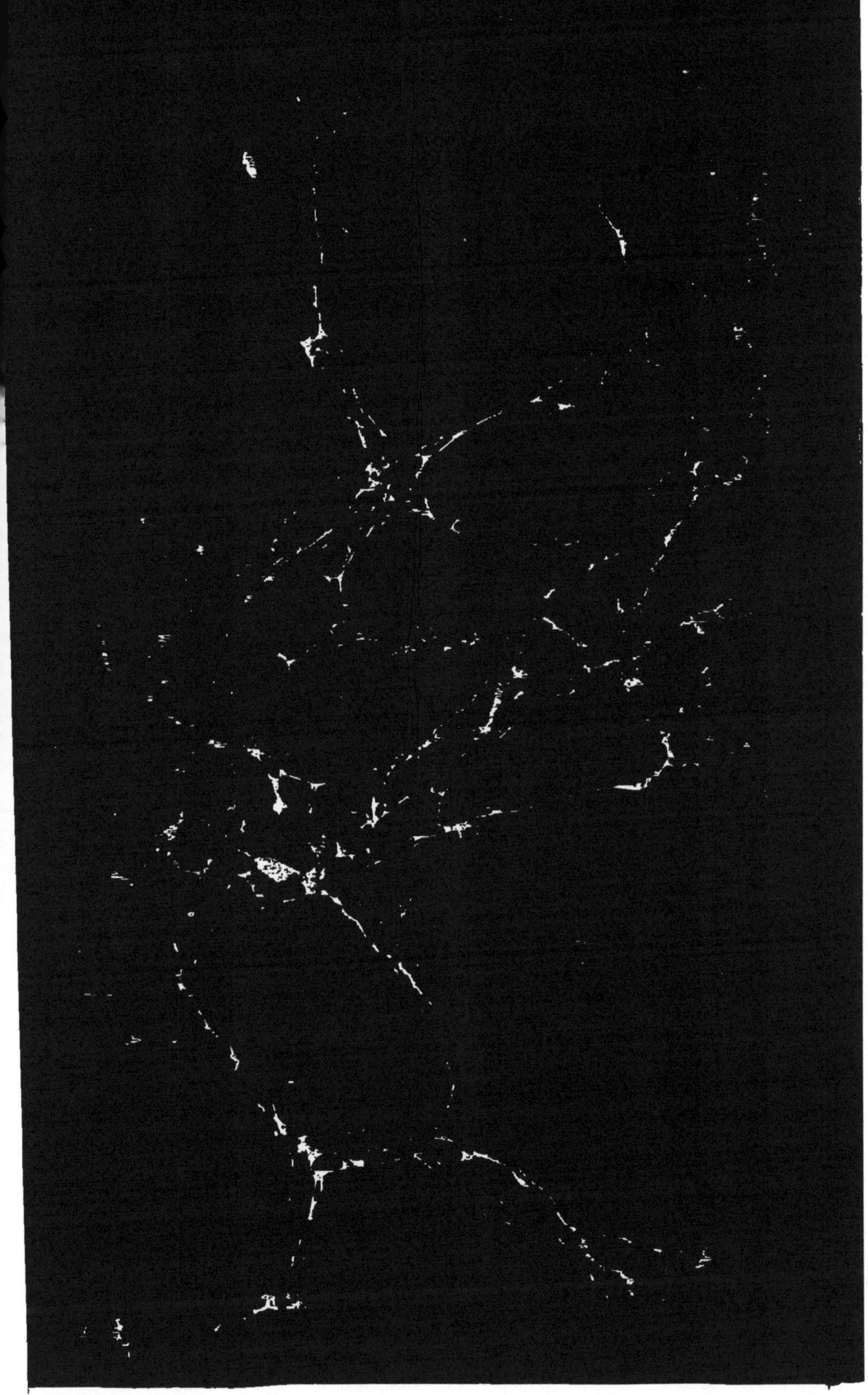

www.ingramcontent.com/pod-product-compliance
Ingram Content Group UK Ltd.
Pitfield, Milton Keynes, MK11 3LW, UK
UKHW012009240726
13965UKWH00001B/256

9 782012 893917